GESELLSCHAFTSKRITISCHE ASPEKTE IN JOSEPH ROTHS ROMANEN

GERMANISTISCH-ANGLISTISCHE
REIHE DER UNIVERSITÄT LEIDEN

HERAUSGEGEBEN VON

PROF. DR. C. SOETEMAN, PROF. DR. A. G. H. BACHRACH
UND PROF. DR. J. G. KOOIJ

BAND XVI

GESELLSCHAFTSKRITISCHE ASPEKTE IN JOSEPH ROTHS ROMANEN

THORSTEN JUERGENS

UNIVERSITAIRE PERS LEIDEN

1977

ISBN 90 6021 411 0

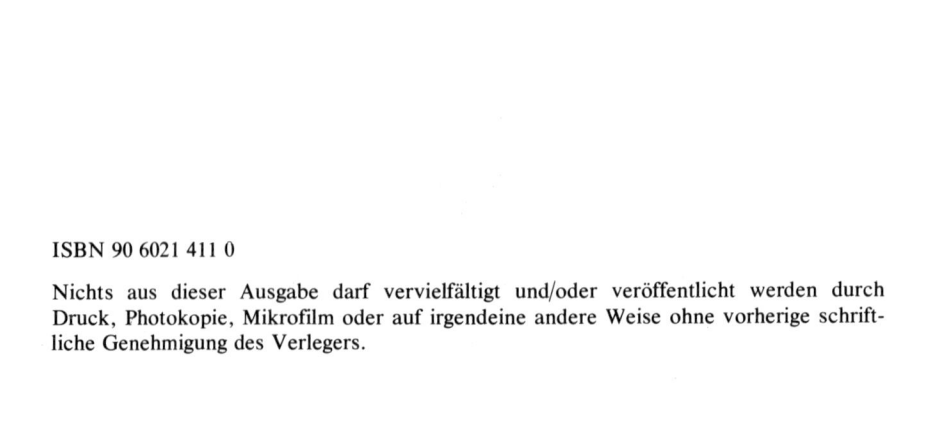

Nichts aus dieser Ausgabe darf vervielfältigt und/oder veröffentlicht werden durch Druck, Photokopie, Mikrofilm oder auf irgendeine andere Weise ohne vorherige schriftliche Genehmigung des Verlegers.

Inhalt.

		Seite
1.	Einleitung.	1
2.	Bestandsaufnahme und Situationsbeschreibung der europäischen Nachkriegsgesellschaft.	
	a. 'Das Spinnennetz'.	12
	b. 'Hotel Savoy'	22
3.	Erste Hinwendung zur Vergangenheit: 'Die Rebellion'.	40
4.	Generationswechsel ohne Folgen und nochmalige Bestandsaufnahme.	
	a. 'Zipper und sein Vater'.	50
	b. 'Rechts und Links'.	68
5.	Europa, Rußland, Amerika. Gegenwart, Vergangenheit und Zukunft als dialektisch verschränkte Negativa.	
	a. 'Flucht ohne Ende' und 'Der stumme Prophet'.	91
	b. 'Hiob'.	118
6.	Beschwörung der Vergangenheit.	
	a. 'Radetzkymarsch'.	127
	b. 'Die Büste des Kaisers'.	138
7.	Das Versagen in der Vergangenheit und Scheitern in der Gegenwart: 'Die Kapuzinergruft'.	143
8.	Anmerkungen.	157
9.	Literatur.	169
10.	Samenvatting in het Nederlands.	174

1. Einleitung.

Das Erscheinen der Roth-Biographie von David Bronsen und die erweiterte Neuausgabe der seit Jahren vergriffenen ersten Werkausgabe Joseph Roths haben zwar das Interesse eines breiteren Leserpublikums an diesem Autor geweckt; ein Interesse, das bei einer eingeweihten Leserschaft schon immer bestand, leider haben aber beide Publikationen keine neuen Ansätze zu einem differenzierten Roth-Bild erbracht. Die Werkausgabe, obwohl erweitert, ist wiederum keine kritische und die Einleitung von Hermann Kesten setzt keine neuen Akzente. Auch bei David Bronsen sucht der Leser vergebens nach neuen Denkanstößen; so wertvoll und lobenswert seine eifrige Wiedergabe von Roths Lebensweg anderweitig als Grundlage für die Roth-Forschung ist. Da die vorliegende Arbeit, welche gleichzeitig mit den eben erwähnten Veröffentlichungen entstand, einen anderen Weg einschlug, ist sie keine Wiederholung von längst Gesagtem, soll vielmehr einen Beitrag zu einem differenzierteren Roth-Bild darstellen.

Es soll hier versucht werden, den sozialkritischen Aspekt im Werk Roths zu analysieren, der bisher entweder nur verkürzt thematisiert oder grundsätzlich zurückgewiesen wurde. Als man seine Rolle im Frühwerk anzuerkennen bereit war[1], wies man die Möglichkeit zurück, er sei auch für das Spätwerk von Bedeutung. Dieser überraschende Befund ist wohl vor allem ein Ergebnis der Wirkungsgeschichte, in der der durchschlagende Erfolg des Spätwerks besonders auffällt, denn erst mit 'Hiob' und dem 'Radetzkymarsch' gelang Roth der Durchbruch beim Leserpublikum[2]. Sowohl für Roth als auch für sein Gesamtwerk war es ein zu später Erfolg. Die politischen Ereignisse des Dritten Reiches ließen bald keinen freien deutschsprachigen Literaturbetrieb (außerhalb der Schweiz) mehr zu und verurteilten auch Roths Gesamtwerk zu einer vorübergehenden Vergessenheit, die erst 1956 mit der ersten Werkausgabe endete. Aber es war nicht ausschließlich das Dritte Reich, welches die Aufmerksamkeit für das gesellschaftskritische Frühwerk blockierte. Roth hat später selber seine sozialistische Haltung und somit indirekt den vom Sozialismus beeinflußten Inhalt seiner ersten Romane abwertend beurteilt[3]. Das tat er aus subjektiv einsichtigen Gründen: Sein Frühwerk hatte ihm keinen Erfolg gebracht, und außerdem war es qualitativ unvergleichbar mit seinem großen Roman 'Radetzkymarsch'. Doch erklärt dies noch nicht den spät einsetzenden literarischen Erfolg des Romanciers. Die Frage stellt sich: Warum fand Roth erst 1930 ein großes Echo im Leserpublikum und bei der Kritik? Sein Freund Hermann Kesten glaubte, Roth hätte mit 'Hiob' Abstand von seinem gesellschaftskritischen Frühwerk genommen und einen Bruch vollzogen, indem er sich der biblischen Legende gewidmet habe[4]. Als dann kurz darauf der große Habsburger Roman folgte, bestätigte dieser die allgemeine Meinung, daß Roth aus der Gegenwart in die Vergangenheit geflohen sei.

Damit war die Basis für eine retrospektive und zugleich konservative Rezeption gelegt, die mit einer bestimmten Periodisierung der Werke verbunden wurde. Beide Faktoren wurden richtungweisend für die Roth-Forschung. Denn nun gelangte man zu einem Bewertungsschema[5], das von viel weitreichenderer Wirkung war, als es zunächst den Anschein hatte. Das gesellschafts- und zeitkritische Frühwerk wurde als schriftstellerische Vorstufe abgewertet, während man alle Aufmerksamkeit auf das "nostalgische" Spätwerk richtete. Man gewöhnte sich daran, Roth mit dem folgenden Bewertungsschema zu klassifizieren: Politik: links (Frühwerk), rechts (Spätwerk), oder als Progression von links nach rechts; Religion: jüdisch, mythisch, katholisch; Philosophie und Geistesgeschichte: humanistisch, existenzialistisch, kulturpessimistisch, "ironic primitivistic", nihilistisch. Von diesen Einstufungen ausgehend, erkennt man die Unvereinbarkeit mit vielen Aspekten und Ansätzen, die sich in Roths Werken finden. Diese lassen sich nicht einfach als ein Maskenspiel aus "...Freude an der Vielfalt des Lebens und seiner Figuren ..." (I/X)[6] erklären, wie das etwa Hermann Kesten versucht. Indem er in seinen Schriften über Roth dieselben Klassifizierungen immer wieder variiert, beweist er nur, daß er Roth nicht erfaßt hat. Was hingegen nötig gewesen wäre und bis heute in der Roth-Forschung ausblieb, ist die Untersuchung gerade dieser Vielschichtigkeit. Diese Arbeit versucht nun, diese oft konträre Mehrschichtigkeit in Roths Gesamtwerk aufzudecken, indem der soziale Aspekt der Darstellung der Gesellschaft in den Romanen Roths aufgezeigt und analysiert werden soll.

Der gesellschaftliche Aspekt der Romane rückte erst 1970 ins Interesse der Forschung, nachdem Ingeborg Sültemeyer mit ihrer Dissertation 'Studien zum Frühwerk Joseph Roths' des Autors sozialistisches Engagement in seinen Romanen und journalistischen Schriften aufgedeckt hatte. Zum ersten Mal wurde der Habsburger Mythos, der bis dahin die Wirkungsgeschichte beinah ausschließlich beherrscht hatte, in Frage gestellt. An die Stelle retrospektiver Interpretationen über die verherrlichte Vergangenheit, vor allem im 'Radetzkymarsch', rückte nun die Frage nach Roths Zeitbild der damaligen Gegenwart. Obwohl seitdem Übereinstimmung über den gesellschaftskritischen Gehalt[7] der Frühwerke besteht, bleibt der sozialkritische Aspekt im Spätwerk, einsetzend mit 'Hiob', weiterhin umstritten; er wird meist verneint. Man glaubt, daß die Hinwendung Roths zur Religion und zu Habsburg zugleich die Abkehr von der Gegenwart bewirkte und somit die Gesellschaftskritik weitgehend ausschloß[8]. Da es trotzdem nicht gelingt, die Zeitkritik im Spätwerk völlig zu ignorieren und wegzuinterpretieren, stuft man sie als hintergründig und zweitrangig gegenüber dem Ästhetizismus der dekadenten untergehenden Monarchie ein. Selbst Ingeborg Sültemeyer meint, daß Roths sozialistisches Engagement mit der Rußlandreise endet; was dann kam, war Resignation, Metaphysik und Nostalgie[9]. Es ist zweifellos richtig, daß Roths sozialistisches Engagement zu dieser Zeit sein Ende fand. Das bedeutet aber noch nicht das Ende der Sozialkritik überhaupt, was Sültemeyer ungesagt andeutet. Da viele Anzeichen dafür sprechen, daß Gesellschafts- und Zeitkritik nicht verstummen, sondern konsequent weitergeführt werden, soll der gesellschaftliche Aspekt vom Frühwerk bis zum Spätwerk verfolgt werden, um festzustellen, daß in Roths Werk mit 'Hiob' keine Zäsur eintrat. Vielmehr hat Roth bis zum Ende seines Lebens die gesellschaftlichen Entwicklungen und Zustände der Zeit verfolgt und sie in seinen Werken als Thema verwendet oder auf sie reagiert. Natürlich ist die gesellschaftliche Thematik nicht etwas Statisches, sondern sie entwickelt sich mit den Veränderungen der Zeit. In der Schilderung der Gesellschaft bleibt hingegen die Relevanz des Themas für die Gegenwart konstant, selbst dann, wenn Roth sich der Metaphysik und der Vergangenheit zuwendet.

Doch welche werkimmanenten Faktoren und Veränderungen und welche externen Umstände führten bei den Rezensenten und Interpreten zu der Auffassung, daß ein Bruch mit der Gegenwart von 'Hiob' ab vorliege, und wie verhält sich der plötzliche literarische Erfolg, den Roth erfuhr, mit der gleichzeitigen angeblichen Konversion vom "roten Roth" zum Konservativen? In der zweiten Hälfte der zwanziger Jahre mußte Roth wie viele andere Sozialisten erkennen, daß die nach dem Weltkrieg erhoffte und erstrebte soziale Revolution ein für allemal verloren war und daß das Bürgertum gewonnen hatte. Die Hoffnungen auf soziale Veränderungen und gesellschaftliche Weiterentwicklung hatten sich nicht erfüllt. Ausschlaggebend hierbei war die ökonomische und sozialpolitische Stabilisierung, die 1924 die "goldenen Jahre" einsetzen ließ. Daß die "goldenen Jahre" keineswegs nur goldene und glückliche Tage waren, ahnte Roth. Er sah, wie das Bürgertum zwischen der vergangenen und drohenden Katastrophe seine Zeit verschwendete und glaubte, noch einmal davongekommen zu sein. Um die Ursachen für diese Situation aufzuweisen, wendet sich Roth verstärkt der Vergangenheit zu. Vor allem in der Generationsthematik analysiert er das Verhältnis der belastenden Vergangenheit zur Gegenwart. Von einer nostalgischen Flucht in die Vergangenheit kann zunächst nicht gesprochen werden, da Roth dem Ursprung der gegenwärtigen Misere nachspürt. Worauf es ihm ankommt, ist die geschichtliche Verkettung sozialer Prozesse. Der Beweis hierfür ist die konsequente Ausweitung der Gesellschaftskritik auf die Vergangenheit. Hierdurch entstehen für Roth zwei Probleme: Er steht der untergegangenen Gesellschaftsordnung genauso kritisch und ablehnend gegenüber wie der restaurativ ausgerichteten, sich neu formierenden Gesellschaftsordnung der Republik. Außerhalb des Romanwerkes tauchen von 1925 an Roths Gedanken auf, die von den "Mächten der Vergangenheit" träumen (III/516). Diese Mächte sind die Traditionen und Werte der untergegangenen Monarchie, die jetzt als Gegengewicht gegen die sich fortsetzende Ent- und Umwertung vieler Werte dienen sollen. Hier beginnt sich in Roths Werk eine Zweigleisigkeit abzuzeichnen: Einerseits die Suche in der Vergangenheit nach den Ursachen für die gegenwärtige soziale Situation, andererseits der Versuch der Wiederbelebung und Würdigung alter Werte der Habsburger Welt. Oder anders formuliert, jetzt gehen humanistisch-sozialistische Gesellschaftskritik und Konservatismus, sich gegenseitig befruchtend, vereint den Weg in die Vergangenheit, da die Gegenwart blockiert zu sein scheint. Im Romanwerk Roths kommt diese Zweigleisigkeit der Thematik erst im 'Radetzkymarsch' voll zum Durchbruch, obwohl bereits in 'Hiob' die Veränderungen evident sind. Indem die unterschiedlichen Motivationen des Interesses an der Vergangenheit unvereinbar bleiben, entsteht in Roths Romanen eine Mehrschichtigkeit. Über dies epische Universum Roths schreibt Joseph Strelka folgendes:

> Dieses gesamte epische Universum ist nicht statisch und geschlossen, sondern offen und dynamisch; nicht nur dadurch daß Roth fortwährend eine Entwicklung durchlief, in der sich einzelne, mehr oder weniger richtige Detailpositionen änderten, dynamisch und offen ist es vor allem auch in seiner Mehrschichtigkeit. Das Alte und das Neue, das Links und das Rechts, die Wirklichkeit und die Erinnerung, die Sehnsucht und die Erscheinungswelt haben in verschiedenen Zusammenhängen und das heißt auf verschiedenen Ebenen und oder Schichten überaus verschiedenartige Aspekte. Auf verschiedenen Schichten werden auch die negativen Aspekte im Positiven und die positiven Aspekte im Negativen sichtbar. Es ist kein Zufall, daß man Roth sowohl im Sinne des Konservatismus wie auch im gesellschaftskritisch-revolutionären Sinn auslegen hat können ... 10)

Gerade diese unorganische Struktur wurde problematisch für die Interpreten, die über die Gegensätzlichkeiten stolperten und sie dann wegzuinterpretieren versuchten, anstatt sie zu konturieren und auszuwerten.

Die Trennung zwischen dem Früh- und dem Spätwerk schien sich mit 'Hiob' zu vollziehen. Eine eingehendere Untersuchung weist jedoch auf, daß Veränderungen nicht nur im Werk Roths zu finden sind, sondern auch bei Lesern und Rezensenten. Allgemein hatte am Ende der zwanziger Jahre die Gegenbewegung gegen den Expressionismus in Deutschland eingesetzt. Dem bürgerlichen Publikum und seinem eher traditionalistischen Geschmack kam so Roths 'Hiob' gerade gelegen, denn es konnte die **religiöse Thematik** in der überlieferten Erzählweise lesen und ohne größere Mühe

den gesellschaftskritischen Aspekt im Buch ignorieren. Der
Durchbruch als Romancier, den Roth mit 'Hiob' und dem 'Radetzkymarsch' endlich erreichte, hat seine Ursache nicht in
der Aufgabe der gesellschaftskritischen Thematik; denn diese
besteht nach wie vor. Entscheidend aber erwies sich die Hinzufügung eines zweiten Themenkreises: Im 'Hiob' war es der religiöse, im 'Radetzkymarsch' begegnete man der historisch-konservativen Dimension. Der Leser konnte jetzt Roths Romane mit
der Prosatradition des 19. Jahrhunderts in Verbindung bringen.
Eine Absage an die Gegenwart, vor allem an die Expressionisten
mit ihren "Publikumsbeschimpfungen", und der Aufbruch in die
Vergangenheit konnte endlich vollzogen werden. Daß 'Hiob' im
20. Jahrhundert in New York spielt und Roth seine Gesellschaftskritik zur Zivilisationskritik steigert und die Amerikathematik aus 'Hotel Savoy' erweitert wurde, hat man kaum zur Kenntnis genommen. Die Verknüpfung von religiöser und gesellschaftlicher Thematik wurde nicht erkannt.

Was mit der Wirkungsgeschichte bei 'Hiob' einsetzte, gilt umsomehr für den 'Radetzkymarsch'. Roths Doppelthematik, die
die Traditionen und die Werte der Habsburger Monarchie mit
liebevollem Einfühlungsvermögen schildert und zugleich diese
Vergangenheit einer beißenden Sozialkritik unterwirft, wurde
vom Leser weitgehend zur konservativen Eindeutigkeit reduziert.
Der traditionelle Erzählstil Roths war hierbei eher noch fördernd, denn er verdeckte die Mehrschichtigkeit der Thematik.
Trotzdem bleibt bei fast allen retrospektiv-konservativ ausgerichteten Rezensionen und Interpretationen ein gewisses Gefühl der Unsicherheit, das andeutet, daß der Text doch nicht
so eindeutig ist, wie man es gerne zu glauben vorgibt. Verantwortlich hierfür ist auch Roths Schwierigkeit, Balance zu
halten zwischen einfühlender Nähe und kritischer Distanz. Der
Leser, der den Balanceakt nicht nachvollzieht und seine Unsicherheit beendet, indem er den sentimentalen Aspekt des Romans bevorzugt, fühlt, wie der Autor stellenweise zu sehr der
Gesellschaftskritik und der Ironie verfällt. Dadurch daß Roth
am Romanende selbst der Vergangenheit anheimfällt, wird der
Leser aus seinem Unbehagen erlöst und in seiner Lesehaltung
bestätigt.

Zu einem völligen Durchbruch der "Mächte der Vergangenheit" kommt es eigentlich erst am Ende des 'Radetzkymarsches'. Die konservative Haltung Roths schlägt sich viel stärker in seinen anderen Schriften nieder und erreicht einen Höhepunkt in der "Streitschrift" 'Der Antichrist' (1934). Im Romanwerk hat Roth hingegen derartige Polemik vermieden. Wie unvereinbar eine polemische Eindeutigkeit mit einem Prosatext ist, beweist die aus dem selben Jahr stammende Erzählung 'Die Büste des Kaisers', in welcher Roth ein klares Bekenntnis zum Habsburger Mythos ablegen und diesem kritiklos verfallen zu sein scheint. Dennoch äußert er hier seine Zurückhaltung gegenüber einer vorbehaltlosen Restauration der Monarchie. Für den geschichtsbewußten kritischen Leser bleibt die Erzählung trotzdem eine Zumutung, da die soziale Wirklichkeit Habsburgs völlig entstellt und einseitig positiv dargestellt wird. Nach dem 'Radetzkymarsch' muß man zweifeln, ob Roth selbst von seiner Idealisierung der Donaumonarchie überzeugt war. Der teilweise von außen erzwungene Entschluß, die Habsburger Monarchie endlich symbolisch zu begraben, macht dem nostalgischen Spuk ein Ende und verdeutlicht, daß der Weg in die Vergangenheit in das Reich der Toten führt. Die Idealisierung drückt letztlich nur Roths Ohnmacht gegenüber der barbarischen Gegenwart aus, nicht mehr und nicht weniger. Daß die Ursache für diese Gegenwart in der Vergangenheit lag, darüber täuscht sich Roth jedenfalls in seinem letzten Roman 'Die Kapuzinergruft' nicht. Noch einmal knüpft der Autor an die früheren zeit- und gesellschaftskritischen Werke an. Aber wiederum leitet Roths Liebe für Habsburg die Wirkungsgeschichte in falsche Bahnen: Die nicht zutreffende Identifizierung Roths mit Trotta muß eine retrospektive Interpretation ergeben und die relevante Zeitkritik wiederum verdecken.

Literaturhistorisch fallen Roths Werke in eine Zeit, in der James Joyces 'Ulysses' einen radikalen Bruch in der Tradition der Romanform vollzog. Hiervon bemerkt der Leser bei Roth nichts, denn seine Erzählkunst steht noch fest in der Endphase der herkömmlichen Romantradition des 19. Jahrhunderts. Die Annäherung an die antitraditionelle Neue Sachlichkeit bleibt bei Roth eine begrenzte und kurzfristige Episode.

Immerhin hätte er hier beinah die Grenzen zum modernen Roman überschritten. Warum Roth diese Weiterentwicklung nicht vollzog, kann an der Gestalt von Brandeis abgelesen werden. Er hatte den Anarchismus der Flucht nach vorn in 'Rechts und Links' soweit verfolgt, bis er dessen Gefahren erkannte. Nicht nur schreckte Roth zurück vor einem Mann wie Brandeis, der dem Phantom der absoluten Freiheit nachjagte und ohne Bindungen und Grenzen lebte, sondern er wußte wohl auch, welche Gefahr hier für die Romanform bestand: Um Brandeis, den "Mann ohne Maß", hinreichend zu erfassen, mußten stilistische Konsequenzen gezogen werden, die eine Desintegration des traditionellen Romans mit sich brachten. Aus diesen Gründen wurden die Pläne zu einem anderen Brandeis-Roman 'Eintritt verboten, Geschichte eines Mannes ohne Maß' nie realisiert. Für Roth, der ohnehin unter der Ent- und Umwertung der Tradition litt, wäre eine Parallelentwicklung auf der sprachlichen und stilistischen Ebene des Romans katastrophal gewesen. Mit dem Bewußtsein, in einer Zeit der Sprachkrise zu leben, versuchte Roth gerade die Sprache mit konservativer Genauigkeit zu bewahren[11]. Damit war zugleich die Möglichkeit der Sprachneuerung für Roth blockiert.

Obwohl Roth in seiner Sprache und als Romancier ein konservativer Schriftsteller war, sind seine Werke inhaltlich durch eine moderne Zeit- und Gesellschaftskritik gekennzeichnet, die eher dem Expressionismus entspricht. Für die Modernität der Romane spricht außerdem die "Voranstellung der subjektiven inneren Vorgänge" der Romangestalten[12]. Folglich stehen Roths Romane an der Grenze zum modernen Roman und im Umbruch der Zeit. Das wiederum erklärt die Wirkungsgeschichte des Gesamtwerkes. Die eindeutig gesellschaftskritischen Frühwerke brachten keinen literarischen Erfolg. Erst mit 'Hiob' gelingt Roth der Durchbruch zum Erfolg, da jetzt der bürgerliche Leser neben der Sozialkritik, über die er hinweglesen kann, genügend konservative Thematik und traditionelle Romanstrukturen vorfindet, um sich daran zu ergötzen[13]. Vom Dadaismus und Expressionismus lang genug beleidigt, gab er sich jetzt den impressionistischen, atmosphärischen Bildern hin, mit denen Roth die untergegangene Habsburger Monarchie schildert. Die bürgerlichen Leser bemerkten nicht, mit welcher Distanz der Erzähler seinen Gestalten gegenüberstand[14]. Wiederum war daran Roth selbst schuldig, da seine "Überlegenheit mitunter verschleiert und zuweilen sogar ganz aufgehoben wird"[15]. So konnte man Roths Werke wie die Romane des Grafen Keyserling konsumieren und sich an einer weltfremden sterbenden Habsburger Welt erfreuen, während man in den Fabriken Giftgas erzeugte (II/631) - das Bürgertum hatte Roth vereinnahmt.

Die Roth-Forschung hat diese Aspekte und Veränderungen bisher zu einseitig, abrupt und nicht überzeugend dargestellt. Die Interpreten bestätigen eher sich selbst oder ihre vorgefaßten Konzeptionen, anstatt die Komplexität von Roths epischem Universum transparent zu machen. Die Literatur über Roth neigt "... auf irgendeine Weise zur Einseitigkeit und zur Vereinfachung ..."[16]. Der Versuch der Interpreten, Roths Werke und die darin enthaltene Mehrschichtigkeit und Widersprüchlichkeit zu glätten und zu schematisieren, erweist sich als ein "Bärendienst" der Literaturwissenschaft. Die literarischen Texte wurden eher von denen fast zur Eindeutigkeit reduziert und entwertet, die eigentlich ihre Vielschichtigkeit hätten aufweisen sollen. "Roth hat es dem Leser immer leicht gemacht und seinem Interpreten schwer"[17].

Die Vielschichtigkeit, die in Roths Gesamtwerk auftritt, ist nicht nur ein Merkmal eines literarischen Textes, sondern zugleich Ausdruck dafür, daß der Autor in einem "Zwischenstadium" steht[18]: einer Situation, in der der Mensch mit dem Neuen konfrontiert wird, während das Alte noch nicht völlig gewichen ist. Es ist also ein Standpunkt zwischen Damals und Heute, in dem sogar die vorausgeahnte Zukunft mitschwingt. Roths Werke fallen in eine Zeit, in der die Veränderungen und die Spannungen zwischen Alt und Neu besonders stark in Erscheinung treten. Die alte Ordnung des 19. Jahrhunderts war mit dem Weltkrieg äußerlich gerade untergegangen, unter der Oberfläche aber lebte sie weiter. Die Kontinuität des Alten in den Gesellschaftsstrukturen und in der Mentalität der meisten Bürger verhinderte einen völligen Durchbruch des Neuen, indem etwa die Revolutionen stagnierten oder mißglückten. Die zwanziger Jahre dieses Jahrhunderts waren gleichzeitig revolutionär, evolutionär und restaurativ; Strömungen, auf die Roth sensibel reagierte, um sie dann literarisch zu erfassen, die hingegen nicht zur Synthese zusammen fanden, da sie einander weitgehend ausschlossen. Das Bewußtsein Roths, im Umbruch der Zeit zu stehen, drückt sich am stärksten im gesellschaftlichen Aspekt der Romane aus. Hierbei muß beachtet werden, daß die äußerlichen Veränderungen auf der politischen und sozialen Ebene jeweils Änderungen in den Romanen bewirken. Das Frühwerk mit seiner direkten Gesellschaftskritik ist Ausdruck von Roths Hoffnungen auf soziale Reformen und eine eventuelle Umorientierung in der ersten Nachkriegszeit, während das Spätwerk auf die fortschreitende Restauration der kapitalistisch-bürgerlichen Gesellschaft reagiert. Das "Zwischenstadium" äußert sich auch in der Form der Werke, die zwischen dem traditionellen und dem modernen Roman stehen[19], so daß Inhalt und Romanform einander entsprechen.

Da die Schauplätze in Roths Romanen von Rußland über Galizien, Polen, Zentral-Europa bis nach Amerika verstreut liegen und das Habsburger Reich nach 1919 in einzelne Staaten auseinanderfällt, stellt sich das Problem der geographischen Begrenzung betreffs des gesellschaftlichen Aspektes der Werke. Eine enge Begrenzung ist bei derartiger geographischer Weiträumigkeit nicht realisierbar. Der Schwerpunkt liegt deutlich in der mitteleuropäischen Gesellschaft, vor allem in Österreich und der Hauptstadt Wien; also in Musils Kakanien, dort wo Karl Kraus die "Versuchsstation des Weltunterganges", oder Allan Janik und Stephen Toulmin "... a social pressure cooker ..."[20] hinsichtlich politischer, gesellschaftlicher und kultureller Zustände sahen. Das alte Österreich war nicht nur ein geographischer Raum, der 1919 aufhörte zu existieren, sondern auch eine geistige Sphäre, die weiter wirkte. "Aber Österreich als geistige Realität ist seltsam lebendig geblieben ..."[21]. Außer in Österreich spielen die Romane im Deutschland der Weimarer Republik und in Paris, der "Hauptstadt der Welt" (II/207). Alle diese Orte sind nur Schauplätze, auf denen die europäische kapitalistisch-bürgerliche Gesellschaft sich verwirklicht. Wenn Roth die Handlung in zwei Romanen nach Rußland verlegt, so bleibt sein Hauptinteresse trotzdem beim europäischen Bürgertum. Dadurch daß die neue sozialistische Gesellschaft Rußlands der europäischen gegenübergestellt wird, ergibt sich eine dialektische Gesellschaftskritik an beiden Sozialsystemen. Der Handlungsort New York ist noch viel stärker auf die europäische Szene bezogen. Roth, der Amerika nie kennenlernte, hatte ein negatives stereotypes Amerikabild. Die Neue Welt war für ihn Ort und Sinnbild der ins Extrem gesteigerten westlichen Zivilisation; folglich bot Amerika keine gesellschaftliche Alternative, sondern es nahm nur die Zukunft der Entwicklung in Europa vorweg.

Ein weiteres Problem des gesellschaftlichen Aspekts der Romane ist die Frage nach ihrem Wirklichkeitsgehalt. Bei Roth besteht kein Realitätsanspruch, vielmehr wird eine dichterische, poetische Aussage angestrebt, die allerdings einen Anspruch auf eine tiefere Einsicht in die Realität stellt (III/379, 613). "Das Rohmaterial sinkt also in meinen Büchern zur Bedeutungslosigkeit einer Illustration. Einzig bedeutend ist die Welt, die ich aus meinem sprachlichen Material gestalte ..." (III/379). Daher sind historische Ereignisse und Daten in den Romanen nur hintergründig aufgezeichnet; sie dienen dem Leser als Hilfsgerüst, während sie für den Autor wirklich bedeutungslos sind. Ob hingegen Roth wegen eines Realitätsverlustes angeklagt werden kann, wie es in zahlreichen Interpretationen geschah, bleibt eine andere Frage. Strukturalistische Interpretationen haben eine Polyperspektivität der Erzählsituation und -haltung in den Romanen aufgewiesen[22]. Vor allem in dieser muß ein Ansatz Roths zur Wirklichkeitsdarstellung gesehen werden. Da es ohnehin keine objektive Wirklichkeitswahrnehmung gibt, erscheint der Vorwurf nicht gerecht, und es wäre besser, nach der inhaltlichen Relevanz der Romanthemen für die damalige Gegenwart zu fragen. Der gesellschaftliche Aspekt könnte hierzu einige Aufschlüsse geben.

2. Bestandsaufnahme und Situationsbeschreibung der europäischen Nachkriegsgesellschaft.

a. 'Das Spinnennetz'.

Roths erster Roman erscheint im Rückblick eindeutig als eine Vorstufe zum 'Hotel Savoy'. Das wird erkennbar an der Parallelität der Thematik und an den Konsequenzen, die der Autor aus seinem ersten Werk zog. Beide Romane spielen in der Nachkriegszeit und analysieren den gesellschaftlichen Umbruch, der stattfand. Obwohl die Darstellung im 'Spinnennetz' so konkret und wirklichkeitsnahe blieb, daß die historischen Ereignisse die Romanhandlung einholen und überholen, hatte Roth doch die Gefahr der Zeitbezogenheit, welche in die Nähe der Reportage führte, erkannt, und er entschloß sich, ihr aus dem Weg zu gehen, indem er im zweiten Werk die Situationsbeschreibung der europäischen Gesellschaft ins symbolische Hotel Savoy verlagerte. Insofern ist es auch müßig, darüber zu spekulieren, ob Roth eine Fortsetzung von 'Das Spinnennetz' plante oder nicht; etwas anderes als die historische Realität, die folgte, und der zweite Roman wäre nicht entstanden. Sie sind die konsequente Weiterführung. Was bleibt, ist die jetzige Fassung von 'Das Spinnennetz' als Roths erste warnende Bestandsaufnahme der ersten Republikjahre.

Abgesehen davon, daß Lohses Familie Theodor lieber als toten Kriegshelden anstatt als Heimkehrer gesehen hätte, kann Theodors Existenzproblematik hauptsächlich auf einen äußeren Faktor zurückgeführt werden, nämlich auf die Demokratie der Republik. Aus kleinbürgerlichem Milieu, war Lohse in einer festverwurzelten Gesellschaftsordnung aufgewachsen, eine Ordnung, die ihm, einem Mann mit seiner Beschränktheit, deutliche Grenzen gesetzt hätte. Mit größter Wahrscheinlichkeit hätte Theodor sich in der Armee oder vielleicht auch als Beamter auf einer niedrigen Laufbahn hochgedient. Der Krieg und die Ansätze einer Revolution veränderten jedoch das gesellschaftliche Koordinatensystem, das Theodors gesicherten Lebensplatz bestimmt hätte. Um die Früchte seiner erwarteten Zukunft gebracht und sich seiner eigenen Beschränktheit und der daraus resultierenden hoffnungslosen Situation bewußt, sucht er "Sündenböcke" als Substitution; "daß er einen Haß gegen Sozialisten und Juden nährte" (S. 6) [23]. Theodor wird Republikfeind und somit Antidemokrat, denn demokratische Freiheit schlägt bei ihm, der nie in dieser oder für diese erzogen worden war, um in Unsicherheit.

> Anders war das Leben in Zivil, grausam, voller Tücke in unbekannten Winkeln. Gab man sich Mühe, sie hatte keine Richtung, Kräfte verschwendete man an Ungewisses, es war ein unaufhörliches Aufbauen von Kartenhäusern, die ein geheimnisvoller Windzug umblies. (S. 7)

Und direkt darauf folgend, die Analyse der Situation: "Erschwindelt war die Revolution, der Kaiser betrogen, der General genarrt, die Republik ein jüdisches Geschäft" (S. 8). Dabei muß beachtet werden, daß Lohse nicht nur Opfer der Republik ist, sondern auch ihr Produkt wird, denn es ist gerade die Demokratie und deren Freiheit, die es ermöglicht, daß "... der aus den Ordnungen entgrenzte, wild gewordene Kleinbürger ..."[24] zum rechtsradikalen Opportunisten wird. Seine zwanghaft angestrebte Karriere wird zur Ich-Projektion, zur Überkompensation seiner eigenen Minderwertigkeit, die sich in der demokratischen Freiheit entfalten kann. Diese Demokratie ist das zentrale Thema, das auch einigen Aufschluß über Roths Verhältnis zur Demokratie gibt.

Die deutsche Nachkriegsgesellschaft, die Roth schildert, teilt sich in zwei Gruppen auf: Rechts und Links. Der Romantitel 'Rechts und Links', den Roth für ein späteres Werk wählte, wäre wohl für seinen ersten Roman zutreffender gewesen. Rechts heißt hier schon rechtsradikal, denn gemäßigte konservative Gruppierungen oder liberale Personen treten nicht in Erscheinung. Zu den Rechten zählen diejenigen, denen der Krieg einen Verlust, sei es gesellschaftlich, finanziell oder patriotisch, zufügte, und auch jene, die sich um den Sieg gebracht fühlten. Nicht umsonst träumt Lohse, der Repräsentant dieser Gruppe, den verlorenen Traum, siegreich auf einem schneeweißen Roß, an der Spitze der Kompanie, im Siegeszug durch das Brandenburgertor zu reiten (S. 12). Den Republikfeinden stehen die Linken gegenüber, zu denen aus der Sicht der rechtsradikalen politisch Naiven auch die Sozialisten zählen. Obwohl zwischen Kommunisten und Sozialisten Differenzen bestehen, betrauern sie beide nicht die

Niederlage oder den Verlust der alten Gesellschaftsordnung.
Die Republik bietet ihnen zumindest die Möglichkeit einer Veränderung, selbst wenn diese nicht den Staat verkörpert, den sie am Ende realisieren wollen. Roth hat Rechts und Links nicht den historischen Verhältnissen entsprechend, proportioniert dargestellt. Die Rechten werden durch Lohse und seine Aktivitäten zum Zentrum des Romans, während die Linken nur als schwache Gegenpartei auftreten[25]: Die linke Mentalität des Romans wird hauptsächlich in Roths Schilderungen des Proletariats und in der linken Gesinnung des Erzählers erkennbar. Eine politische Mitte, wie z.B. die Liberalen, fehlt in der polarisierten Gesellschaft, die Roth zeichnet.

Obwohl eine Gegenüberstellung von Reich und Arm, wie auch im 'Hotel Savoy', in diesem Roman besteht, bleibt diese zweit- oder drittrangig. Der Konflikt zwischen Rechts und Links dominiert, erst dann folgen die Gegensätze, Macht und Machtlos, Reich und Arm; wobei natürlich gewisse Gruppierungen auftreten, z.B. Rechts: Reich und Macht, oder Links: Arm und Machtlos. Vergleicht man Roths Gesellschaftsbild nun mit dem historischen, so muß festgestellt werden, daß der Autor die Tendenz der gesellschaftlichen Entwicklung zur Polarisierung und Radikalisierung - Gruppenanarchie - in der Weimarer Republik erkannt hatte. Daher fehlt auch eine gesellschaftliche und politische Mitte in der Bestandsaufnahme. "Wo immer es [in der Weimarer Republik] um Fragen der gesellschaftlichen Ordnung ging, zerfiel alles Geistige in eine unversöhnlich schneidende Polarität"[26]. Roths Roman stellt hier keine Ausnahme dar. Wäre der Roman in Berlin anstatt in Wien[27] in der Zeit vom 7. 10. 1923 bis zum 6. 11. 1923 in einer Zeitung publiziert worden, so hätte er eher als Sprengstoff für beide extremen Gruppen gewirkt. Zu Recht wurde 'Das Spinnennetz' "die Krankheitsgeschichte der Weimarer Republik"[28] genannt. Selbst wenn Roth später vehement gegen die Diktatur Hitlers auftrat, war ihm die liberale Demokratie genauso fremd wie Lohse, auch wenn sie beide eine andere politische Richtung vertreten; Roths früher Sozialismus wurzelte nicht im demokratischen Denken, sondern war "... bei ihm eine humanitäre Angelegenheit, ohne Absicherung eines Dogmas"[29]. Hier liegt der Grund, warum man einerseits berechtigt sagen kann,

> Roths Werke, die als Zeitromane und politische Studien verstanden sein wollen, bedeuten vielmehr eine Absage an die Politik, eine Abkehr von der Zeit, und werden zu getarnten Tagebüchern der Beziehungslosigkeit. 30)

Andererseits kann auch das Gegenteil behauptet werden, zumindest für 'Das Spinnennetz', wenn man das Werk als eine Bestandsaufnahme der Republik liest.

Lohses angestrebtes Endziel ist es, völlige Unabhängigkeit von der Gesellschaft (S. 113 f.) oder "Macht über Menschen" (S. 29) zu erreichen; "asozial war vor allem der Kleinbürger, da er im Mitmenschen nicht mehr den Menschen, sondern ... ein ausbeutbares, verwertbares, manipulierbares Objekt sah"[31]. Sein Verhalten ist von Anfang an unsozial, da er sich, koste es was es wolle, von der Gesellschaft befreien will; er ist nicht nur unsozial, sondern anti-sozial. Trotz seines Strebertums, Egoismus, Eifers und seiner Rücksichtslosigkeit fehlt ihm eigentlich die Potenz, dieses Ziel zu erreichen - und er ist sich dessen bewußt. Lohse ist in seinem Wesen eine Sklavennatur, die als Untertan in der Monarchie die nötige äußerliche Gesellschaftsordnung unter einer Herrscher-Vaterfigur erfahren hätte, sich jetzt aber im Vakuum der Nachkriegszeit zum Führer, zum hitlerähnlichen "Übermenschen" berufen fühlt. Der Verlust des Monarchen, der als Vaterfigur der Gesellschaft agierte, soll durch eine Selbstprojektion kompensiert und überwunden werden. Es wäre hier zu erinnern, daß die Weimarer wie die Österreichische Republik überhaupt am Verlust des monarchischen "Übervaters" krankten, ein Vakuum, das dann Hitler voll ausnutzte. Lohses Lebensweg, welcher hauptsächlich von Gefühlen gesteuert wird, muß scheitern, da seine Ausgangsposition und sein Endziel irrational sind. So erreicht er am Ende auch nicht die erhoffte Unabhängigkeit, sondern die verhaßte Abhängigkeit. Typisch für Lohses Irrationalismus ist sein Antisemitismus, der die Juden als Sündenböcke der geschichtlichen Ereignisse hinstellt, während er selbst sein Leben als Hauslehrer eines Juden fristet und obendrein dessen Ehefrau begehrt. "Sie war eine Dame, jüdisch, aber eine Dame" (S. 9). Später ist Theodor im Dienst von Trebitsch, der auch Jude ist, zwar ein rechter, obwohl der Sozialismus eine jüdische Erfindung sein soll.

Der Antisemitismus als das Gerücht über die Juden (Adorno) gab dem zu kurz gekommenen und triebbeschränkten Kleinbürger nicht nur die Möglichkeit, den schon erwähnten Sexualsadismus, sondern auch seinen allgemeinen Antihumanitätsaffekt zu enthemmen; der Jude war Objekt des rhetorischen und wirklichen Dreinschlagens. 32)

Roth entlarvt den Antisemitismus durch seinen Irrationalismus, der persönliche und gesellschaftliche Unzulänglichkeiten übertünchen und substituieren soll. Das Trutzlied,

> Der Verräter zahlt mit Blut,
> Schlagt sie tot, die Judenbrut,
> Deutschland über alles, (S. 40)

kontrastiert in seinem emotionalen Irrationalismus mit Roths Werk 'Juden auf Wanderschaft', das sich in sozialer, kultureller und ökonomischer Hinsicht mit dem Ostjudentum eingehend befaßt. Lohse bleibt Gefangener seines Antisemitismus; in völliger Abhängigkeit von Lenz, dem Juden, steht er am Ende nicht als "führender Mann", sondern als armseliger Diener da. Seine Karriere bringt ihm, genau betrachtet, kein Vorwärtskommen und keinen Erfolg[33], eher verfängt sich Lohse in seinem eigenen Spinnennetz.

Typisch für den entfesselten Kleinbürger, der sich plötzlich in einer demokratischen Gesellschaft zurechtfinden muß, steckt Lohse seine Erwartungen viel zu hoch. "Er wollte Führer sein, Abgeordneter, Minister, Diktator" (S. 46). Der gesteigerten Überheblichkeit stehen die immer wieder durchbrechenden Minderwertigkeitsgefühle gegenüber; "... man hörte niemals auf sein [Efrussis] Hauslehrer zu sein, sein Diener, sein Abhängiger. Und der alte Haß erwachte, schrie in Theodor: Blut, Blut, Judenblut!" (S. 48). Hier besteht nur zu deutlich eine Diskrepanz zwischen dem praktisch Realisierbaren und dem theoretisch Möglichen in der Gesellschaft. Der Konflikt wird durch emotionalen Antisemitismus überbrückt. Die Sucht nach gesellschaftlichem Aufstieg treibt Lohse in den Dienst einer rechtsradikalen Geheimorganisation. Seine überspannten Ambitionen, welche offen in der Gesellschaft nicht befriedigt werden können, finden im Untergrund, im extremen Rechtsradikalismus, der in der Kriminalität operiert, ein Wirkungsfeld. Zugleich kompensiert die Organisation Lohses fehlende Selbständigkeit durch Führung: die

abhandengekommene Autorität des Monarchen ersetzt jetzt ein
Vorgesetzter, hier Trebitsch oder Klitsche. Ein verunsicherter
Lohse, dem die Demokratie keinen Halt bot, fängt sich im Spinnennetz, im Sumpf der Antidemokratie. Die sexuellen Frustrationen und seine Sehnsucht nach dem mütterlichen "Weib" als Heimat,
die aber nur mittels Freudenmädchen mangelhaft befriedigt wird,
deuten Lohses Labilität an. Der Meuchelmord, den er später an
Klitsche begeht, wird zu einer sexuell befreienden Tat mit Kli-
max. Hier besteht eine Verquickung von sexuellen Frustrationen
und Abweichungen, Irrationalität und Rechtsradikalismus.

Trotz Erniedrigungen verfolgt Lohse seinen Aufstieg: Er nimmt
Kontakt mit Ludendorff auf, doch seine Initiative bringt ihm
eine Rüge von Klitsche ein und nicht den erhofften Erfolg. Als
Spitzel infiltriert er die Kommunisten, nur um seine Bloßstel-
lung mittels seines Portraits, welches Klaften malt, zu erleben. Dies sind nur zwei der zahlreichen Beispiele, die zeigen,
daß Erfolg und Niederlage für Lohse untrennbar verbunden sind.
Sein Haß wächst in das Grenzenlose, besonders dort, wo er auf
Hindernisse stößt oder Neid empfindet. Mit politischem Denken
oder Planen hat das nichts zu tun, denn er kann noch nicht einmal zwischen Kommunisten und Sozialisten unterscheiden, außerdem glaubt er nicht an den Erfolg der "Bewegung" der rechtsradikalen Geheimorganisation. Was hier waltet, sind irrationale
Ambitionen und psychische Verklemmtheit, die in der Weimarer
Republik ihr Aktionsfeld fanden. Andersartiges wird nicht tole-
riert, sondern eliminiert, derjenige, den man beneidet oder der
persönliches Machtstreben behindert, wird ermordet. In der Gesellschaft der Weimarer Republik war ja der Straßenmord und
der sogenannte politische Mord weitgehend gebräuchlich geworden; eine Praktik, die dann unter Hitler beinah allgemeine gesellschaftliche Sanktion genoß. In dieser Perspektive müssen
Lohses geplanter Mord an Günther aus Neid und der Meuchelmord
an Klitsche aus Machtstreben gesehen werden. "Frei war die Bahn
Theodor Lohses" (S. 44), heißt es nach der Mordtat; was hier
noch auf individueller Basis geäußert wird, weitet sich später
in gesellschaftliche, nationale und internationale Dimensionen
aus. Hört Lohse sich nicht schon selbst im Reichstag, im Zentrum der Demokratie rufen: "Hoch die Diktatur! Oben, hoch oben

in der Nähe des Diktators, stand Theodor" (S. 50). Der durch
die Demokratie losgelassene, größenwahnsinnig gewordene Kleinbürger vertreibt die Abgeordneten und sprengt die Demokratie
von innen. Roth hatte einen sechsten Sinn für die zukünftigen
Gefahren[34].

Durch unzählige Aktivitäten weitet Lohse seinen Aktionskreis
immer weiter aus, verliert dabei aber zusehends das Gefühl für
die Realität. Es gelingt ihm der Strafauftrag, streikende Landarbeiter in der Provinz niederzukämpfen. Daß er dabei zum
Handlanger eines Freiherren, der im Geist der Feudalherrschaft
und der Leibeigenschaft lebt und denkt, wird, stört ihn kaum,
solange Erfolg und Publizität nicht ausbleiben. Rechtsradikalismus und Schollenkultur, die dann im Nationalsozialismus
fusionieren, diese schreckliche Allianz schildert Roth an Hand
dieses Vorfalls. Freiherr von Kockwitz, der Untersuchungsrichter
mit Hakenkreuz, der Staatsanwalt und Lohse kredenzen eine Flasche Wein nach dem Sieg über Polacken, Juden und rotes Gesindel; in Wirklichkeit Landarbeiter, die gegen trostlose Arbeitsbedingungen und Hunger streiken. Wie ein Vorfall aus dem neunzehnten Jahrhundert mutet das alles an: gesellschaftliche Konflikte, die teilweise zum Ersten Weltkrieg führten - nämlich
agrarische Autokratie, die den status quo gegen jegliche Arbeitermobilisierung verteidigte, besteht noch immer in der
Weimarer Republik, wenn auch in der Provinz, von wo aus sie
später in das Dritte Reich einmündet. Dort wurden die gesellschaftlichen Konflikte künstlich durch Nationalismus und Ideologie überbrückt oder brutal unterdrückt.

Der Besuch in München läßt erneut Minderwertigkeitsgefühle in
Lohse aufkommen: im Vergleich zu Hitler war er ein niemand.
"Aber Unterwerfung fordert der Große [Hitler], der Naive, Ungebildete, im Rausch der Begeisterung Lebende. Männer, die so wenig wußten, waren sich selbst alles" (S. 60). Die entfesselte
kleinbürgerliche Führernatur, die in den zwanziger Jahren zum
Zuge kam, hat Roth hier als egozentrischen, ungebildeten, irrationalen Typ frühzeitig erkannt und entblößt. Um gleichrangig
zu werden, wechselt Lohse zur Reichswehr über, jener staatlichen
Institution, die sich aus Gründen der Dolchstoßlegende apoli-

tisch und antirepublikanisch stellte. Vorübergehend ergreift Lohse der Börsenrausch: die Illusion vom Reichwerden ergreift ihn, wie so viele in der Zeit, und überdeckt fast seine Aufgaben, während in der Stadt Hunger, Elend und Terror grassieren. Nachdem der Krieg auf dem Schlachtfeld vorbei ist, tobt nun die gesellschaftliche Auseinandersetzung, die der Krieg ungelöst ließ. Der gelungene Einsatz gegen die Arbeiterdemonstrationen am 2. November verdeutlicht den Prozeß. "Es war ein Sieg der Ordnung" (S. 96). Konkret gesagt, die alte gesellschaftliche Machtstruktur hat gesiegt, der status quo, das herkömmliche Gesellschaftskoordinatensystem bleibt bestehen, während die erlösenden demokratischen Gesellschaftsentwicklungen wiederum verkümmern. Die Demokratie ist schon zu diesem Zeitpunkt ohnmächtig. Daß dabei das Kleinbürgertum nur als Handlanger der althergebrachten Ordnung der herrschenden Oberschicht auftritt, vermutet sogar Lohse; die Geschichte hat seine Vermutung bestätigt. Doch Ordnung ist besser als Demokratie, würde Lohse sagen, der Repräsentant des Kleinbürgertums.

Interessant für den gesellschaftlichen Aspekt des Romans erscheint ferner Lohses Heirat. Fräulein von Schlieffen muß erkennen, daß in der Republik Geld wichtiger ist als ein adliger Name. "Nie hätte eine v. Schlieffen einen Bürgerlichen geheiratet. Jetzt konnte man es" (S. 90). Eher müßte es lauten: Jetzt blieb einem keine andere Wahl. Der im sozialen Abstieg begriffene Adel bietet sich den unteren Ständen an, welche aus längst überholten sozialen Wertbegriffen das Angebot gerne annehmen. In der Verbindung von Adel und rechtsgerichtetem Bürgertum lag der Versuch, der auch weitgehend glückte, die Machtstrukturen des neunzehnten Jahrhunderts zu erhalten und die Entwicklung des liberalen Bürgertums zu blockieren. Lenz sieht in Lohses Hochzeit den Sieg des europäischen Spießbürgertums, das in seinem Machtstreben Allianzen eingeht und sich als Handlanger der herrschenden Schicht anbietet.

> Das war die europäische Hochzeit, hier heiratete einer, der ohne Sinn getötet, ohne Geist gearbeitet hatte, und er wird Söhne zeugen, die wieder töten, Europäer, Mörder sein werden, blutrünstig und feige, kriegerisch und national, blu**tige Kirchenbesucher, Gläubige des europäischen Gottes, der Politik lenkte. (S. 106)**

Mit größerer Präzision konnte Roth die Geschichte gar nicht
prophezeien. Lohse verläßt den Leser als der "in der satten
Ruhe seines Hauses, in den sicheren Grenzen seines Amtes"
(S. 113) lebende Bürger, der sein Endziel noch nicht erreicht
hat. "Theodor Lohse, ein Gefährdeter, aber ein Gefährlicher"
(S. 19), heißt es, und genau hier liegt der potenzielle gesellschaftliche Sprengstoff, in der Diskrepanz zwischen grenzenlosen Ambitionen, die ohne moralische Skrupel frei entfaltet werden, und der fehlenden Eigenpotenz, die als Grundlage nötig ist.
Am Ausgangspunkt stehen Lohse und Roth noch vereint, beiden war
eine Gesellschaftsordnung abhandengekommen; dann trennen sich
ihre Wege in extrem entgegengesetzte Richtungen; Rechts, die
Reaktion, und Links, humanistischer Sozialismus ohne ideologisches Programm.

Eine interessante sozialpolitische Variante verkörpert Benjamin
Lenz, der ostjüdische Doppelspion, der in der Mitte der Handlung dominierend auftritt, so daß Lohses Rolle als Protagonist
in Frage gestellt wird. Der Rollenwechsel deutet an, daß Lohse
nicht mehr frei handeln kann, daß er sich im Spinnennetz verfangen hat; Lohse wird das Opfer von Lenz und hat somit seine
Rolle ausgespielt und verspielt. Lenz kann nicht in die politische Skala von Links, Mitte, Rechts eingereiht werden. Seine
Position ist im nihilistischen Anarchismus oder im anarchistischen Nihilismus zu finden. Mittels seiner Intelligenz hat er
längst die Hoffnung auf die gesellschaftliche Sanierung Europas aufgegeben, ganz gleich mit welcher Ideologie oder welchem
Programm. Als Kenner der Gesellschaftssituation steht er über
dieser; "Und er wartete. An 'seinem Tag' mußte in ganz Europa
der schlummernde Wahnsinn zum Ausbruch gekommen sein" (S. 72).
Wolf R. Marchand sieht in Lenz eine Annäherung an den Hitler
ähnlichen "Übermenschen", dessen Ziel im Untergang liegt[35].
Unfraglich bestehen hier Berührungspunkte, doch muß beachtet
werden, daß der Nationalsozialismus ein Eklektizismus vieler,
teilweise übernommener, meist aber eigenwillig interpretierter
Geistesströmungen war. Lenz ist den "bestialichen Hakenkreuzler[n]" (S. 72) weit überlegen und sollte daher besser in die
Tradition des Anarchismus eingereiht werden. Ferner muß berücksichtigt werden, daß Hitlers Strategie auf den Aufbau eines

tausendjährigen Reiches ausgerichtet war und erst im Angesicht der Niederlage in die Phase des Nihilismus glitt.

Die Bestandsaufnahme der europäischen Gesellschaft und Zivilisation, welche Lenz macht, ist die pessimistischste in Roths Werken. Sicher, im 'Hotel Savoy' steht die europäische Zivilisation als ausgebrannte Hotelruine da, doch fehlt der durch Einsicht und Erkenntnis getriebene Haß, der den Brand plant. Zwonimirs Revolution hat noch ein utopisches Ziel, während Lenz nur das Nichts anstrebt. Es bleibt Lenz überlassen, Lohses Unzulänglichkeit zu erfassen und ihn darauf hinzuweisen.

> Sie sind auch kein Politiker. Sie wurden von Ihrem Beruf überfallen. Sie haben ihn sich nicht gewählt. Sie waren unzufrieden mit Ihrem Leben, Ihren Einnahmen, Ihrer sozialen Stellung. Sie hätten versuchen sollen, im Rahmen Ihrer Persönlichkeit mehr zu erlangen, niemals aber ein Leben, das Ihrer Begabung, Ihrer Konstitution zuwiderläuft. (S. 75)

Ferner macht er Lohse darauf aufmerksam, daß die Massen des Elends das deutsche Volk darstellen und nicht die Offiziere im Kasino. Für ihn, Lenz, stellt Lohse den Europäer schlechthin dar, dessen Zeit ablaufen müsse, der sich momentan jedoch noch fortpflanzt; "... und er wird Söhne zeugen, die wieder töten, Europäer, Mörder sein werden, blutrünstig und feige ..." (S. 106). Während Trebitsch das sinkende Schiff, Europa, verläßt - "Es stank und faulte. Es war ein Leichnam" (S. 86) - , arbeitet Lazar, Lenz' Bruder, bereits an einem Gas, am Sprengstoff für Europa, für die gesellschaftliche "Götterdämmerung" Europas. Das Ende des Romans blieb unvollendet. "Viele Lokomotiven pfiffen irgendwo auf den Gleisen" (S. 125). Für Roth waren Bahnhöfe und Eisenbahnen ein Symbol des Aufbruchs und somit des Abbruchs eines Aufenthaltes[36]. Doch wohin sollte man flüchten aus einem Land, das den Lohses und Lenz' zur Arena geworden war? Roth setzte sich mit dieser Frage in 'Hotel Savoy' auseinander.

b. 'Hotel Savoy'.

Wenn auch Józef Wittlins Aussage, ein Hotel in Lodz hätte Roth als Kulisse für den Roman 'Hotel Savoy' gedient[37], eine geographische Festlegung zuläßt, so ist diese doch störend und überflüssig; hat doch Roth, der es in seinen Werken sonst nie an konkreten geographischen Anhaltspunkten fehlen ließ, es hier absichtlich bei einem vagen "an den Toren Europas" (I/799) belassen. Abgesehen von der Himmelsrichtung Osten (I/799) und einer Bemerkung, "in dieser Gegend Europas" (I/868), fehlt jegliche Information, die eine genauere Lokalisierung ermöglichen würde. Höchstwahrscheinlich strebte Roth keine genauere Ortsbestimmung an: der Romanort oder -raum in 'Hotel Savoy' ist kein geographischer, sondern ein zivilisatorischer; die europäische Zivilisation des Hotels im Osten läßt die Sphären aufeinanderstoßen, die in einem festen Verhältnis zueinander stehen. Der Westen stellt einen Fremdkörper in der östlichen Umgebung dar und kann daher gut beobachtet werden. Zu den zivilisatorischen Sphären Ost und West oder Rußland und Europa fügt sich später in der Handlung auch noch Amerika. Das Hotel, welches Roth in diesem Raum beschreibt, ist kein Hotel Savoy in Lodz, sondern ein Hotel mit symbolischer Bedeutung.

Die symbolische Bedeutung des Hotels wurde auch schon von Ward Hughes Powell erkannt.

> The symbol which he [Roth] chooses to represent society is the Hotel Savoy; the register upon which he records the jarring contradictions between the hotel's outward appearance and its true nature is the person of Gabriel Dan, ...[38]

Auch Claudio Magris hat den Symbolwert des Hotels zweimal auf verschiedene Weise gedeutet.

> Jenes Hôtel Savoy (1924), in dem die Überlebenden des Krieges zusammentreffen und, in ständiger Flucht, wieder auseinandergehen, ist Symbol der großen geistigen Leere nach dem habsburgischen Ende ... [39],
>
> Hotel Savoy ist in Romanform die große Metapher des Weges nach dem Westen, eines trügerischen Weges in die Einöde, immer weiter vom Gelobten Land weg und gleichzeitig einer Reise nach Sodom; das Hotel mit seinen nach einer sozialen Hierarchie geordneten Stockwerken ... ist **Symbol** für die

Unterwelt und den Tod. 40)

Diese Interpretationen werden von Wolfgang Jehmüller noch erweitert. "Das Hotel ist mehr als ein realistischer Schauplatz im Leben des Gabriel Dan, es ist ein imaginärer Ort, eine Schaubühne, auf der zeitgenössische Menschentypen vorgeführt werden"[41]. Sieht man einmal von Magris' zweiter Symboldeutung ab, welche auf Roths Ostjudentum bezogen ist, können die Interpretationen noch weitergeführt werden. Roth beschreibt nämlich das Hotel als "europäischer als alle anderen Gasthöfe des Ostens ..." (I/800). Das Hotel symbolisiert das Gehäuse, den Bau der europäischen Zivilisation, in dem die heterogene Gesellschaft der Nachkriegsjahre haust. Hier, an der Schwelle Europas, beobachtet Roth eine Enklave der europäischen Zivilisation, umgeben vom "Osten". Gerade diese "Schwellensituation" ermöglicht es, daß Gabriel Dan neugieriger Beobachter bleibt, ohne der Sphäre der europäischen Gesellschaft anheimzufallen. Die Darstellung will die Situation erfassen, in der sich die europäische Nachkriegsgesellschaft befindet.

Auch zeitlich hat Roth eine "Schwellensituation" gewählt; **nach dreijähriger** Kriegsgefangenschaft und fünfjähriger Europaabwesenheit kehrt Dan auf dem Heimweg nach dem Westen in das Hotel ein. Die Heimkehrerströme, die reifen Getreidefelder und Alexanderl Phöbus' Erzählung von der Berliner Revolution vom 9. 11. 1918 lassen die unmittelbare Nachkriegszeit als Zeitraum vermuten. Mit größter Wahrscheinlichkeit handelt es sich um den Sommer 1919. In den ersten Nachkriegsjahren konnten sich weder neue Gesellschaftsstrukturen durchsetzen, geschweige denn konsolidieren, noch war die alte Gesellschaftsordnung untergegangen. Gleichzeitig sind typische, vorübergehende Nachkriegserscheinungen anwesend, z.B. Schiebertum und Heimkehrer. Die Gesellschaft befindet sich, geschichtlich gesehen, in einem "Schwebezustand". Bemerkenswert ist, daß Roth ausschließlich an einer Bestandsaufnahme des Jetzt interessiert ist. Die Vergangenheit, Habsburg, bleibt völlig ausgeklammert, selbst wenn Dan Jungenderinnerungen erzählt. 'Hotel Savoy' und 'Das Spinnennetz' sind die einzigen Werke Roths, für die man das konstatieren kann. Schon in 'Die Rebellion' ist Habsburg - und somit die Vergangenheit - zum ersten Mal in Roths Werk hintergründig anwesend. Inzwischen hatte Roth erkennen müssen, daß trotz Krieg und Revolution keine Zäsur stattgefunden hatte.

Bei einem Ich-Roman wie 'Hotel Savoy' bleibt zu klären, wer eigentlich dieser Gabriel Dan ist, durch dessen "Brille" Roth die Gesellschaft beobachtet. Dan stammt aus einer kleinbürgerlichen Familie, die in Leopoldstadt, dem ostjüdischen Viertel Wiens, wohnte, er ist berufsloser Heimkehrer, der einmal Schriftsteller werden wollte und jetzt als Hotelgast einen Roman schreibt[42]. Dan - "meine Eltern waren russische Juden" (I/799) - eignet sich gerade als Ostjude als Beobachter.

> Die Intellektuellen jüdischer Herkunft haben oft die Rolle gehabt, Enthüller und Katalysatoren einer allgemeinen Situation zu sein, die sich in ihrem Drama früher als sonst in ihrer ganzen Deutlichkeit und Tragik angekündigt hat wie im Kontakt mit einem Reagens oder einem Lackmuspapierstreifen. [43]

Dan erklärt: "Ich freue mich, wieder ein altes Leben abzustreifen, wie so oft in diesen Jahren" (I/799). Eine derartige Offenheit der Zukunft gegenüber hat nur noch Brandeis in 'Rechts und Links'. Worauf es Roth beim Erzähler ankommt, ist deutlich: seine äußerliche Unvoreingenommenheit und sein beinah pedantisches beteiligtes Unbeteiligtsein soll eine objektive Erzählsituation ermöglichen. Der wurzellose Heimkehrer soll die Entwurzelung der europäischen Gesellschaft wie ein Reporter registrieren; daß dabei seine Gefühlslage nicht völlig ausgeklammert wird, macht die Erzählung eher noch realistischer. So weist Dan für die Armen eine begrenzte menschliche Sympathie auf, die man als politisch links bezeichnen kann; diese ist aber eher durch seine eigene soziale Situation bedingt, denn ein linker Revolutionär ist Dan auf keinen Fall. "Ich kümmere mich zu viel um das Hotel Savoy und um die Menschen, um fremde Schicksale und zu wenig um mein eigenes" (I/879). Wenn auch Dans auffälligste Eigenschaften Außenseitertum, Neugier und ein beteiligtes Unbeteiligtsein sind, so bleibt er doch ein subjektiver Ich-Erzähler. Der Ich-Roman bedingt, daß Dans Sehweise alles prägt, und der Leser die erzählte Welt in einer spezifischen Brechung erfährt. Durch die Kombination von objektiver Erzählsituation, die besonders hervorgehoben ist, und subjektivem Ich-Erzähler will

Roth den Leser von der Objektivität des Erzählten überzeugen. Letzthin wird Dans Leben trotz seines Außenseitertums doch von dem Zerfallsprozeß der Gesellschaft beeinflußt, denn das Schicksal dieser Gesellschaft bleibt verknüpft mit seinem Leben. Dan reist am Ende einfach ab, seine Abreise wird aber durch den Zerfall der Gesellschaft erst ausgelöst. Dennoch bleibt er selbst nach dem Untergang der Gesellschaft von ihr beeinflußt, da er schlechthin ihr Kind ist. Zugleich eröffnet dieses Verhältnis einen neuen Romanhorizont, nämlich den des Ichs gegenüber der Gesellschaft.

Bevor Gabriel Dan, dieser mittellose Heimkehrer in russischer Bluse, in die Enklave der europäischen Gesellschaft einzieht, um ein neues Leben zu beginnen, wird sein Erwartungshorizont primär von dem lang vermißten Komfort bestimmt, dem oberflächlichsten Produkt der Gesellschaft. Schon im Fahrstuhl fühlt Dan, wie er seine Heimatlosigkeit und Wanderung zurückläßt. Der wiedergefundene Komfort kontrastiert mit der einsetzenden Erinnerung an die letzten fünf Kriegs- und Gefangenenjahre. So erscheint die Welt der Stubenmädchen, englischen Klosetts und Daunendecken irrelevant im Licht der Feld- und Barackenerlebnisse. Trotzdem verfällt der Erzähler diesen Äußerlichkeiten und muß sich am nächsten Morgen eingestehen, daß hier auf den ersten Blick nichts Neues besteht, er ist in eine vertraute Kinderstube zurückgekehrt. Trotz des Krieges hat, wenigstens äußerlich, keine Zäsur stattgefunden; neu war nur der Zettel, der vor Diebstahl warnte. Was Dan allerdings auffällt, sind die Isolation, in der jeder Mensch in seinem Hotelzimmer lebt, und der krasse Kontrast zwischen Arm und Reich; Zustände, die durch den Krieg sehr evident geworden waren. In seiner Neugier für das neue Leben versucht Dan, die Gesellschaft des Hotels weiter zu erforschen. Hatte sich oberflächlich am Hotelleben keine Veränderung abgezeichnet, wie sieht es dann in der Klassenstruktur des Hotels aus? Zumindest äußerlich hatte sich die hierarchische Gesellschaftsordnung behauptet. Anzeichen einer offenen pluralistischen Gesellschaft kann Dan zuerst nicht konstatieren. Die Klassen sind immer noch deutlich voneinander in Stockwerke getrennt. Die oberen Klassen der Gesellschaft haben außerdem ihre Statussymbole und ihren

Luxus gerettet: mit wachsendem Kapital werden die Teppiche
dicker und die Zeit dehnbarer, eine Ordnung, die sich bis in
den Tod erstreckt, denn im Hotel und auf dem Friedhof wird die
gleiche Wertskala gehandhabt. Diese erste Bestandsaufnahme
endet für Dan mit der Erkenntnis, daß äußerlich anscheinend
alles beim alten geblieben sei. Eine gewisse Unsicherheit
setzt ein, aber zugleich leitet dies einen Bewußtseinsprozeß
hinsichtlich seiner Situation in der Gesellschaft ein. "Ich
war Heimkehrer, meine Papiere waren in Ordnung, ich hatte
nichts zu fürchten" (I/803). Was Dan jedoch befürchtet, ist
die Rückkehr in eine unveränderte Gesellschaft, die ihm,
dem durch die Kriegsjahre Veränderten, keine Heimat mehr sein
kann.

Wenn Dan sich bewußt wird, "... heute bin ich Teil der Heimkehrer" (I/803), und diese seine Brüder nennt, so muß beachtet werden, daß die Brüderlichkeit begrenzt bleibt. Er ist sozusagen einer der privilegierten Heimkehrer, der im Hotel
und nicht in den Baracken wohnt. Dan gehört auch nicht zu
denen, die "... den Atem der großen Revolution ..." (I/852)
in den Westen tragen; auch hier bleibt er Außenseiter. Trotzdem weist Dan als Heimkehrer ein typisches Merkmal auf: er
sucht nach einer Eingangstür zu dieser Gesellschaft, für die
er Jahre seines Lebens geopfert, für die die gefallenen Kriegs-
kameraden mit dem Leben bezahlt haben. Wo sich für die anderen
die Frage stellt: wofür, die dann mit politischen Alternativen
beantwortet wird, repräsentiert Dan einen anderen Typ von
Heimkehrer. Verärgert darüber, daß sein Geld nicht dazu ausreicht, der Dame in die "Konditorei der reichen Welt" (I/803)
zu folgen, bewußt dessen, daß er "in solchem Anzug" (I/805) -
russische Bluse und kurze Hose - nicht gesellschaftsfähig ist,
folgt er, von seinem erotischen Verlangen getrieben, Stasia
in den siebenten Stock des Hotels. Dieser soziale Abstieg
wird zugleich kompensiert durch den Traum, in den dritten
Stock, in das Reich der weißbehaubten Zimmermädchen umzuziehen; der Abstieg wird durch Träume des Aufstiegs begleitet.
So auch Dans oft wiederholter Wunsch, das Hotel als "Gebieter
von zwanzig Koffern" (I/800, 836, 869) zu verlassen, obwohl
er fragend weiß: "Treibt mich das Schicksal nicht ins siebente

[Stockwerk]?" (I/818). Ironischerweise hat Roth das Hotel
wie ein Modell strukturiert, in dem für Dan ein sozialer Aufstieg nur mit einem physischen Abstieg, und vice versa, möglich ist. "Wie hoch kann man noch fallen?" (I/818). Nun,
Dan fällt sehr schnell während seines Besuches beim Onkel
Phöbus Böhlau. Mit einer höflichen Freundlichkeit, die schon
in das Gegenteil umschlägt und wie sie nur dieser Klasse der
Reichen zu eigen ist, wird Dan von denjenigen, die in den
Kriegsjahren zu Hause Geschäfte machten und ihre Söhne auf
sichere Armeeposten plazierten, mit einem abgetragenen Anzug
abgefertigt. Heimkehrer Dan und Playboy Alexanderl Böhlau
sind gesellschaftliche Kontraste. Beide stellen indirekt
Fragen über das Soll und Haben dieser Nachkriegsgesellschaft.
Die Gesellschaft dankt den Heimkehrern für das Leid der
Kriegs- und Gefangenenjahre mit Desinteresse und Rücksichtslosigkeit.

Bei genauer Beobachtung konstatiert Dan dann doch Veränderungen in der hierarchischen Gesellschaftsordnung des Hotels, die
von einem "Managergott" kontrolliert wird, der als Liftboy
jeden seinem Status gemäß in das richtige Stockwerk fährt.
Diese Veränderungen sind es, die am Ende dazu beitragen, die
völlige Zerstörung der Gesellschaft zu fördern. Die Sozialordnung ist nicht mehr abgesichert, so daß Dan bald ziemlich frei
Zugang zu allen Gesellschaftsschichten hat. Die Abkapselung
und Abgrenzung einer jeden Klasse von der anderen darunter
liegenden Schicht besteht nicht mehr; obwohl die Menschen
als Individuen, "durch papierdünne Wände und Decken geschieden,
nebeneinander leben, essen, hungern" (I/848). Alle sind heimatlose Gäste ohne eigentliche Existenzbasis. Eine heterogene
Gesellschaft, die völlig in Fluß geraten ist und die eine Art
Zirkuswelt der Geschäftemacher und Lebenskünstler darstellt, -
Roths Polyphonie der Gestalten wird jetzt erkennbar. Symptomatisch für die Mobilität und Offenheit dieser Hotelgesellschaft
ist der abgesunkene frühere Fabrikant Fisch. Jetzt, als Bewohner des letzten Zimmers im Hotel, verkauft er erträumte Lotterienummern, deren Gewinne es anderen Menschen ermöglichen,
in den vornehmen ersten Stock umzuziehen. Von einem System oder
einer klar definierten und mehrfach differenzierten Gesell-

schaftsordnung kann hier eigentlich keine Rede mehr sein. Der Konflikt zwischen Arm und Reich, der schon vor dem Krieg bestand, prägt sich jetzt viel schärfer aus, weil die mehrfach abgestufte Klassenordnung verschwunden ist, wodurch die Nachkriegsgesellschaft polarisiert und radikalisiert wurde. Daher besteht für Roth auch kein differenziertes Klassensystem, die Mittelklasse der mittleren Hotelstockwerke existiert zwar, aber tritt kaum in Erscheinung. Der Krieg hatte die Mittelklasse verarmt und somit deklassiert. Roth sieht nur noch ein Unten und Oben: "... was oben stand, lag unten, begraben in luftigen Gräbern, und die Gräber schichteten sich auf den behaglichen Zimmern der Satten, die unten saßen, in Ruhe und Wohligkeit ..." (I/818). Oben verpfänden Menschen ihre Koffer, ihr Leben. Bei Dan kommt das erste Gefühl von Mißfallen auf, er will abfahren, sich befreien von einer Gesellschaft, die ihn anwidert. Doch wohin? "In den Himmel, in die endliche Seligkeit?" (I/818). Es fehlt ihm an irdischen Alternativen, seine fragende Antwort erscheint sozialpolitisch äußerst abstrakt.

Gabriel Dan wählt im ersten Kapitel die beste Möglichkeit: weiter als Zuschauer, Beobachter und unbeteiligter Teilnehmer bei diesem Schauspiel zu verweilen. "Dieses einzigen Kaleguropulos wegen hätte es sich gelohnt hierzubleiben" (I/835). Seine Recherchen ergeben nur Negatives, die Personen, die er kennenlernt, sind entweder verkrachte Existenzen, "halbe Schnorrer" (I/815), wie Abel Glanz, oder Geschäftsleute, wie Kanner und Neuner, der Adel fehlt, als hätte er nicht mehr mitzuspielen. Menschliche Beziehungen basieren fast ausschließlich auf "Geschäfte machen" (I/819). Im Hotel und in der Stadt werden Valutageschäfte abgewickelt, während Inflation, Streik, Revolution und Bolschewismus drohen, in der Bar tanzen die nackten Mädchen für die Fabrikanten, während oben im Wäschedunst Santschin beinah anonym als Nummer 748 stirbt. Da taucht Xaver Zlotogor als Ersatzpriester auf, der mit fernöstlichem Fakirtum sein Geld verdient, und Ignatz fährt als Tod im Lift; an der Vorderseite Varieté und Blechmusik, dahinter der tote Santschin aufgebahrt. Hinter der

Fassade der angehenden "wilden Zwanziger" sieht Roth das menschliche Elend.

Was bezweckt Roth mit dieser makabren Vielfalt? Glanz sagt hinsichtlich der Inflationszeit: "Nichts ist viel" (I/822). Ebenso kann man sagen, dies Viel ist nichts. Was Roth schildert, ist eine bankrotte Gesellschaft auf Inflationskurs; die Ordnung, die Dan wiederzufinden glaubte, ist im Begriff, durch eine heterogene Welt der inneren Leere ersetzt zu werden. Hier formiert sich die pluralistische Massengesellschaft, die den Menschen isoliert und in der das Großkapital regiert. Das Gefühl von Mißfallen steigert sich zum Haß gegenüber dieser Hotelgesellschaft, die auch Santschins frühzeitigen Tod bedingt; nur mit großer Überwindung nächtigt Dan im Hotel, die Entfremdung zwischen Heimkehrer und europäischer Gesellschaft ist evident.

Gabriel Dans Unentschiedenheit abzufahren, als Alexanderl ihm sein Zimmer abkaufen will, zeigt deutlich, daß er bereits ein Gefangener dieses Hotels geworden ist. Wohin soll er fahren? "Ich weiß es nicht genau!" (I/837). Wien, Paris, Berlin bedeuteten eine Steigerung derselben Gesellschaftssituation, nur noch unerklärbarer und unübersichtlicher. Vielleicht lassen sich hier noch die Hintergründe dieser Gesellschaft und die Geheimnisse ihrer Organisatoren Ignatz und Kaleguropulos entschlüsseln. Wenn schon heimatlos, so ist diese "wiedergefundene Heimat" (I/839) besser als gar keine. Am Ende des ersten Kapitels steht Dan als Beobachter auf verlorenem Posten ohne Ausweg. Obwohl er weiterhin freiwillig im Hotel als Gast verbleibt, geschieht dies nur, weil er keine konkrete Alternative hat. Sein Gedankenspiel abzureisen, bleibt ein Versuch, sich selbst eine Freiheit vorzutäuschen, die er gar nicht hat.

Erst im zweiten Kapitel erscheint eine gesellschaftspolitische Alternative: Zwonimir. Der alte Kriegskamerad, ein Revolutionär von Geburt, einer, der als "politisch verdächtig" abgestempelt gilt, eröffnet eine neue Perspektive und eine neue Möglichkeit in Dans Leben. Zwonimir, Agitator und Provokateur von Natur, kennt keine Geheimnisse im Hotel. Souverän kann er, obwohl oder gerade da er kein Intellektueller ist, die Gesellschaftssituation erkennen und nutzen. Anstatt dem Hotel zu verfallen, erklärt er das Hotel als ihm verfallen (I/849). Wenn auch Zwonimir finanziell von der Kommunistischen Partei in Moskau unterstützt wird, so erscheint er doch nicht in der Rolle eines Parteifunktionärs; jegliche Parteiideologie wird bewußt von Roth ausgeschaltet. Zwonimir personifiziert die ungebrochene Basis, und er weiß daher genau, daß eine bürgerliche kapitalistische Gesellschaft, die hauptsächlich aus Mittelmäßigkeit und banaler Äußerlichkeit besteht und bei der starke Verfallserscheinungen unübersehbar sind, keine Existenzberechtigung hat - sie lebt auf Zeit. Zwonimirs Urteil über die kapitalistische Gesellschaft ist einfach und zutreffend: "... es kann nicht gehen, wenn der Neuner verdienen will" (I/855).

Die Freundschaft mit Zwonimir motiviert Dan, seine illusionären Reisepläne zu verdrängen. "Manchmal sagte ich: 'Zwonimir, laß uns abreisen'" (I/866), aber Zwonimir lehnt ab. Durch ihn wird Dan endlich gezwungen, sein Verhältnis gegenüber und in der Gesellschaft zu klären. Dans Bekenntnis, "Ich bin ein Egoist ... ein wirklicher Egoist" (I/842), bewertet der Kamerad als intellektuelles Gerede. Der Egoismus resultiert teilweise aus Dans bürgerlichem Milieu, in dem Solidarität und Kollektivismus als Eigenschaften der Arbeiterklasse gesehen und gefürchtet wurden. Dieser bürgerliche Egoismus wurde dann noch durch das Fronterlebnis verstärkt, welches jeglichen Kollektivismus im Angesicht des Todes als wertlos erscheinen läßt. Roth beschreibt eine äußerst aktuelle Zeiterscheinung, die das Gemeinschaftsleben der Nachkriegsjahre an der Basis unterminierte. "Jeder Mensch lebt in irgend einer Gemeinschaft ..." (I/842), sagt Zwonimir und motiviert Gabriel Dan, seinen Beobachterposten, sein Außenseitertum teilweise aufzugeben; eine Solidaritätserklärung mit den sozialen Randgruppen im fünften und sechsten Stock kommt zustande. Die Umschulung Dans wird von Zwonimir konsequent weitergeführt. Er schaltet Dan in einen Arbeitsprozeß ein, der ihn größere Solidarität und ökonomische Einsichten in die Gesellschaft lehrt. I. Sültemeyer urteilt zu unrecht, "... noch kommt er

[Dan] im Laufe des Romans zu keiner echten Erkenntnis gesellschaftlicher Zusammenhänge"[44]. Eine Einsicht in die Gesellschaft besteht sicherlich, doch werden keine politischen Konsequenzen gezogen; und das war typisch für das damalige Bürgertum, das hierdurch die allgemeine politische Emanzipation der Gesellschaft verhinderte. Auffallend wendet Dan sein Interesse vom Hotel ab und verlagert es auf die Heimkehrerbaracken, Armenküche und Fabrikarbeiter. Die Sympathie für die sozial Unterprivilegierten dominiert und kommt hauptsächlich aus einer Erkenntnis der Gesellschaftsverhältnisse.

Dadurch, daß Dan seine Aufmerksamkeit vom Hotel abwendet und sich unter Einfluß von Zwonimir mehr für die Stadt interessiert, stellt sich dem Leser erneut die Frage, in welchem Verhältnis Stadt und Hotel zueinander stehen. Roth hat den östlichen Charakter der Stadt nicht herausgearbeitet und so eine Gegenüberstellung von östlicher und westlicher Gesellschaft gemieden, wie sie in seinen späteren Werken 'Flucht ohne Ende' und 'Der stumme Prophet' zu finden ist. Die Stadt wird von Roth als Bereich der Industrie und des Proletariats der gesellschaftlichen Sphäre des Hotels gegenübergestellt. "Gott strafte diese Stadt mit Industrie. Industrie ist die härteste Strafe Gottes" (I/852). Während Zwonimir agitierend zu den Heimkehrern sagt: "Diese Stadt ist ein Grab der armen Leute. Die Arbeiter des Fabrikanten Neuner schlucken den Staub der Borsten, und alle sterben im fünfzigsten Jahr ihres Lebens" (I/884). Roths Antipathie gegen die zunehmende Industrialisierung, die Natur und Menschen zerstört, ist auch in vielen seiner Reiseberichte zu finden. Als Heimkehrer sieht sich Dan mit einer durch den Krieg beschleunigten Industrialisierung konfrontiert, die soziale Vermassung und Entfremdung verursacht. Die proletarischen Massen nehmen jedoch nicht am Hotelleben teil und es besteht nicht einmal eine Interessensolidarität zwischen ihnen und den Bewohnern der obersten Stockwerke. Dort wo die Staatsmacht haust, werden die Arbeiter, als seien sie unmündig, nicht eingelassen. Die Teilnahme am gesellschaftlichen Leben ist somit erst vom Kleinbürger an aufwärts möglich. Eigentlich aber ist es nur die obere Schicht, die im Hotel ungestört lebt, wäh-

rend die Kleinbürger der oberen Stockwerke unter dem Druck
des Großkapitals stehen und Gefahr laufen, deklassiert zu
werden. Wie entmachtet die Arbeiter sind, zeigen ihre endlosen
Streiks, mit denen sie die Kaufkraft der durch die Inflation
zerrinnenden Löhne erhalten wollen. Während die Gewerkschafts-
führer und der Arzt beim Fabrikanten Neuner speisen, hungern
und sterben die Arbeiter. Zwonimirs Bemerkung: "Wenn man ein
Bündel Holz schleppt vom Walde, ... weiß man wenigstens, daß
es warm wird in der Stube" (I/855), bezieht sich vor allem
auf die Entfremdung der Fabrikarbeit und die dadurch ent-
stehende Lebensunterhaltabhängigkeit. Eine industrielle Massengesellschaft kann aber nicht, wie Zwonimir es anstrebt,
in die "Wälder" zurückkehren. Die Revolution, die am Ende
das Hotel zerstört, geht hauptsächlich von den Arbeitern aus:
ihr Eindringen in das Hotel muß dann auch als Forderung nach
Teilnahme am gesellschaftlichen Leben gesehen werden. Ignatz,
der die Staatsmacht verkörpert, wäre bereit, ihnen Eintritt
ins Hotel zu gewähren, doch gegen Bezahlung, genau die aber
können die verarmten Arbeiter nicht aufbringen. Ihre Revolution will die selbstgefällige, geschlossene Staatsmacht zerstören, denn nur so kann der Teufelskreis der Armut und Un-
mündigkeit gebrochen werden. Es erstaunt nicht, daß die Arbeiter von den Heimkehrern Hilfe erhalten, da auch sie eine
Randgruppe sind, die Zugang zum Gesellschaftsleben sucht.
Ob die revolutionären Ziele verwirklicht werden können,
läßt Roth ungesagt, doch erscheint es unglaubhaft, da die
Menge am Ende von Soldaten eingeschlossen wird. Die geschichtliche Entwicklung hat den Arbeitern eine größere Beteiligung
am Nationalprodukt und am politischen sowie sozialen Leben
gebracht, so daß der Wille zur Revolution durch die Evolution
aufgefangen wurde. Die Gelegenheit eines Umsturzes und einer
völligen sozialen Umstrukturierung war 1924 vergangen und
vertan.

Die Ankunft Bloomfields, des Vertreters des Großkapitals,
im dritten Kapitel bringt eine zweite Alternative für Dan:
Amerika, die neue Heimat und das Ziel der meisten Ostjuden.
Auch Bloomfield spielt die Rolle eines Heimkehrers, doch unter
anderen Voraussetzungen; er besitzt Kapital und sein Weg führt

von West nach Ost, während Dan von Ost nach West reist.
Amerika, welches hintergründig im Roman lange vor der Ankunft
Bloomfields anwesend war und das Schlußwort des Romans bildet, ist eine Metapher, die mit dem wirklichen Amerika nur
indirekt etwas gemein hat[45]. Zwonimir gebraucht das Wort
Amerika zum erstenmal im Roman.

> Auch sie [Zwonimirs Brüder] werden einrücken, sagte
> Zwonimir. In zehn Jahren wächst keine Frucht mehr in
> allen Ländern der Welt, nur noch in Amerika. Er liebte
> Amerika. Wenn eine Menage gut war, sagte er: Amerika!
> Wenn eine Stellung schön ausgebaut war, sagte er: Amerika! Von einem "feinen" Oberleutnant sagte er: Amerika.
> Und weil ich gut schoß, nannte er meine Treffer: Amerika.
> (I/841)

Die zuerst positiv anmutende Bewertung Amerikas schlägt in
das Gegenteil um, wenn man beachtet, daß alle Urteile auf
den Krieg bezogen sind. Krieg, jedenfalls der Erste Weltkrieg,
wird von Zwonimir nicht befürwortet, somit steht Amerika hier
für den Superlativ des Negativen. Einen weiteren Anhaltspunkt
bietet die Szene in der Armenküche: Zwonimir nennt das Essen
"Amerika", worauf Dan meint, "Das ist Geschmackssache, ich
liebe dicke Bohnen- und Kartoffelsuppen" (I/853). Auch
Bloomfield, der Repräsentant Amerikas, für den man ihn jedenfalls hält, aber der er nicht unbedingt und uneingeschränkt
ist, bewirkt durch seine Anwesenheit ein Aufblühen der Geschäftemacherei: "Jeder hat plötzlich geschäftliche Ideen
in diesem Hotel und in dieser Stadt. Jeder will Geld verdienen" (I/873). Amerika stellt hier die moderne Geschäftswelt
dar, das Großkapital, eine Macht, die der Gesellschaft ihre
Werte und Ordnung diktieren kann. Anstatt sozialpolitisches
Bewußtsein zu wecken und soziale Verbesserungen zu bringen,
erhält die Stadt Konsum zur Ablenkung in Form von Kino und
Juxgegenständen. Roth hat Amerika später im Kapitel 'Die
Heimat der Schatten' im 'Antichrist' noch einmal als Land
der schattenhaften Existenzen, des Geldes und der Gottlosigkeit erfaßt. Nicht umsonst möchte Zwonimir Bloomfield umbringen, denn er sieht in ihm eine Gefahr, doch muß er die
Zwecklosigkeit einer solchen Tat einsehen (I/873). Ein Mord
würde die Macht des Großkapitals nicht beenden.

Bloomfield wirkt wie ein Katalysator in der europäischen Gesellschaft, jeder bietet sich an und zeigt, wie käuflich und unterlegen man schon ist. Auch Dan sieht jetzt seine Chance, er begibt sich als Sekretär in den Dienst Bloomfields und dessen Großkapitals. Hiermit entfernt er sich von Zwonimir und der politischen Alternative, die dieser bietet. Indem er lieber als Angestellter für das Großkapital anstatt für die Revolution arbeitet, verhält er sich, wie es typisch für das Kleinbürgertum war, welches so mithalf, eine soziale Umstrukturierung zu verhindern. Gabriel Dan wird rückfällig, jedenfalls in Zwonimirs Perspektive, seine neugewonnenen Einsichten in die Gesellschaft gleiten in die Ironie ab. "Ich saß im Vorhof des lieben Gottes Henry Bloomfield und registrierte Gebete und Wünsche seiner kleinen Menschen" (I/869). Während er noch kurz zuvor über dieselben Menschen sagte:

> Auf allen Wegen ihres Lebens standen die Verbotstafeln ihres Gottes, ihrer Polizei, ihrer Könige, ihres Standes. Hier durften sie nicht weitergehen und dort nicht bleiben. Und nachdem sie so ein paar Jahre gezappelt, geirrt hatten und ratlos gewesen, starben sie im Bett und hinterließen ihr Elend ihren Nachkommen. (I/869)

Die völlige Auflösung der Nachkriegsgesellschaft vollzieht sich im vierten Kapitel. Der vornehme Friseursalon des Hotels wird von den Arbeitern zum Ort der Herausforderung erkoren. Als Ignatz auf Ordnung bestehend mit der Polizei droht, steigert sich die Auseinandersetzung langsam zur Revolution. Unaufhaltbar folgen die Ereignisse: Typhus, Streik, Heimkehrerströme und Revolution. Zwonimirs Zeit ist angebrochen und nimmt ihren Lauf, vom Hotel stehen zuletzt nur noch "halbverkohlte Reste" (I/889); das Gerüst der europäischen Gesellschaft steht als Ruine da. Das liest sich wie eine Reportage der ersten Nachkriegsjahre in Deutschland und Österreich, in denen die vom Krieg ungelösten und eher noch akzentuierten sozialpolitischen Probleme zu bürgerkriegsähnlichen Auseinandersetzungen führten. Das Hotel Savoy könnte hier beinah für das Berliner Schloß der Novembertage 1918 stehen.

Erst am Ende löst sich das Geheimnis, wer Kaleguropulos ist, nämlich, wie lang vermutet, der Liftmann Ignatz. Die Frage

stellt sich, welche Funktion oder Rolle der Hotelwirt, der
immer hintergründig anwesend, doch kaum gegenwärtig ist,
inkognito als Liftmann hat. Als Hotelwirt hält er eine
kapitalistische und sozialpolitische Machtposition, die das
Hotelleben und dessen Ordnung bestimmt, als Liftmann hingegen hält er diese geheim und übt eine Kontrollfunktion aus,
die wiederum der Macht dient. Die Macht von Kapital und Regierung über die Gesellschaft wird somit verschleiert, zugleich
aber wird sie in einer Person, die sie besitzt, ausführt und
überwacht, vereint. Ignatz, der Liftmann, sitzt am Nerv des
Hotellebens: Er kennt durch sein unregelmäßiges Fahrstuhl-
bedienen jeden Gast, und übersieht ihr Kommen und Gehen
auf allen Stockwerken. Obwohl Ignatz von Dan zuerst kaum
zur Kenntnis genommen wird, ärgert dieser sich schon bald,
als er bemerkt, daß er von Ignatz beobachtet wird. Beinah
zu Haß steigert Dan seine Abneigung, nachdem er Ignatz als
Pfänder und Tod erkannt hat. "Ignatz war wie ein lebendiges
Gesetz dieses Hauses, Tod und Liftknabe" (I/832). Die Macht
über die Gesellschaft rückt hier, wie auch in 'Die Rebellion',
in die Nähe des Metaphysischen. Zwonimir, im Gegensatz zu
Dan, durchschaut ahnend, was gespielt wird. Er versetzt Ignatz
freundliche Schläge, aber lehnt den Gebrauch des Fahrstuhles
mit dem Wort "Amerikasache" ab und geht lieber zu Fuß. Spätestens nach Kaleguropulos' zweitem Kontrollbesuch, der wie
der erste einem Staatsbesuch gleicht, vermutet Zwonimir,
daß Ignatz und der Hotelwirt ein und dieselbe Person seien.
Während nur die Bewohner der oberen Stockwerke Kaleguropulos
fürchten, denn sie sind besonders abhängig von ihm, verliert
Zwonimir jegliches Interesse an ihm, denn er hat die Situation erkannt. Beim Ausbruch der Revolution spielt Ignatz eine
nicht unbeachtliche Rolle, da er die Ordnung mit der Drohung,
die Polizei zu holen, wahren will. Nur zu deutlich wird hier,
daß Ignatz die **autoritäre Staatsmacht verkörpert, die sich**
jetzt bei der Herausforderung verteidigen muß. Die daraus
resultierende Verhaftung eines Arbeiters steigert die Unruhen, die hauptsächlich vor dem Gefängnis und dem Hotel
stattfinden. Warum Ignatz im Hotelbrand sein Leben verliert,
freiwillig - so der Hoteldirektor - mit dem Hotel, dessen
Ordnung er kontrollierte, untergeht, um seine eigene Macht

zu erhalten, ist eine jener vielen Leerstellen, die am Ende
des Romans unbeantwortet bleiben. War für Ignatz ein Weiterleben nach der Zerstörung dieser Gesellschaftsordnung undenkbar geworden, oder mußte die Staatsmacht mit der Struktur untergehen, die sie geschaffen, und vice versa? Geht Ignatz in
einer Apokalypse unter? "Eine gelbe Flammengarbe bricht aus"
(I/888). Vollzieht sich hier die gesellschaftliche "Götterdämmerung" des bürgerlichen Europas, für die Lazar in 'Das
Spinnennetz' an einem Giftgas arbeitet? Sicher ist nur der
Untergang der ohnmächtig gewordenen autoritären Staatsmacht;
welche sozialpolitische Ordnung an ihre Stelle treten wird,
bleibt ungewiß.

Die Revolution, die Zwonimir entfachte, ist deutlich nicht
parteipolitisch geplant, sondern anarchistisch. Zwonimir,
der Naturmensch und "Wirrkopf", der dem Intellektualismus
fremd bleibt, agitiert für eine rousseauistische utopische
Revolution. Indem die Revolution zum geschichtlichen Ausgangspunkt zurückkehren will, erweist sie sich als Illusion ohne
Bezug auf die soziale Realität, denn diese bürgerliche Gesellschaft des Hotels Savoy ist ja das zeitliche Endstadium,
sozusagen das Produkt der geschichtlichen Entwicklung, die
ausging von jenem Moment. Eine Rückkehr würde die gesellschaftliche Entwicklung widerrufen und zugleich wiederholen, also
den Prozeß verwegen. Ist seine Revolution auch primär gegen
das Bürgertum ausgerichtet, muß sie doch als ein überhaupt
gegen die Gesellschaft gerichtetes Experiment erkannt werden. Zwonimirs Appelle, gemeinschaftlich zu denken und zu
handeln, sind somit nur Argumente des Kampfes gegen das Bürgertum, sein Endziel liegt außerhalb einer organisierten Gemeinschaft. Die Revolution muß am Romanende schlechthin als
mißglückt bewertet werden; irgendwelche Erfolge sind nicht
realisiert worden, da die Revolution von einer falschen Voraussetzung ausging. Nachdem die Revolutionen, die progressive
gesellschaftliche Umstrukturierungen anstrebten, in Berlin
und Wien umgebogen wurden zu "glatten Revolutionen", das will
sagen zu einer größeren Machtbeteiligung der Arbeiter am
kapitalistisch-bürgerlichen System, womit man ein Abgleiten
nach Links und eine Reaktion von Rechts verhinderte[46],

führt Roth die andere Möglichkeit einer rousseauistischen
Revolution ad absurdum. Er hat zu dieser Zeit schon Abschied von seiner ersten politischen "Illusion"[47], der
proletarischen Revolution, in welcher Form auch immer, genommen. Ob und inwieweit er überhaupt eine Revolution befürwortet hätte, steht zur Diskussion. Den brutalen Machtkampf
lehnte er höchstwahrscheinlich ab, befürwortet hat er ihn jedenfalls nie, auch wenn er eine sozialistische Revolution zuerst bejahte.

Aber wie sieht es am Ende mit Dans Erwartungen aus, ein neues Leben anzufangen? Im Hotel Savoy, in der europäischen
kapitalistisch-bürgerlichen Gesellschaft, hat er es nicht
gefunden; die Revolution seines Freundes Zwonimir bietet
auch keine Zukunft. In Gesellschaft von Abel Glanz fährt Dan
am Ende als der immer noch heimatlose Wanderer ab. Doch
wohin? Im Zug sitzen südslawische Heimkehrer, was vermuten
läßt, daß ein Mittelmeerhafen das Ziel sein wird - eine Vermutung, die plausibel erscheint, denn Glanz will zu seinem
Onkel in New York und Dan denkt an Zwonimirs "Amerika".
Nach Rußland, nach Osten zu fahren, ergibt sich für Dan nicht;
von dort kam er nach dreijähriger Kriegsgefangenschaft und
hatte gesehen, was die **Oktoberrevolution** gebracht hatte. In
Mitteleuropa dagegen zu leben, wäre für Dan nur eine gesteigerte Wiederholung des Lebens im Hotel Savoy. Der Leser
tendiert dazu, die Leerstelle mit Amerika zu füllen. Hatte
nicht Bloomfield in seinem Abschiedsbrief an Dan geschrieben: "Wenn Ihr Weg Sie nach Amerika führen soll, so werden
Sie hoffentlich nicht verfehlen, mich zu besuchen" (I/886)?
In 'Das Spinnennetz' wird die Frage gestellt: "Was sollte ein
Mensch in Europa? Es stank und faulte. Es war ein **Leichnam**!"
(S. 86). **Leichnam oder ausgebrannte Hotelruine, die Antwort**
Amerika bleibt Superlativ des Negativen. Der Weg führt in die
gottlose heterogene Gesellschaft des Konsums und des Großkapitals. Abel Glanz' und höchstwahrscheinlich auch Gabriel
Dans Exodus, die gesellschaftliche Entwicklung des Bürgertums
allgemein, führt in die Banalität des Kapitalismus und Materialismus.

> Sie waren Aufschneider und Prahlhänse, und alle kamen vom
> Film her und wußten viel zu erzählen von der Welt, aber
> sie sahen die Welt mit ihren Glotzaugen, hielten die Welt
> für eine geschäftliche Niederlage Gottes, und sie wollten
> ihm Konkurrenz machen .... (I/876) **48)**

Dans Chancen in Amerika, als nicht politisch denkender Mensch, dessen positives Denken sich wiederholt in Hoffnungen des sozialen Aufstieges äußert, sind nicht die schlechtesten. Doch die Heimatlosigkeit, Wurzellosigkeit und Entfremdung des Hotellebens wird sich in Amerika noch vergrößern; Roth hat das in seinem späteren Roman 'Hiob' geschildert.

Gabriel Dan wird von I. Sültemeyer als unpolitischer Mensch gesehen, bei dem die politische Passivität ein Politikum, und sogar ein reaktionäres Politikum ist[49]. Er stellt die unpolitische Mittelklasse der Zeit dar, die es meist als unter ihrem Niveau sah, politisch zu handeln. Es muß aber beachtet werden, daß Dans unpolitische Haltung auch eine apolitische ist, die durch die von Roth angestrebte objektive Erzählsituation bedingt wird. Trotzdem lassen sich bei Dan die ersten Ansätze erkennen, die dann bei Trotta in 'Die Kapuzinergruft' im Extremen enden, nämlich als dieser beim Anblick der einmarschierenden Nazis sagt: "Ein Exterritorialer war ich eben unter den Lebenden" (I/427). Dan lebt auch gewissermaßen als Exterritorialer, doch seine Neugier verhindert ein völliges Abgleiten ins Private.

Roths Situationsbeschreibung der Nachkriegsgesellschaft Europas ist sehr pessimistisch. Zwar haben äußerlich die Gesellschaftsstrukturen den Weltkrieg überstanden, aber die inneren Schwächen sind nur zu deutlich. Obwohl eine größere Offenheit zwischen den verschiedenen Klassen besteht, hat gleichzeitig eine Polarisierung zwischen Arm und Reich den Konflikt verschärft. Als neue Machthaber treten die Geschäftsleute des Großkapitals in Erscheinung, ihre Tätigkeiten sind meist unreelle Transaktionen, ihr Amüsement konsumieren sie im Stil der "wilden zwanziger Jahre". Der Schwerpunkt der Gesellschaftskritik Roths liegt auf dem kapitalistischen Bürgertum, dessen Ende Roth kommen sieht. Trotz deutlich spürbarer Sympathie Roths für die Arbeiter und andere Randgruppen der Gesellschaft bleiben diese gesellschaftspolitisch potenzlos, während Zwonimirs Revolution, die eine anarchistische Freiheit anstrebte, mißglücken mußte. Die Möglichkeiten sind minimal, die Gesellschaft aus ihrem Inflationskurs hinauszureißen.

In seiner Skepsis steht Roth als Schriftsteller nicht allein, in der österreichischen Literatur sind Musil und Broch, und in der deutschen Literatur Heinrich Mann ihm nahe. Der Pessimismus Roths ist hingegen kaum repräsentativ für die Gesellschaft in Deutschland und Österreich im Jahr 1924. Mit der Stabilisierung der Währungen war die letzte Gelegenheit für einen Umsturz gebannt und man ging dazu über, die "wilden zwanziger Jahre" zu erleben. Aus dem Gefühl, noch einmal davongekommen zu sein, und das war man, denn das Bürgertum war im Krieg und in der Revolution nicht untergegangen, setzte bald die Reaktion ein, die in Deutschland 1925 zur Wahl Hindenburgs führte. Die Polarisierung von Rechts und Links - Gruppenanarchie - bestimmte die politische Arena. Roth berücksichtigte diese Situation und machte sich zugleich weitsichtige Gedanken über die Zukunft der mitteleuropäischen Zivilisation. Er ahnte nicht, daß, bevor es zu einer weiteren Amerikanisierung der Gesellschaft kam, das Bürgertum im Pakt mit dem Faschismus einen zweiten Weltkrieg, einen Großbrand des eigenen Hotels, entfachen würde.

3. Erste Hinwendung zur Vergangenheit: 'Die Rebellion'.

Hatte sich Roth in 'Das Spinnennetz' zu nahe am Politisch-Zeitlichen orientiert und war er im 'Hotel Savoy' in die sichere Sphäre des Symbolischen ausgewichen, so verlagert er 'Die Rebellion' mehr ins Private. Ferner kann eine zeitliche und geographische Veränderung nicht unbemerkt bleiben: 'Die Rebellion' ist Roths erster Roman, der in der Habsburger Monarchie und in ihrem Zentrum Wien spielt. An die Stelle des Situationsberichtes der ersten zwei Werke tritt jetzt die Suche nach den für die Situation verantwortlichen geschichtlichen Gründen. Roth zeigt hier zum ersten Mal ein Interesse an der Vergangenheit, der er sich von nun an mit zunehmender Neigung zuwendet. Pums Lebensweg fängt in der späten Kriegszeit an, also in den Sterbestunden der Monarchie, und obwohl nur das erste kurze Kapitel in der Habsburger Monarchie spielt, beeinflußt diese Pums Leben bis an den Tod. Habsburg ist, wenn auch hintergründig, eine Macht, die das Leben in der Republik mitbestimmt. Folglich kann man sagen, daß 'Die Rebellion' Roths erster Habsburgroman ist, denn die Monarchie wirkt und lebt in Pums Mentalität weiter. Roth rückt hier seine Thematik zum ersten Mal in das Spannungsfeld zwischen Damals und Heute, welches in der Einleitung als "Zwischenstadium" klassifiziert wurde.

Die Interpretationen von 'Die Rebellion' weisen zwei Tendenzen auf: erstens eine gesellschaftskritische, wie z.B. Powell und begrenzt auch Jansen sie vertreten, und zweitens eine religiöse Tendenz, wie z.B. Sültemeyer sie vertritt. Sültemeyers Erkenntnis, daß die religiöse Dimension nicht ausgeklammert werden kann, ist berechtigt und der gesellschaftskritische Aspekt wird von ihr auch nicht übersehen. Beide Interpretationsansätze fallen mehr oder weniger der Einseitigkeit zum Opfer, wenn das auch bei Sültemeyer weniger der Fall ist als bei Powell und Jansen. Pums sogenannte Rebellion gegen die Gesellschaft und die Mächtigen ergibt sich aus seiner Vorstellung, die er von den regierenden Mächten, Gott und Regierung, hat. Sültemeyer schreibt: "In seinen verschwommenen Vorstellungen ordnet er 'Gott, Kaiser, Vaterland' in einen undeut-

lichen Zusammenhang ein"[50]. Ihre Interpretation sieht das
Verhältnis zu Gott als rationales, dagegen das zur Regierung
als höchst irrationales, "metaphysisches"; So schematisch
läßt sich die Problematik jedoch nicht einteilen und trennen.
Verfolgt man Pums gesellschaftliche, politische sowie religiö-
se Auffassungen, so liegen deren Ursprung in der Habsburger
Monarchie. In dem Gespräch mit den Vögeln im Gefängnis kommen
Pums untergründige Gefühle und Gedanken an die Oberfläche.
Er hat folgende Erkenntnis:

> Denn ich bin von Natur nicht mit scharfer Einsicht gesegnet
> und mein schwacher Verstand wurde betrogen von meinen El-
> tern, von der Schule, von meinen Lehrern, vom Herrn Feld-
> webel und vom Herrn Hauptmann und von den Zeitungen, die
> man mir zu lesen gab. Kleine Vögel, seid nicht böse! Ich
> beugte mich den Gesetzen meines Landes, weil ich glaubte,
> eine größere Vernunft, als die meinige, hätte sie ersonn-
> nen, und eine große Gerechtigkeit führt sie aus, im Namen
> des Herrn, der die Welt erschaffen. (II/358)

Nur zu deutlich erscheint Pum als Opfer und Manipulierter der
alten hierarchisch-feudalistischen Gesellschaft. Seine Auffassungen von Gott, Staat und Vaterland mögen dem heutigen Leser verschwommen und irrational vorkommen, für Pum waren diese
eine untrennbare Einheit des Sacrum Imperium. Irrational und
metaphysisch, denn der Kaiser regierte durch die Gnade Gottes -
für Franz Joseph war das noch eine unumstößliche Wahrheit -,
und rational, da der Bürger und Untertan als Diener des Kaisers sich berechtigt fühlte, von seinem Landesherrn eine gewisse Gerechtigkeit zu erwarten. Das sind Reste einer hierarchisch-feudalistischen Gesellschaftsordnung, die als Anachro-
nismen in der Habsburger Monarchie erhalten geblieben waren.
Graf Chojnicki sieht Habsburg im Rückblick in einer ähnlichen
Perspektive: "Österreich ist kein Staat, keine Heimat, keine
Nation. Es ist eine Religion" (I/422). Berücksichtigt man diese
Faktoren, so wird Pums Lebens- und Leidensweg verständlich;
sein Schicksal entfaltet sich durch die Diskrepanz, welche
zwischen seinen Erwartungen, die er an der untergegangenen
Monarchie ausrichtet, und seinen Erfahrungen, die er in der
Republik mit ihrer modernen Anonymität macht, besteht. Ge-
stern und Heute verhalten sich genauso wie Pums Erwartungen
der Wirklichkeit gegenüber: dialektisch untrennbar und sich
wechselseitig beeinflussend.

Im Gegensatz zu Lohse und Dan kehrt Pum noch vor Kriegsende heim, aber nicht "zu Weib, Pension und warmen Heim"[51], sondern als Invalide ins Kriegsspital. Hier, abgesondert von der Gesellschaft, welche für die Hinkenden und Kriechenden unerreichbar scheint, machen sie Zwischenstation, um ihre für das Vaterland geopferten und verstellten Körper künstlich und notdürftig wiederherzustellen, bevor die Rehabilitation und Integration in die Gesellschaft stattfinden soll. Schon jetzt deutet Roth an, daß die Invaliden ein zweiter Krieg erwartet; der Kampf mit den Gesunden, mit der Gesellschaft steht bevor. Doch ehe Pum auf Krücken in die Gesellschaft zurückhumpelt, brechen schon soziale Konflikte aus. Auf persönlicher Ebene zeichnet sich der gleiche Ablauf ab, der den Ersten Weltkrieg bestimmte: soziale und politische Konflikte führen zu Auseinandersetzungen und zur endlichen Niederlage. Pums Privatkrieg kann beginnen, denn der Erste Weltkrieg ließ die sozialen Probleme ungelöst.

Der Konflikt zwischen Pum und seinen Kameraden entzündet sich an unterschiedlichen politischen Anschauungen. Pum, der trotz der Fronterlebnisse politisch unverändert zurückkehrte, gibt sich zufrieden, denn sein Weltbild des Sacrum Imperium läßt ihn erwarten, daß er als Invalide mit der Achtung der Gesellschaft und der Regierung rechnen kann. Derartige überholte und unklare Auffassungen von Gott und Regierung stehen denen der "Heiden" gegenüber, nämlich jener Invaliden, die politische Konsequenzen gezogen haben. Diese Heimkehrer bringen "den Atem der großen Revolution mit" (I/852). Nicht umsonst nennt Pum sie "Heiden", er hebt damit deutlich hervor, daß sie dem Sacrum Imperium als Materialisten abtrünnig geworden sind. Die "Heiden" erfüllen für Pum die gleiche psychologische und gesellschaftliche Funktion, welche die Juden für Lohse haben: sie sind die Sündenböcke und Verstoßenen, die Pums eigene gesellschaftliche Situation kompensieren. An ihnen kann er seinen Egoismus steigern und durch sie von seiner eigenen Beschränktheit ablenken. Pum handelt schon, bevor die letzte Stunde der Monarchie geschlagen hat, wie ein Erzreaktionär, und aus eben dieser Einstellung heraus rebelliert er später. Seine Rebellion wird daher eine rückwärts

orientierte, konservative Auflehnung, die keinesfalls als
Vorstadium einer progressiven Revolution gesehen werden kann.
Zwischen den zwei politischen Fronten im Spital steht Lang,
der Ingenieur, mit seiner Aussage:

> 'Wenn die Grenzen wieder offen sind, fahre ich weit weg.
> Es wird nichts mehr zu holen sein in Europa.' 'Wenn wir
> nur den Krieg gewinnen', sagte Andreas. 'Alle werden ihn
> verlieren', erwiderte der Ingenieur. (II/292)

Lang zählt mit Lenz und Trebitsch zu den Pessimisten Roths,
die Europa eine Zukunft absprechen. Daß diese Romanfiguren
in dieser Hinsicht Roths eigene Meinung vertreten, wurde schon
bei Lenz im 'Spinnennetz' deutlich.

Für Pum kam die geschichtliche Zäsur in Form der Niederlage, Unordnung und Revolution; was ausbleibt, sind Pums politisches Umdenken und seine ihm vom Staat eigentlich zustehende Prothese. So humpelt er auf Krücken, mit einer durch Simulation errungenen Drehorgellizenz ohne die ihm zustehende Entlohnung in die unbekannte Demokratie der Republik. Dort hat der Konflikt mit den "Heiden", in Form von Straßenkämpfen der Spartakisten, bereits andere Dimensionen angenommen. Seine Rückkehr in die Gesellschaft ist das Vorspiel zu einem auf Konfrontation angelegten Weg. Die erste Straßenbahnfahrt in die Stadt wird zur Demonstration: "Er saß gegenüber dem Eingang, neben ihm lag seine Krücke, quer über die Mitte des Wagens, wie ein Grenzpfahl" (II/297). In Roths Gedicht 'Die Invaliden grüßen den General' heißt es:

> Wir bieten Streichholzschachteln feil,
> wie du [General] uns feilgeboten. 52)

Im Gegensatz zu der Gesinnung des Gedichtes bietet Pum flott
und kriegerisch gespielte patriotische Lieder und Walzer an
in einem Obrigkeitsstaat, in dem die Polizei überall auf Leute
wie ihn wartet.

Eigentlich lebt Pum nicht in der Gesellschaft, sondern am
Rande derselben; er lebt mit seinem ramponierten Leierkasten,
dessen Puppentheaterbilder ihm zur Ersatz-Wirklichkeit geworden sind. Die chronische Wiener Wohnungsnot der Zeit und seine
finanzielle Lage machen ihn zum Schlafstellenmieter. Sein
Mietsherr, selbst arbeitslos und ein halber Dieb, läßt ihn

nicht vor Dunkelheit einkehren, nicht aus Unmenschlichkeit, denn er teilt gestohlene Eßwaren mit Pum, vielmehr mit der Begründung: "Ordnung muß sein" (II/299). Damit handhabt er die allgemeine "Hackordnung" der Gesellschaft, die dazu dient, persönliche Macht abzusichern gegen andere; sind diese schwach, so beruft man sich umsomehr auf diese Ordnung. Schon hier wird die Gesellschaftsordnung als unmenschlich entblößt, nur Pum akzeptiert zu diesem Zeitpunkt noch das kapitalistische Grundprinzip der Gesellschaft, "daß jeder nur das genießen darf, was er bezahlen kann" (II/299). Da die repressive bürgerliche Gesellschaft, die in der Nachkriegszeit mit allgemeiner Knappheit noch repressiver handelt als in Zeiten des Überflusses, Pum Tür und Tor verschließt, kann er nicht einmal als Heimkehrer, sondern eher als zurückgekehrter Invalide bezeichnet werden. Er ist, trotz seiner konservativen Haltung, ein beinah Verstoßener und ein "Heide". Zur Kompensation rückt Pum sein Drehorgelspielen in die Nähe einer Behördentätigkeit und befördert sich somit zum Beamten, ein Vorgang, der seinen Wirklichkeitsschwund nur allzu deutlich werden läßt.

Seine eigentliche Wiedereingliederung in die Gesellschaft findet erst ungefähr ein halbes Jahr nach Kriegsende statt; Pum hat Sehnsucht "nach einem Weib und einem eigenen Zimmer und einem breiten Ehebett voll schwellender Wärme" (II/300). Frau Blumich, soeben verwitwet, erfüllt Pums menschliches Verlangen, bevor der erste Winter einbricht. Für Pum, dem die gesellschaftliche Realität fremd ist, wandelt sich das Schicksal wie in einem Märchen. Er, der arme Invalide, erhält endlich den Geldregen für sein Orgelspiel. Während sein Egoismus erneut ausbricht und seine Niedergeschlagenheit in Zufriedenheit umschlägt, bemerkt er überhaupt nicht, daß er, der "Hans im Glück", wiederum nur benutzt wird. Katerina Blumichs Motivation, Pum zu heiraten, ist gesellschaftlich bedingt und konform mit der Gesellschaftsordnung, die keine Märchen zuläßt. Nicht aus Liebe oder dem Verlangen nach "Wärme", eher aus Vernunft geht Frau Blumich die Ehe mit Pum ein:

> Dabei spielte der Stand keine Rolle oder nur eine geringe,
> insofern, als es Frau Blumich praktischer erschien, ein
> Wesen aus tieferen Sphären zu sich emporzuziehen, als
> selbst emporgezogen zu werden. Dieses hätte sie zur Dankbarkeit verpflichtet und ihrer Autorität beraubt. (II/308 f.)

Das Gesellschaftssystem der Machtabsicherung, von Autorität des Starken über den noch so Schwachen, bestimmt die menschlichen Verhältnisse bis in die Privatsphäre der Familie. Wie gesellschaftskonform Pums Gedanken sind, beweist seine Reaktion auf das plötzliche Glück. "Jeder ist seines Glückes Schmied. Er verdiente das Gute" (II/311). Was Pum hier äußert, gleicht schon kapitalistischen Parolen. Im Gegensatz zu den Rebellen und "Heiden" lebt er in "Harmonie mit den göttlichen und den irdischen Gesetzen" (II/311). Egoistisch wie die anderen in der Gesellschaft, nützt er die eigene, verbesserte Situation, um Distanz zu gewinnen zu jenen Elementen, denen er kurz zuvor noch angehörte. Solidarität und Klassenbewußtsein der unteren Klassen werden als ordnungsgefährdend für das Bürgertum gesehen, hingegen Egoismus als fördernd. Die menschliche Liebe Pums findet letzthin nur noch beim Kind, Annie, und beim Tier, Muli, dem Esel, Befriedigung, während in der Gesellschaft die bürgerlich-kapitalistische "Hackordnung" waltet.

Zu einem Bruch in Pums soeben vollzogener gesellschaftlichen Integration und Rehabilitation kommt es durch einen reinen Zufall. Durch dieses Zufallsereignis werden gesellschaftliche Konflikte und Verhältnisse deutlich. Herr Arnold dringt wie ein Katalysator in Pums kleinbürgerliches Leben ein. Im Moment der Konfrontation trennen Pum und Arnold eigentlich nur ihre unterschiedlichen gesellschaftlichen Stellungen, anderweitig sind ihre Auffassungen über die Gesellschaft und die Regierung synchron: konservativ, ordnungsbewußt, bürgerlich, anti-republikanisch. Herr Arnold gerät in Schwierigkeiten, weil er, wie auch Pum, hinsichtlich gesellschaftlicher Normen in der Vergangenheit lebt und vergißt, daß die junge Republik, trotz autoritären "Überbaus", auf einer anderen Grundlage steht. Sein Seitensprung aus der Gesellschaftsordnung wäre in der späten habsburgischen Gesellschaft ziemlich unproblematisch verlaufen, vor allem bei den vorliegenden Klas-

senunterschieden. Im späten Habsburger Wien war die Ehe
unter gehobenen Ständen hauptsächlich zu einer Geschäftsange
legenheit geworden, eine Situation, die mit außerehelichen
Allianzen kompensiert wurde, meist mit gesellschaftlich nied
rig gestellten Mädchen. Mit Erstaunen stellt Herr Arnold
fest, daß die Zeiten sich geändert haben, und daß ein einfa-
ches Abkaufen unmöglich sei.

> Die Braut eines Geschäftsfreundes oder eines Rechtsanwal-
> tes, eines Studenten oder eines Offiziers hätten Sie nich
> berührt. Ich werde Sie belehren, daß auch die Frau eines
> Artisten kein Freiwild ist. (II/321)

Hier wird Arnold mit einer demokratischen Mentalität aus der
unteren Gesellschaftsklasse konfrontiert, die seine eigene
Weltanschauung in Frage stellt. Arnold versucht, die neue
Wirklichkeit und ihre feindlichen Urheber zu erkennen. "Auf
Schritt und Tritt erkennt man die zersetzenden Tendenzen die
ser Zeit. Dieser gottverlassenen Gegenwart" (II/323). In
dieser Episode erfaßt Roth meisterhaft das "Zwischenstadium"
in dem die Gesellschaft steht. Die alte Gesellschaftsordnung
mit ihrer Scheinmoral und die auf Veränderung bedachte neue
Gesinnung in direkter Konfrontation signalisieren den Machtkampf in einer Gesellschaft, die im Umbruch begriffen ist.

Die begrenzte Demokratisierung fördert bei Herrn Arnold, wie
beim Bürgertum allgemein, reaktionäre Gefühle und Gedanken.
Jede Person oder jede Gruppe, die die Gesellschaftsordnung
stört, und sei es legitim, gilt als zersetzender Feind. So
entzündet sich Arnolds Unzufriedenheit mit den neuen Gesell-
schaftstendenzen an der Invalidenversammlung und sie entlädt
sich an Pum, dem Invaliden, der als Repräsentant der Gruppe
gesehen wird. Systemkonform verlagert Arnold gesellschaftliche Konflikte der höheren Stände auf Randgruppen und Schwache
Der Vorfall in der Straßenbahn artet zum öffentlichen Forum
der Kleinbürger aus, die von der vergangenen Herrlichkeit
zehren und die triste Gegenwart der Republik anlasten, anstatt, den geschichtlichen Ereignissen entsprechend, Habsburg und sich selbst als Quelle der Misere sehen. Pum, der
soeben die unterste Sprosse der Gesellschaft erklommen hatte,
verliert den Halt, denn man stempelt ihn ab zum "Heiden",

Bolschewiken, Russen, Spion, Juden und Simulanten. Hier kommt die ganze Wehrlosigkeit der Kleinbürger, die an der alten Ordnung festhielten und gegen die Republik eingestellt waren, an die Oberfläche. Die Ohnmacht der Kleinbürger ist verständlich, bedenkt man, daß Österreich im ersten Nachkriegsjahr beinah eine Räterepublik wurde. Die Gesellschaft macht Pum zu dem, was er selbst bekämpfte, sie zwingt ihn in die Rolle des gesellschaftlichen Krüppels, nachdem sie ihn schon zum physischen Krüppel gemacht hatte. Nicht nur die Regierung kündigt Pum den "Gesellschaftsvertrag", indem sie seine Lizenz einzieht, auch Frau Blumich kündigt die Ehe. Pum ist unverschuldet auf die Nachtseite der Gesellschaft geraten: "Er war auf einmal ein Lebender ohne Recht zu leben. Er war gar nichts mehr!" (II/328).

Was folgt, erscheint als eine langsame Vernichtung eines machtlosen Menschen auf dem Weg durch die Instanzen. Roth erfaßt hier, was allgemein mit "der Kaiser ging, die Hofräte blieben"[53] ausgesagt wird, nämlich daß die Republik mit dem alten autokratischen Beamtenapparat weiterverwaltet wurde. Dieser Zustand war für die Republik zugleich ein Segen wie auch ein Nachteil. Einerseits wurde so der völlige Zerfall des Staates verhindert, andererseits verhinderten die konservativen Beamten die Demokratisierung der Gesellschaft. Der Polizist, der Pums Lizenz einzieht, "liebt es nicht, untergeordneten Menschen - und untergeordnet sind alle Menschen - zu gehorchen, auch wenn sie tausendmal Recht haben sollten" (II/327). Der anonyme, undurchsichtige Verwaltungsapparat des Obrigkeitsstaates erdrückt Pum. Da Pum noch an Machtstrukturen einer apostolischen Majestät denkt, verwundert es nicht, daß er die politische und transzendente Macht vereint. Die folgenden juristischen Vorgänge rückt Pum deshalb in die Nähe der heiligen Messe.

Nur zögernd setzt ein Bewußtseinsprozeß bei Pum ein, indem er langsam begreift, daß die Gesellschaft ihm feindlich ist und ihn zum "Heiden" macht. "Die Zweibeinigen sind unsere Feinde" (II/343), lautet seine Kriegserklärung an die Gesellschaft, die ihm Fangeisen legt. Erst abseits der Gesellschaft, im Gefängnis, erkennt er soziale Zusammenhänge und erst jetzt bekennt er sich zum "Heidentum". An Hand eines Zeitungsfetzens mit Privatannoncen gelingt es ihm, die Machtstrukturen der Gesellschaftsordnung transparent zu sehen. Von seiner Blindheit geheilt, erkennt er nun die Behörden als säkularisierte, unlogisch waltende Machtorgane. Ferner begreift er jetzt, daß er 1918 ein Heimatloser geworden war und es seitdem geblieben ist. Dieser Bewußtseinsprozeß führt bei Pum zu ersten Zweifeln an Gott, was andeutet, daß die Grundlage seines sozialen und politischen Denkens noch immer christlich ist, selbst wenn die Hierarchie des Sacrum Imperiums als ungerecht erkannt und angeklagt wird. Pums Rebellion schlägt keine materialistisch-kommunistische Richtung ein. Sie ist nichts anderes als die in Pums Rechtsgefühl verwurzelte Sehnsucht nach einer christlich-humanistischen Gesellschaftsordnung. Wie Zwonimirs Revolution, so richtet sich auch Pums Rebellion rückwärts.

Als Pum, der junge Greis, in die Gesellschaft zurückkehrt, um "gegen die Welt, die Behörden, gegen die Regierung und gegen Gott" (II/360) zu rebellieren, ist es zu spät, dies zu realisieren. Pum wird kein zweiter Michael Kohlhaas. Hingegen wird er wiederum ausgenutzt, diesmal kommerziell als Toilettenmann. In der Bedürfnisanstalt der Gesellschaft fristet Pum, mit Blechmedallions behangen, in der Gesellschaft eines Papageis seine letzten Tage, in denen Wirklichkeit und Traum, Leben und Jenseits, langsam verschmelzen. Für Pum, der in einer Gesellschaft aufwuchs, in der Kirche und Staat eine untrennbare Einheit darstellten, gipfelt der Leidens- und Lebensweg konsequent - vor allem da der Kaiser abgesetzt wurde - in einer Anklage Gottes. Die Existenz Gottes wird jedoch nicht in Frage gestellt, Pum wendet sich gerade zu Gott hin, wenn auch anklagend. Anstatt eine irdische Konterrevolution anzustreben, verlagert er seine Rebellion aus dem Bewußtsein des Zuspät in die metaphysische Sphäre. Pums Rede steigert sich zur Anklage gegen Gott, den er für die von ihm geduldeten ungerechten Gesellschaftszustände verantwortlich macht[54]. Sowohl die Gesellschaftsordnung des Sacrum Imperiums als auch der säkularen Republik sind damit angesprochen und verurteilt. Was Pum von Gott fordert, ist eine gerechte Verteilung seines Segens auf Erden und somit eine christlich-humanistische Gesellschaftsordnung. Mit seinem "ich will in die Hölle" (II/374), entsagt er der Erde und dem Paradies, da er eine Kompromißlösung ablehnt, wie z.B. Diener in einem Museum zu werden. Was Pum fordert, ist eine tiefgreifende Umstrukturierung der Gesellschaft oder gar nichts. Seine Leichennummer 73, dieselbe Nummer, die er als Gefängnisinsasse trug, deutet an, daß er im Tod ein Gefangener bleibt - ein Gefangener seines Weltbildes. Die politische und soziale Problematik wird nicht in einer konkreten irdischen Situation beantwortet, sondern gleitet ins Metaphysische ab, in einen Bereich, wo Wirklichkeit und Traum, Leben und Jenseits verschmelzen. "Er wußte nicht, ob er im Himmel oder in der Hölle war" (II/374). Aber hatte nicht Lang bereits im Spital zu Pum gesagt: "Reg dich nicht auf, Andreas, wir sind ja alle arme Teufel" (II/292)?

In Roths später geschriebener Erzählung 'Die Büste des Kaisers' heißt es: "Es ist der tiefste und edelste Wunsch des Volkes, den Mächtigen gerecht und adelig zu wissen. Darum rächt es sich grausam, wenn die Herren es enttäuschen"[55]. Aus dieser Situation heraus rebelliert Pum und was er fordert, ist nicht die Rückkehr in die Monarchie oder eine andere Republik, sondern eine ewig gültige christlich-humanistische Gesellschaftsordnung; daß der "Heide" dies als Alternative zu der bestehenden "christlichen Gesellschaft" fordert, erscheint paradox und deutet die Unzulänglichkeit der Gesellschaftsordnung an. Roths erste Abrechnung mit der Gegenwart sowie mit der Vergangenheit ist vollzogen und das Resultat negativ, die Alternative, welche Pum fordert, hingegen scheint zu idealistisch und metaphysisch für die sozial-politische Realität.

4. Generationswechsel ohne Folgen und nochmalige Bestandsaufnahme.

a. 'Zipper und sein Vater'.

Der Roman 'Zipper und sein Vater" nimmt im Gesamtwerk Roths eine Schlüsselstellung ein, weil in ihm sowohl die Veränderung als auch die Weiterführung der Thematik und der Erzählkunst der Frühwerke zu konstatieren sind. Roth hat der Kunstform der Neuen Sachlichkeit noch nicht ganz abgesagt, obwohl er sich schon weitgehend von dieser entfernte[56]: Der Roman schwankt noch "... zwischen der Erzählform der Neuen Sachlichkeit und des fiktiven Romans ..."[57]. Im Gegensatz zum Frühwerk mit seiner direkten Gesellschaftskritik gestaltet Roth diese nun viel indirekter, indem er sie in die banale, private Lebensgeschichte der beiden Zipper einbettet. Es treten in diesem Werk weder Revolutionäre auf, noch kommt es zu einer Anklage Gottes über die gesellschaftlichen Mißstände, hingegen erreicht Arnolds Leben seinen Höhepunkt, als er, der Varietéclown, zwei himmlische Geigentöne spielt. Das Zeitgeschehen tritt, im Vergleich zu früheren Werken, sehr abgeschwächt, hintergründig in Erscheinung, so daß seine Funktion nur in Verbindung mit dem Schicksal der Zipper gesehen werden kann. Obwohl das Leben der beiden Zipper ausschließlich in der Privatsphäre verharrt, und auch aus der Perspektive dieser erzählt wird, verläßt es diese Einengung letztlich doch und wird repräsentativ;

> der Versuch, an zwei Menschen die Verschiedenheit und die Ähnlichkeit zweier Generationen so darzustellen, daß die Darstellung nicht mehr als der private Bericht über zwei private Leben gelten kann. (I/628)

Roth glückte der Versuch, die Zipper als Kinder ihrer Zeit darzustellen und so die vordergründige Handlung ihres Lebens mit einer Gesellschaftskritik zu verknüpfen[58].

Der Romanzeitraum von Roths bisherigen Werken war in der Nachkriegszeit angesiedelt. Jetzt weitet er diesen in die Vergangenheit aus, in die Vorkriegszeit der Habsburger Monarchie. Damit gewinnt Roth einen größeren Spielraum, der es ihm ermöglicht, das Verhältnis der Vergangenheit zur Gegenwart zu verdeutlichen und zu analysieren. Vermittelt und veranschaulicht wird das Verhältnis vor allem durch die Vater-Sohn-Thematik, die zugleich das Generationsproblem enthält. Das Generationsproblem wird aber in 'Zipper und sein Vater' noch nicht zum Generations- oder Vater-Sohn-Konflikt gesteigert. Roth hat hier zum ersten Mal eine Thematik aufgegriffen, welche, verknüpft mit dem Interesse an der Vergangenheit, seinem Werk eine neue Dimension eröffnet und in seinem ganzen späteren Schaffen dominiert. Der Übergang von einer Generation zur anderen, von der alten zur neuen Generation, verdeutlicht und erfaßt, wie gesellschaftliche Zustände vererbt, verändert, abgelehnt oder ersetzt werden. Roth hat unverkennbar die Situationsbeschreibung der ersten Werke hinter sich gelassen und sucht nun nach den geschichtlichen Quellen, die für die Zustände verantwortlich sind. Die Generationsthematik weitet Roth später im 'Radetzkymarsch' zum Generationskonflikt aus; überhaupt kulminiert dies Thema in Roths Meisterwerk, in welchem er sich ganz der Vergangenheit mehrerer Generationen zuwendet [59].

Wichtig für den gesellschaftlichen Aspekt in 'Zipper und sein Vater' ist die Erzählsituation [60]. Der Erzähler Roth, der den Roman am Ende unterzeichnet, ist keinesfalls der historische Romancier Roth, sondern eine Romanfigur. Da er sich des öfteren mit Arnold Zipper identifiziert und in die Romanhandlung einbezogen wird, besteht keine Objektivität des Erzählers. Dieser gesteht Arnold am Ende sogar: "... daß ich zwischen Dir und mir die Distanz nicht sehe ..." (I/627). Erst der im letzten Kapitel auftretende Literat Eduard P. objektiviert das Erzählte und erscheint folglich als potenzierter historischer Roth [61]. Die Leerstellen, die zwischen dem erzählten Lebensweg der Zippers, dem Erzähler Roth als Romanfigur und dem Literaten Eduard P. entstehen, müssen vom Leser gefüllt werden, erst dann ergibt sich eine Gesellschaftskritik. Dadurch, daß Eduard P.'s Kritik sehr knapp ausfällt, bleibt das meiste ungesagt. Die vorhandenen kritischen Ansätze müssen vom Leser weitergeführt werden.

Der Titel läßt die Frage aufkommen, ob der Roman die Geschichte
des Vaters, des Sohnes oder beider darstellt. Eine Inhalts-
analyse läßt erkennen, daß Arnolds Lebensgeschichte dominiert.
Demnach wäre es der Roman Arnolds, des Repräsentanten der
"verlorenen Generation". C. Magris bestreitet dies und sieht
die Gestalt Arnolds als bloß funktionell.

> Der Roman ist deshalb der Roman der Alten, der Väter, nicht
> der jungen Menschen, nicht der Söhne, nicht der Generation
> Arnolds und somit Roths selbst. Ausdrücklich bekennt sich
> Roth zur These von der Unmöglichkeit, den Roman seiner ei-
> genen Generation zu schreiben .... 62)

Zu beachten sei hier ferner, daß Roths Hinwendung zur Vergangenheit im Gesamtwerk progressiv zunahm und in diesem Roman
bereits einen beachtlichen Raum einnahm. Beide Standpunkte,
daß der Roman hauptsächlich die Geschichte des Vaters oder
des Sohnes erzähle, sind zu einseitig und übergehen die Bedeutung der Generationsthematik. Der Roman ist sowohl der
Roman des Vaters, der alten Generation, als auch des Sohnes,
der jungen Generation. Schreibt nicht der Erzähler: "Doch
schien mir das Leben Deines Vaters mit dem Deinigen [Arnolds]
so notwendig verbunden, daß ich, wollte ich Dich eliminieren,
vieles hätte verschweigen müssen" (I/627). Was der Erzähler
verschwiegen hätte, besteht darin, daß die Söhne das abge-
schwächte Abbild der schon schwachen Väter sind; die ganze Abhängigkeit der gesellschaftlichen Zustände einer Generation
von der vorangehenden Generation wäre weggefallen. Gerade
durch die Identifizierung der Söhne mit den Vätern, von denen sie sich befreien und **emanzipieren wollen, aber es letztlich doch nicht können**, deckt Roth eine gesellschaftliche
Zwangsdynamik auf, die sowohl das Individuum als auch die
Gesellschaft prädestiniert. Geschichtliche Ereignisse, Schicksale und gesellschaftliche Entwicklungen und Zustände erscheinen nicht länger als Naturereignisse, sondern sind das Endergebnis einer nie abreißenden Generationskette[63]. Der Ursprung
der gegenwärtigen Situation ist daher in der vorangegangenen
Generation, in der Vergangenheit, zu suchen und zu finden.
Folglich gewinnt die Vergangenheit für Roth zunehmend an
Bedeutung, da in ihr der Schlüssel zur Gegenwart liegt.
Roths Hinwendung zur Vergangenheit ist keinesfalls eine Flucht

in das Gestern; seine Intentionen sind vielmehr der Versuch,
die Gegenwart transparent zu machen mittels der Vergangenheit.
Interpretationen, die bei Roth primär eine nostalgische Flucht
hervorheben, verwechseln Roths Mittel mit dem Zweck.

Wie sehr 'Zipper und sein Vater' zum Genre des Zeitromans
gehört, ist daran zu erkennen, daß der Erzähler nicht weiter
in die Vergangenheit zurückgreift, als es seine Erinnerungen
an die Kinderzeit erlauben. So lautet der erste Satz kind-
lich naiv[64]: "Ich hatte keinen Vater" (I/527). Damit ist
auch zugleich das Hauptthema erfaßt: die vaterlose Gesellschaft oder die Gesellschaft, in der das Vorbild des Vaters
nicht mehr besteht. Der alte Zipper ist letztlich doch kein
Vater, der die Söhne Arnold und Cäsar für das Leben und die
Gesellschaft erzieht. Sein pädagogisches Ziel, aus seinen
Söhnen "Menschen zu machen" (I/538), bleibt unerreicht. Die
Verantwortung hierfür trägt der Vater, denn "die Erziehung
hatte der alte Zipper allein übernommen ..." (I/538). Indem
die Vaterfigur als nachahmenswertes Vorbild der Gesellschaft
abhanden gekommen ist, hat die Gesellschaftsordnung eine
ihrer Hauptstützen verloren. Die Väter, die ihre sozio-päd-
agogische Erziehungsaufgabe nicht mehr erfüllen wollen oder
können, stellen hiermit ihre Autorität, wenn nicht überhaupt
jegliche Autorität in der Gesellschaft, in Frage. Zippers Erziehung erschöpft sich in kommandoähnlichen Anweisungen an
den, fast wie ein Adoptivkind zur Familie gehörenden, Erzähler, z.B. "Sag deiner Mutter, sie soll dich zum Friseur schik-
ken" (I/527). Eine pädagogische väterliche Führung endet schon
früh für Arnold, Cäsar und den Erzähler. Eigentlich stagniert
die Erziehung des Vaters in dem Moment, als die Kinder das
Spielalter verlassen. Der alte Zipper ist ein Clown, von dem
der Erzähler sagt: "Aber ich fand ihn lustig, wie Kinder
einen Clown immer lustig finden" (I/535). Der Vater erscheint
also nicht als führendes, leitendes Mitglied der Gesellschaft,
sondern als traurige Clownfigur. Ungesagt bleibt, daß die
Entwertung der Väter konsequent auch den Landesvater[65] und
die politischen und gesellschaftlichen Führer einschließt
und daß somit die Gesellschaftsordnung äußerst labil ist.
Diese labile Situation endet dann 1919 mit der Absetzung

des Kaisers, der symbolischen Vaterfigur der Gesellschaft. Eine autokratische Gesellschaft, in der die Väter keine Rolle mehr spielten, mußte sich praktisch selbst aufheben und hatte folglich auch keinen Übervater, den Kaiser, mehr nötig.

Wie es zur vaterlosen Gesellschaft kam, veranschaulicht Vater Zippers Lebensgeschichte. Da sie stilistisch "in Anpassung an die Perspektive des Kindes"[66] und Jugendlichen geschrieben ist, fordert der naive Kinderbericht gerade zur Kritik heraus. Urgroßvater Zipper lebte noch in einer Standesgesellschaft, deren Ordnung jedem Mitglied bereits von Geburt an seinen Platz und Stand zuwies."Schon der Vater des Reichen war reich und der Großvater des Reichen war es auch schon. Die ältesten Menschen der Stadt können sich nicht erinnern, daß irgendein Vorfahre des Reichen arm gewesen wäre" (I/540). So wäre Zipper als Sohn eines Tischlers auch Tischler geworden, "... wenn er nicht in die Stadt gekommen wäre" (I/540). Aber so märchenhaft, wie es der Erzähler hier stilistisch darstellt, ging es in der zweiten Hälfte des neunzehnten Jahrhunderts gar nicht zu. In einer feudalistischen Gesellschaftsordnung bestimmten sozio-ökonomische Veränderungen in der Gesellschaft Zippers Abschied vom Handwerkerstand, denn sie hatten eine Umstrukturierung der Gemeinschaft zur modernen Industriegesellschaft bewirkt. Die Industrialisierung und die Gründerzeit, welche im Habsburger Reich relativ spät stattfanden, sind die wahren Ursachen für Zippers Abschied von der Kleinstadt und der damit verbundenen alten Gesellschaftsordnung[67]. Die zu dieser Zeit allgemein voranschreitende Urbanisierung der Großstädte führt ihn nach Wien und entwurzelt ihn für immer von seinem Stand, der sowieso früher oder später weitgehend der Entwicklung zum Opfer gefallen wäre. Diese Entwurzelung enthält positive wie auch negative Aspekte: positive, da ein Mann wie Zipper erstmals eine Chance hatte, seinen Stand zu verändern, sich von der zementierten, geschlossenen Gesellschaft zu befreien und den Weg nach oben in andere Gesellschaftsklassen anzutreten[68]: negative, da dieser Aufstieg die Gefahr der Proletarisierung und des Mißglückens, der Deklassierung, in sich trägt. Das letztere bedeutet dann meist ein haltloses, unerfülltes Leben. Sein sozialer Aufstieg ist jedoch begrenzt, obwohl er über das Proletariat hinaus aufsteigt, stagniert er im unteren Kleinbürgertum. Als Fabrikarbeiter in einer Sargfabrik erlebt Zipper die erste Verfremdung, die des Arbeiters vom Produkt. Er entgeht der Proletarisierung, indem er zum Geigenbau überwechselt, doch aus Mangel an Ausdauer erlernt er am Ende gar keinen Beruf. Seinen sozialen Aufstieg durch eine Heirat zu fördern, gelingt ihm erst, als er in der Lotterie gewinnt. Es folgen Monte Carlo und der Verlust des Geldes, mit welchem er eine Musikhandlung kaufen wollte. Am Ende fristet er sein Leben in einem Papiergeschäft als Kommissionär. Anstatt eines Berufes hat er eine Beschäftigung gefunden, von der es heißt: "Sie war keine Arbeit" (I/541). Daß Zippers Laufbahn, seine "Flucht durch die Gesellschaftsklassen", und sein Kleinbürgertum nicht so unzeitgemäß sind, wird durch seinen Chronometer angedeutet[69]. Der Literat Eduard P. spricht von dem alten Zipper später sehr abwertend: "Ein Ausbund von liberalen Kleinbürgertum, ein Spießer, den ich verabscheut hätte, wenn nicht sein konfuser Kopf seine Entschuldigung gewesen wäre" (I/622). Die Diskrepanz zwischen Zippers Liberalität und Fortschrittlichkeit einerseits - "Er war ein Leugner ewiger Wahrheiten, ein Rebell und ein Rationalist" (I/529) - und seinem Spießertum andererseits deutet eine gewisse Verlogenheit an[70]. Überhaupt läßt Zippers Leben erkennen, wie lange vor 1918 neuzeitliche Tendenzen die alte Gesellschaftsordnung durchdringen. Hierdurch werden beim Kleinbürger, der die Orientierung verliert - Zipper wird als konfuser Kopf beschrieben -, Verlogenheit und Irrationalismus hervorgerufen. Alle Ereignisse enden dann beinah konsequent im Ersten Weltkrieg.

In der Primärgruppe der Gesellschaft, der Familie, herrscht schon lange vor 1914 keine harmonische Atmosphäre mehr; die Kluft zwischen Sein und Schein ist überall erkennbar. Der "Sonntagssalon" in Zippers Wohnung ähnelt einem muffigen, verstaubten Museum: vollgestopft mit kitschigen Nippes, an den Wänden die Ahnengalerie, die Photographiesammlung der Zipper, das obligatorische, aber unbezahlte Klavier und die ebenfalls unbezahlte Büchersammlung mit den folgenden Werken: Schiller, Häckel, drei prachtgebundene Jahrgänge 'Moderne Zeit', das

'Deutsche Knabenbuch', 'Der Trompeter von Säckingen'. Dieser
Salon genügt, um eine Sozialgeschichte zu schreiben; hier
sind Rittersaal, Musikzimmer, Bibliothek und Raritätenkabinett der oberen Stände ohne Verstand in einem kleinbürgerlichen
Salon vereint worden. Genauso stellt Zippers anderes Leben,
z.B. seine Kleidung, "sein Ehrgeiz 'Protektionen' zu haben"
(I/542) und auf der Journalistenloge des Parlaments zu sitzen,
einen grotesken Widerspruch zwischen dem Machtanspruch Zippers
und seiner realen Machtlosigkeit dar[71]. Doch die Verlogenheit
reicht weiter, unter den Familienphotographien fehlen die Bilder von Arnolds älterem Bruder Cäsar[72]. Das "schwarze Schaf"
der Familie, dessen Name schon zu pompös ausgefallen war, wird
verschwiegen und das mit guten Gründen, denn er personifiziert
die mißlungene Erziehung des Vaters. Die verfehlte autokratische Erziehung Zippers wird mit kindlicher Naivität vom Erzähler bloßgestellt:

> Er [Cäsar] 'wollte nicht lernen'. Der alte Zipper 'nahm
> ihn' aus dem Gymnasium und 'gab ihn' in die Realschule ...
> Da 'nahm' der alte Zipper Cäsar aus der Realschule und
> 'steckte' ihn in die Bürgerschule. (I/531)

Eine Pädagogik, die sich in väterlichen Tätigkeiten wie
"nahm", "gab", und "steckte" erschöpft, endet im tagtäglichen
Familienkrieg und verstummt wie die auf Cäsars Kopf zerschlagene Geige.

Zippers Ehe zeigt die Zerrüttung des Familienlebens, in dem
kein harmonisches Zusammenleben einer Gemeinschaft mehr besteht. Obwohl Vater Zipper den Respekt seiner Frau vor "Lehrern, Priestern, dem Hof und den Generalen" (I/529) nicht
teilt[73], verteidigt er zu Hause das Patriarchat im Geist der
alten Gesellschaftsordnung. Die Erziehung der Kinder liegt
exklusiv in den Händen des Vaters, der diese nach dem Ideal
der "Männlichkeit", also der alten Gesellschaftsordnung, erziehen will. Mit seiner Frau spricht Zipper nur in der dritten
Person und gewährt ihr weder Mitsprache noch Einspruch im
Familienleben. Sie ist Zippers zweites menschliches Opfer,
in geistiger und psychologischer Hinsicht ein geschlagener und
zerschlagener Mensch. "Nur der Mund der Frau Zipper, der heute
eingefallen war und verbissen aussah, verriet, wenn sie ihn

zu einem seltenen Lächeln öffnete, einen längst erstorbenen
Reiz ..." (I/536). Kein Wunder, daß der Erzähler die Ehe der
Zipper mit einem Waffenstillstand nach langem Krieg vergleicht.
In ihr kommt die ganze Tragik einer völlig veralteten Familienordnung an die Oberfläche[74]. Die Familie ist nicht Erziehungs- und Lebensgemeinschaft, sondern Hort eines Unmenschen, der seine Mitmenschen zerstört und tyrannisiert; eine
hierarchisch-autokratische Kleinstgesellschaft, in der der
Kriegszustand latent oder manifest lange vor 1914 herrscht.
Die Institution der Familie ist schon hier im Stadium der
Auflösung begriffen, in ihr wie auch in der Gesellschaft waltet die Lieblosigkeit. Zippers liberales Kleinbürgertum zeigt
sich letztlich im Familienbereich als Farce, denn es besteht
allgemein eine Diskrepanz zwischen Sein und Schein. Das ist
am deutlichsten, wenn Zipper, der Antimonarchist, "... am
Vorabend des kaiserlichen Geburtstages an der Seite der
Fackelträger und der Veteranenmusik" (I/542) mitmarschiert.
Hinter Zipper, dem Liberalen und dem Patriarchen, steht ein
verkümmerter Mensch, der seine Beschränktheit, ähnlich wie
Lohse, überspielen will. Eigentlich hatte er Musiker werden
wollen, doch der Traum endete in der einzigen Melodie 'Weiß
du Mutterl', die er noch spielen kann. Da die Musik für Zipper,
den Atheisten, ein Ersatz für den Gottesglauben darstellt,
scheint der schöpferische und der metaphysische Bereich in ihm
praktisch abgestorben zu sein. Als er sich langsam eingestehen
muß, daß ihm der berufliche und der gesellschaftliche Aufstieg
mißglückt ist, verlagert er seine Erwartungen zunächst auf
Cäsar und dann auf Arnold. "Alles konnte Arnold werden; alles,
was der alte Zipper n i c h t geworden war" (I/539). Zippers Wissensdrang und blindes Vertrauen in Bildung sind typisch
für das aufstrebende Kleinbürgertum der Zeit. Er leidet jedoch an dem Irrtum,"... Wissen sei Bildung, Bildung mache stark
und Stärke erfolgreich" (I/538). Zipper fehlt deutlich Einsicht in die gesellschaftliche Situation der Zeit. Hatte er
angeblich seine Energie verbraucht, um ins Bürgertum aufzusteigen, und begrenzt ist das wahr, so plant er aus Ehrgeiz und
Angst vor der Proletarisierung den weiteren gesellschaftlichen Aufstieg für Arnold: er soll Jura studieren[75]. Zur gleichen Zeit setzt bereits der soziale Abstieg der Familie ein,

sie müssen den Salon vermieten. Aus Standesdünkel vereinbart
der alte Zipper nicht einmal den Mietpreis. Die Familie und
der Erzähler reagieren auf den sozialen Wendepunkt, "als hätten wir soeben erfahren, daß in dieser Nacht die Welt untergehen würde" (I/545). Damit verliert die Wohnstätte den Charakter des Heims als Heimat[76], etwas das der Erzähler deutlich fühlt, wenn er sich fragt, "ging es mir verloren, ein
Stückchen Heimat?" (I/545). Um das Bild seiner heilen Existenz,
den Schein, aufrechtzuerhalten, vermehrt Zipper seine gesellschaftlichen Ehrenämter, während seine finanziellen Einnahmen
schwinden. Sein mißglückter sozialer Aufstieg steigert die
Beziehungslosigkeit zur Gesellschaft und somit das Illusionsspiel.

Der plötzlich ausbrechende Weltkrieg bringt eine beinah
schon willkommen geheißene Veränderung in Zippers stagnierendes Leben, der jetzt, wie so viele damals[77], über Nacht
zum "glühensten Patrioten" (I/550) wird. Mit dem Einzug der
Söhne und des Erzählers wechselt die Romanhandlung von der
Vater- oder Vorkriegsgeneration zur Kriegsgeneration über.
Der Krieg bedingt einen Generationswechsel, dem sich der alte
Zipper nicht entziehen kann. Als Cäsar, nun ein Invalide, von
der Front zurückkehrt und als physischer und psychischer
Krüppel mit dieser Gesellschaft und dem durch sie verursachten Weltkrieg abzurechnen versucht, indem er ihre Zeitungen
in sich hineinfrißt, bevor er im Delirium stirbt[78], "... färbten sich die Haare Zippers weiß" (I/554).

Ob nun der alte Zipper allgemein repräsentativ für die Vorkriegsgeneration ist, wie es der Erzähler den Leser glauben
lassen möchte, steht zur Diskussion. Unfraglich hat Roth die
Person des Vaters überzogen ironisch gestaltet. In gesellschaftlicher Hinsicht kann folgendes konstatiert werden: Zipper
vereint in sich sowohl die alte als auch die neue Gesellschaftsordnung. Einerseits bleibt er der Spießbürger, Konservative und Patriarch, welcher die alte hierarchische Gesellschaftsordnung, vor allem in der Familie, lebt, unterstützt
und erhält. Andererseits befreit er sich aus der geschlossenen Gesellschaft und versucht, Mitglied einer dynamisch-plu-

ralistischen modernen Gesellschaft zu werden. Sein liberales
Denken beschleunigt den Verfall der alten Gesellschaftsordnung,
die er selbst exemplarisch vergegenwärtigt. Hinzu kommt, daß
Zippers liberale Gesinnung letztlich immer in das Gegenteil
umschlägt, z.B. der Antimonarchist Zipper entblößt sich als
Monarchist und Patriot[79]. Die Diskrepanz zwischen Sein und
Schein, die in Verlogenheit umschlägt, macht Zipper zum Repräsentanten einer ganz bestimmten kleinbürgerlichen Gesellschaftsschicht[80]. Sicher bestanden noch andere Gesellschaftsklassen mit unterschiedlichen Gesinnungen im späten 19. und
frühen 20. Jahrhundert, aber gerade die breite Gruppe der
Zipper war für die gesellschaftliche Dekadenz verantwortlich.
In diesem Sinn kann Zipper als typische Erscheinung der Vorkriegsgeneration (I/628) gesehen werden. Menschen wie er
waren es, die dem Weltkrieg weitgehend in der Gesellschaft
die Bahn vorbereiteten. Nicht zu Unrecht sagt der Literat
Eduard P.: "Das sind die Väter der Generation, die den Krieg
gemacht hat" (I/624). Später heißt es, "... er [Zippers
Bruder] kam nicht aus diesem Mittelstück Europas, wo der
Krieg angefangen hatte, wo er wie eine Eiterbeule ausgebrochen
war" (I/564). In Zippers Familie hatte schon längst die
Auflösung der Gesellschaft stattgefunden; die Absetzung des
symbolischen Übervaters, des Kaisers, war das Endergebnis eines
langen Prozesses, der endlich ein Bekenntnis den Tatsachen gegenüber forderte. Die Gruppe der Kleinbürger hatte schon lange
vor 1914/1918 die Orientierung verloren. Die Beziehungslosigkeit der Kleinbürger war nichts anderes als ein Realitätsschwund, der, gekuppelt mit kleinbürgerlichem Ehrgeiz, eine
immanente Gefahr darstellte, weil hierdurch ein Irrationalismus hervorgerufen wurde, der die Realität zu verschleiern und
zu überholen trachtete. Die Kleinbürger, wie das ganze Habsburger Reich, hatten das Gefühl für die Realität verloren und
täuschten sich einfach mit Illusionen. Indem sie, apolitisch
wie Zipper, überhaupt nicht den Versuch unternahmen, in der
Gesellschaft progressive sozial-politische Veränderungen anzustreben, steigerten sie ihre Selbsttäuschung zum Politikum
und verhinderten die politische Emanzipierung des Proletariats
aus Angst, in dieses abzusinken, während sie eine Haß-Liebe
gegenüber den Privilegierten der alten und neuen Oberschicht

fühlten: Haß aus Neid; Liebe, da sie selbst in diese Klasse
aufsteigen wollten.

Als Arnold in die neue Republik heimkehrt, wird es sofort
offenbar, daß der Generationswechsel wie auch die geschichtlichen Ereignisse keine Regeneration gebracht hatten. Der
Krieg verursachte höchstens einen Umbruch, der die alte
Ordnungen zersetzenden gesellschaftlichen Tendenzen beschleu-
nigte, die sich in der abgelösten Generation abgezeichnet hatten. Die veränderten politischen Strukturen und die Erschüt-
terung der Gesellschaftsordnung durch die Kriegsjahre hatten
das Gefüge der Gesellschaft gelockert, während die menschliche Beschaffenheit der sozialen Substanz beinah unverändert
geblieben war. Die "verlorene Generation", der Arnold angehört,
war schon 1914 schwach, als sie, die Abbilder schwacher Väter,
in den Krieg zog, der sie noch mehr schwächte.

Der Krieg und die Niederlage beenden Arnolds Jurastudium und
somit seine Berufsausbildung. Finanzielle und zeitliche Gründe beenden sein Studium, das schon vor dem Krieg wegen schwin-
dender Einkünfte des Vaters ungewiß war. So hat Arnold keine
Chance mehr, den gesellschaftlichen Aufstieg zu beginnen, um
des Vaters stagnierenden Aufstieg zu korrigieren und fortzuführen. Die erste Nachkriegszeit stellte Ansprüche, die
außergewöhnliche Kraft erforderten, "die ein Genie oder ein
Brutaler vor sich her treibt wie einen Tank" (I/558). Die
wirtschaftliche Situation bietet keinerlei Existenz- geschweige
denn Aufstiegsmöglichkeiten für den Durchschnittsmenschen; im
Rumpfstaat Österreich und vor allem in Wien herrschte extreme
Arbeitslosigkeit, da die Niederlage und das Zusammenschrump-
fen des großen Reiches ein Überangebot auf dem Arbeitsmarkt
verursachte[81]. Wie sein berufsloser Vater fristet Arnold sein
Leben mit einer Beschäftigung, indem er Geschäfte mit Mili-
tärstoffen in Kaffeehäusern vermittelt. Ein politisches Engagement lehnt er noch bewußter als sein Vater ab, hierdurch
weigert er sich, am neuen Österreich teilzunehmen.

> Als Arnold dies Land sah ..., in dem es galt, jeden Augen-
> blick irgendeiner Partei anzugehören, irgendeine Gesinnung

> zu bezeugen, in Wirklichkeit also weiter zu dienen für
> irgendein 'öffentliches Wohl', das man nicht kannte ...,
> da erst wollte er nach Brasilien. (I/560)

Für die Flucht in die Welt fehlt Arnold die nötige Kraft,
obwohl er den väterlichen Ehrgeiz, "selbst ist der Mann"
(I/561), besitzt. Sowieso lehnt es der Onkel aus Brasilien
ab, diesen "fertigen Europäer" (I/565), der entschlußunfähig
ist, mitzunehmen. Die wirklichen Gründe, die eine selbständige
Emigration verhindern, sind jedoch sozialer Art. Auswandern
würde einen gesellschaftlichen Abstieg bedeuten.

> Er soll ein Bauer werden, meint mein Bruder. Mein Arnold –
> ein Bauer! Warum nicht gleich ein Tischler, wie mein Va-
> ter? Ich dachte, es ginge aufwärts mit meiner Familie,
> nicht abwärts. (I/567)

Der Vater äußert hier denselben Standesdünkel, den der un-
entschlossene Arnold dem Erzähler gegenüber zeigt. "Ebenso
könnte ich ja in New York auf der Straße Zeitungen verkaufen
und hier nicht! Warum hier nicht? Weil man mich kennt" (I/566).
Bereits jetzt ahnt der Erzähler, daß die soziale und menschliche Interdependenz der Generationen wie ein mechanisches
Schicksal arbeitet: Arnold ist der Schatten seines Vaters.
Die Kriegsgeneration ist von der Vorkriegsgeneration geprägt
worden und somit prädestiniert zu scheitern.

Obwohl ein Überschuß an Beamten herrscht, gelingt es dem
alten Zipper endlich einmal, seine Beziehungen zu nutzen
und seinem Sohn eine Stellung durch Protektion zu verschaffen.
Arnold als Beamter, das ist nichts anderes als die notgedrungene Einordnung Arnolds in die alte Ordnung. Gerade das Beamtentum war die Stütze der Monarchie gewesen, denn es vertrat
die hierarchisch-patriarchalische Gesellschaftsordnung, indem
seine Loyalität nur dem Kaiser galt. Sicher bestand eine liberale Tradition des Rechtsstaates im Beamtentum[82], doch muß
dieses im allgemeinen als konservativ gesehen werden. Daher
kann man sagen, "der Hof verschwand, die Hofräte blieben"[83],
oder wie es der Erzähler ausdrückt,

> was ging den Hofrat Kronauer die Revolution an? Einen zwei-
> ten Kenner der Gesetze ... gab es nicht. Er blieb im Amt ...
> Auch eine Republik kann ohne wirkliche Tätigkeit nicht re-
> giert werden. (I/568) 84

Arnolds Beamtenkarriere endet dann konsequent nach kürzester Zeit, denn, so fragt er selbst, "wie soll ein Mensch, der im Krieg war, vorher nicht Beamter gewesen ist, jetzt acht Stunden täglich an einem Schreibtisch sitzen?" (I/568). Wenn der Erzähler die Schuld für Arnolds Scheitern auf das Kriegserlebnis schiebt, so nur, weil er selbst die Situation nicht objektiv sieht und sich mit der Kriegsgeneration identifiziert, für die der Krieg zum klischeeähnlichen Alibi für alles geworden war. Zipper wäre auch ohne Krieg als Beamter gescheitert, das Fronterlebnis verstärkte nur seine Abneigung gegen die Beamtentätigkeit.

Anstatt sich in Gedanken über die "bequeme" Welt des Militärs zu versteigen, wie es der Erzähler zu tun geneigt ist, bevorzugt Arnold das Kaffeehausleben. Zuerst führt er ein Doppelleben: am Tag im Finanzamt, am Abend im Kaffeehaus. Er flieht aus der Wirklichkeit des Alltags in eine Traumwelt; das Kaffeehaus ist das "Symbol der Menschheit der Welt von Gestern"[85]. "Saß man drinnen, so hatte die Zeit aufgehört" (I/546). Diese Kaffeehäuser waren praktisch eine soziale Institution; ein öffentliches Wohnzimmer, in das es Menschen aus ihrer Einsamkeit zu Hause oder aus Gründen der Wohnungsnot zog[86]. Fand man seinen Platz nicht in der Gesellschaft, so war hier immer noch ein Platz frei. Kam die Schlußstunde, "da schlichen wir uns fort, wie heimatlose Hunde" (I/565), berichtet der Erzähler. Diese zurückgezogene Lebensweise teilt Arnold mit Bekannten, die Künstler sind, denn sein Interesse gilt den Künsten anstatt der Gesellschaft, vor der er flüchtet. Über das Kaffeehauspublikum schreibt C. A. Macartney:

> ... many not strong enough to revolt, gave up the best of themselves, and became that most pathetic of types, the Viennese dilletant of the theatre and the café. Hardly anywhere in the world could one find so much talent as in the Viennese cafés; nor so much wasted on trivialities and the eternal secondrate. [87]

Auch Otto Basil schreibt äußerst kritisch über die Nachkriegszeit:

> Die durch den Krieg beschleunigte soziale Umschichtung ... hatte das Heraufkommen eines neuen, enthemmten, wurzellosen, schmarotzenden Literatentyps begünstigt, der nun im tradi-

tionellen Cafe Central [und anderen] ... sich wie Schimmel
auszubreiten begann. Gettogestalten tauchten plötzlich auf,
von denen man nicht wußte, ob es sich um Schleichhändler
oder um Lyriker handelte ... 88)

Aber selbst in diesem Milieu, in dem auch der Erzähler als
Schriftsteller zu Hause ist, bleibt Arnold ein Abseitsstehender, ein "Kiebitz". Im Gegensatz zu seinem Vater, der die Operette bevorzugte und die Werke Schillers als Statussymbol besitzt,
hat Arnold ein ästhetisches Interesse an l'art pour l'art[89],
jedoch fehlt ihm das Künstlerische.

Vom Doppelleben als Staatsbeamter und Kaffeehaus-"Kiebitz"
erlöst ihn - "ein Zipper beging keine Gewaltstreiche" (I/579) -
seine Jugendfreundin Erna Wilder, die er nicht aus Eigeninitiative aufsucht, sondern auf Anraten des Erzählers. Arnold
ist schon zu schwach, um sich seine Lebensgefährtin selbst
zu suchen. Erna, wie Arnold aus kleinbürgerlichem Milieu,
nutzt die soziale Situation nach dem Krieg, um ihre Emanzipation durchzusetzen; das heißt um sich gesellschaftlich und
moralisch von der Bürgerwelt der Eltern zu entfernen. Sie
personifiziert den "gesellschaftkonträren Typus"[90], der sich
bewußt von der alten Gesellschaftsordnung absetzt und ihr eine
offene und mobile Gesellschaftsordnung bereits exemplarisch
vorlebt. Eigentlich erscheint Ernas Emanzipation nicht als
Gleichberechtigung von Mann und Frau, sondern als egoistischer
Rollentausch. Sie heiratet Arnold und er wird ihr Diener,
der ihre Karriere fördert. Anstatt im Schatten seines Vaters
zu leben, gewinnt Arnold nun Distanz, verfällt zugleich aber
seiner Frau, die ihn ausnutzt. Doch hat Arnold in ihr wenigstens zum ersten Mal einen Lebenszweck gefunden.

Immer darauf bedacht, nicht rückfällig zu werden, wendet sich
Erna dem jungen Medium des Films zu. Die Filmindustrie erscheint hier als Sammelbecken vieler bürgerlicher Berufe, aus
denen die Kleinbürger in Hoffnung auf Aufstiegschancen hinzuströmen. Während das Bildungstheater als Symbol der oberen
Klassen und der alten Gesellschaftsordnung "zu sterben anfing" (I/591), nimmt das neue Massenmedium, der Film, schon
seine Position ein. Daß Roths - nicht des Erzählers - Einstellung zu Ernas Rollentausch und zum Film negativ ist,

läßt Roths konservative Gesinnung vermuten[91]. Beide Themen, Frauenemanzipation und Film, gleiten in eine etwas zu einseitige negative Darstellung ab. Ernas Selbständigkeit artet bald in lesbische Beziehungen zu drei Freundinnen aus. Der sexuelle Rollentausch kann als Ergebnis der vaterlosen Gesellschaft interpretiert werden. Der Film hingegen wird als traditionslose Branche Amerikas, als Hollywood gleich "Hölle-Wut" (III/747) und als Reich der Schatten gesehen. Das Medium Film ist somit ein Symptom für die fortschreitende Entfremdung des Menschen von sich selbst in der modernen Massengesellschaft. Erna und ihre Filmkarriere verkörpern für Roth die neue Welt - "sie schwärmte von Amerika" (I/593) -, deren pluralistische mobile Gesellschaft des Konsums und der Geldmacht nur auf triviale Effekthascherei und auf eine oberflächliche Wirklichkeit ausgerichtet war. Dies Thema klang bereits im 'Hotel Savoy' an, und wie dort Dan am Ende höchstwahrscheinlich nach Amerika reist, so gelangt auch Erna am Ende nach Hollywood. Als der Erzähler zugibt, auf Grund eigener Vorurteile, unfähig zu sein, ein Urteil über Erna zu bilden, wodurch der Leser motiviert wird, gerade das Gegenteil zu tun, macht der Literat Eduard P. die ironische Bemerkung:

> Dieser schlauen Erna (auf die Sie [der Erzähler] auch einmal hereingefallen waren, Sie auch) gelingt es ... nach Hollywood zu gelangen... Das ist endlich die gute Schauspielerin ohne Spur von Talent. (I/623)

Roths ablehnende Haltung gegenüber Ernas sowohl beruflichem als auch privatem Leben, das ein weit fortgeschrittenes Stadium der kommenden Gesellschaftsordnung repräsentiert, ist offensichtlich. Das Dilemma, in dem Roth sich befindet, besteht darin, daß er einerseits die alte, in der Auflösung begriffene Gesellschaft als unmenschlich entlarvt, andererseits aber die sich formierende neue Gesellschaftsordnung negativ bewertet. Diesen Entwicklungen der Übergangsphase, in der Roth lebt, steht er aber ohnmächtig gegenüber. Seine **Heimatlosigkeit** umfaßt somit den sozialen und den geographischen **Bereich.**

Beherrscht dies burschikose Mannweib Erna den schwachen Arnold, so findet er am Rand der Filmwelt endlich einen Beruf: Film-

redakteur. Inzwischen nach Berlin umgezogen, lebt er nun in
der Welt der neuen Gesellschaftsordnung. Da Erna es ablehnt,
in einer derartig veralteten Gesellschaftsordnung wie der
Ehegemeinschaft und der Familie zu leben, gelingt es Arnold
nicht, seine Ehe zu vollziehen. Doch nutzt sie ihn als "brauchbaren Filmjournalisten" aus. Sie wohnt von Arnold getrennt in
einer Künstlerkolonie, wo sie in Gesellschaft von Freundinnen,
eine davon drogensüchtig, ein Leben der wertlosen Äußerlichkeit führt. "Die Buddhas begannen schon in der Halle und setzten sich bis ins Schlafzimmer fort" (I/599). Was Roth schildert, ist das aus der alten Gesellschaftsordnung entflohene
Kleinbürgertum, das als nouveau riche ein Leben der Fassade
und der Banalität lebt. Ein derartig enthemmtes Leben muß mit
Widerspruch der anderen gesellschaftskonformen Gruppen rechnen. Beinah nostalgisch fragt der Erzähler:

> Ach! weshalb waren sie nicht wie ihre Väter Zigarrenhändler,
> Börsenmakler, brave Uhrmacher und Bankbeamte? Weshalb spielten sie so ein lustiges Künstlervölkchen und trieben Opposition gegen ihre Nachbarn, die Bankdirektoren, die Fabrikanten und Grundbesitzer. (I/600)

Vom arbeitenden Volk leben sie völlig entfernt. "Volk ist eine
gute Sache, aber ein Volk am Sonntag geht mir auf die Nerven" (I/600), sagt Erna anläßlich eines Sonntagsbesuches ihres
Mannes, den sie damit genauso meint.

Ein nochmaliges Auftreten des alten Zipper dient hauptsächlich
dazu, Arnold und seinen unveränderten Vater als Vertreter
"zweier Generationen einer und derselben Rasse" (I/609) gegenüber- und nebeneinanderzustellen, und das zu einem Zeitpunkt, da Arnold in der Sphäre der neuen Gesellschaft lebt.
Der Vergleich läßt folgendes erkennen: Glückte es dem Vater
noch, die Fassade der kleinbürgerlichen Familienordnung zu
wahren, selbst wenn dahinter Lieblosigkeit und Familienkrieg
herrschten, so scheitert Arnold, indem er die Patriarchenrolle
nicht mehr realisieren kann. Arnold, der zu schwach ist, und
ohne gesellschaftliche Bindungen oder Liebe zu einem Mitmenschen lebt, ist zur Fassade für Ernas Ehe geworden. Die Abhängigkeit einer Generation von der vorausgehenden Generation und die soziale Evolution kann am Vater und am Sohn
abgelesen werden. Ihre Ähnlichkeit ist unverkennbar, nur hat

Arnold "schon das Wissen von der Lächerlichkeit seiner selbst..."
(I/611). Haftete dem Vater noch die kleinbürgerliche Verlogenheit an, die, da er ein konfuser Kopf ist, noch entschuldigt werden kann, so wirkt der Sohn, befreit von dieser, tragisch. Abgesehen hiervon aber gleichen sie einander wie Brüder (I/612).

Das Schicksal führt Arnold ironischerweise wie seinen Vater nach Monte Carlo. "Er spielte und gewann" (I/616), aber verliert die genesene Erna, trotz seiner Aufopferungsbereitschaft. Rettete sein Vater sich noch aus Monte Carlo in die kleinbürgerliche Existenz eines Kommissionärs und einer Ehe mit Familie, so strandet der Sohn völlig, zuerst als Sologeiger und dann als Varietéclown, dessen "Talent gerade noch dazu reicht, diese zwei Töne himmlisch zu spielen" (I/624). Die Gesellschaft der Pseudo-Väter entläßt ihre Söhne ohne Potenz. Die Generation Arnolds, des Erzählers und des Literaten Eduard P. endet im Nichts, denn sie zeugt keine Nachkommen; folglich gehört die Zukunft der Nachkriegsgeneration. So erscheint sie wirklich als eine verlorene Generation, die verhindert war, ihre "Rolle" zu spielen oder zu erfüllen. Eduard P. sagt zum Erzähler: "Wir machten nicht Revolution, wir treiben passive Resistenz... Wir wissen, daß noch einmal eine Generation kommen wird, wie unsere Väter waren. Noch einmal wird Krieg sein" (I/626). Die egoistische, Besitztum betonende Spielart der Bürgerkinder im Park läßt keine andere Zukunft vermuten. Die Geschichte hatte recht.

Gelang es Roth, den alten Zipper als typisch für eine kleinbürgerliche Schicht der Vorkriegszeit darzustellen, so glückte ihm das gleiche für Arnold und die Kriegsgeneration nicht. Arnold ist nicht der typische Repräsentant seiner Generation, schon ein Vergleich mit dem Erzähler oder Eduard P. weist Differenzen auf. Während Arnold gerade noch imstande ist, zwei himmlische Töne hervorzubringen, schreibt der Erzähler immerhin den Roman und Eduard P. setzt sich kritisch mit der Zeit auseinander. Die Diskussion über die Romanhaftigkeit von Arnolds Leben in Monte Carlo ist nicht nur ein Zeichen dafür, daß Roth sich von der Neuen Sachlichkeit zum fiktiven Erzählen hinwendet[92], sondern ist auch direkt auf Arnolds Schicksal bezogen. Sein Leben in Monte Carlo wird wiederholt als romanhaft von Eduard P. hingestellt. Der Erzähler sagt ganz offen, daß er Arnold als Sologeiger im Kaffeehaus enden lassen würde, und kurz zuvor, "... das Leben sei niemals so inkonsequent wie die Schriftsteller" (I/622). Demnach hätte Magris recht mit seiner Behauptung, der Roman sei der Roman der Väter, nicht der Söhne, weil Roth seine eigene Generation nicht erfassen konnte[93]. Jedoch wendet der Erzähler die Bezeichnung "typisch" nur auf den Vater an, schreibt hingegen:"Er [Arnold] ist symbolisch für unsere Generation der Heimgekehrten, die man verhinderte zu spielen: Eine Rolle, eine Handlung, eine Geige" (I/628). Im Sinn der Symbolfigur können beide, der Erzähler und Eduard P., sowie eine große Gruppe der Kriegsgeneration sich mit ihm, dem Lückenbüßer, identifizieren. Das heißt nicht, daß keine bejahende Lebensauffassung in der Kriegsgeneration anzutreffen war. Carl Zuckmayer schreibt für die Andersgesinnten:

> Wir waren vom Krieg geprägt und gezeichnet, aber wir fühlten uns vom Krieg nicht zerstört. Wir hatten ihn überlebt und überwunden, wir hatten unsere heile Haut heimgebracht, jetzt wollten wir vorwärts, in ein anderes Stadium ....[94]

"Es war gleichgültig, ob Sie gefallen oder heimgekehrt waren. Und w o h i n waren Sie heimgekehrt? In Ihre Elternhäuser!" (I/625). Eine gesellschaftliche Zäsur oder Revolution hatte nicht stattgefunden, höchstens ein langsamer sozialer Umbruch. Indem Roths Kritik der alten wie der neuen Gesellschaftsordnung gilt, ist es deutlich ein Roman der "Zwischenzeit", der die Spannungen zwischen der traditionellen Sozialordnung und den neuen, auf Veränderung angelegten Tendenzen verdeutlicht. Den Ursprung der gegenwärtigen Situation hatte Roth endlich in der vorangegangenen Generation und ihrer Gesellschaftsordnung ausfindig gemacht, so daß nun an die Stelle eines Situationsberichtes eine tiefergreifende soziale Analyse treten konnte.

b. 'Rechts und Links'.

Um die kausalen Hintergründe der zeitgenössischen Situation aufzuweisen, hatte Roth in 'Zipper und sein Vater' den Weg in die Vergangenheit eingeschlagen. Die Ausweitung des Romanzeitraums und die Wahl des Generationsthemas in diesem Roman müssen als Vorarbeit oder Vorstufe zum 'Radetzkymarsch' gesehen werden. Trotzdem sollte es noch drei Jahre dauern, bis Roth seine ganze Aufmerksamkeit der Vergangenheit widmete und sich in dieser zusehends verlor. Der Roman 'Rechts und Links', der 'Zipper und sein Vater' folgt, scheint zunächst eine schwache Wiederholung des früheren zu sein. Roth schreibt am 8. Januar 1928 an Benno Reifenberg: "Schreibe Generationsroman"[95]. Doch müssen zwischen der ersten Konzeption, die Nachkriegsgeneration zu erfassen, und der Realisation des Romans Schwierigkeiten entstanden sein. Über sein Vorhaben schreibt Roth:

> Mein nächstes Buch behandelt den Unterschied der Generationen und heißt: Der jüngere B r u d e r . Es ist die Generation der deutschen Geheimverbindungen, Separatisten, Rathenaumörder - also die Generation unserer jüngeren Brüder, der heute 25 jährigen. [96]

Aber Roth konnte sich nicht dermaßen in die jüngere Generation einfühlen, um ihren Roman zu schreiben. Bei der Ausweitung seiner Generationsthematik in die Gegenwart und Zukunft, welche die jüngere Generation ja in sich trägt, stößt Roth an für ihn unüberschreitbare Grenzen. So verkümmert Theodor, der jüngere Bruder in 'Rechts und Links' zu einer hintergründigen Nebenfigur, während Paul als Repräsentant der Kriegsgeneration, der Roth selbst angehört, die Handlung dominiert. Später wird Paul wiederum von Brandeis, dem sich immer neu entwerfenden, wurzellosen modernen Menschen überschattet. Aus der Undurchführbarkeit der ersten Konzeption des Romans 'Der jüngere Bruder' ergaben sich für Roth Konsequenzen, die sein späteres Schaffen gravierend beeinflußten. Nach dem religiösen Thema 'Hiob' folgt der 'Radetzkymarsch', ein Marsch durch die Habsburger Vergangenheit, der durch den Lebensweg von vier Generationen der Trottas verbildlicht ist.

Wegen der Schwierigkeit oder vielmehr der Unmöglichkeit, die Nachkriegsgeneration zu erfassen, mußte Roth seine erste Konzeption weitgehend revidieren und verändern. Es sind eben diese Änderungen, die den Roman schwächen und problematisch werden lassen. Nicht umsonst schreibt Roth am 22. November 1929 einen 'Selbstverriß', in dem er versucht, den mißlungenen Roman zu retten. Für keines seiner anderen Werke sah er sich genötigt, Selbstkritik zu üben. Um den Roman doch zu schreiben, greift er auf die Thematik von 'Zipper und sein Vater' zurück. Eine Wiederholung wird eigentlich nur vermieden, indem Roth die Person Lenz aus 'Das Spinnennetz', jetzt als Brandeis, erneut aufgreift und ihn als exemplarischen modernen Menschen gestaltet [97]. Aber das kann nicht darüber hinwegtäuschen, daß Roth in eine "künstlerische Sackgasse" [98] geraten war, die ihn zwang, bereits Behandeltes noch einmal zu sagen. Die Änderungen der ersten Konzeption haben deutliche Spuren in der fragmentarischen äußeren Form des Romans hinterlassen. Diese können auch nicht als stilistische Intentionen Roths weginterpretiert werden, wie es Magris tut:

> Durch die unorganische Summierung, die den Aufbau von 'Rechts und Links' oder von der 'Flucht ohne Ende' in eine Notizenkladde verwandelt, versucht Roth das Chaos und die Sinnlosigkeit der Nachkriegszeit zu schildern. [99]

Eine Übereinstimmung von Titel und Inhalt, so wie sie bei 'Flucht ohne Ende', der Lebensgeschichte von Franz Tunda, besteht, kann für 'Rechts und Links' und Theodor oder Paul nicht konstatiert werden. Die ablehnende Haltung und die abfälligen Bemerkungen Samuel Fischers über 'Rechts und Links', welche Roth veranlaßten, den Verlag zu wechseln, waren wohl begründet [100].

Die Verlagerung und Veränderung des Themas der Grundkonzeption machten eine neue Titelwahl unumgänglich, da zwischen dem Originaltitel und dem veränderten Inhalt eine zu große Unstimmigkeit bestand. Was Roth dazu motivierte, 'Rechts und Links' als endgültigen Titel zu wählen, ist nicht bekannt. Doch hat sich besonders dieser Titel in der ersten Wirkungsgeschichte des Werkes als problematisch erwiesen. Der Leser trägt, beeinflußt durch die zeitliche politische Polarisierung der Gesellschaft, einen falschen Erwartungshorizont, den der Titel suggeriert, an das Buch heran.

> Denn in 'unserer Zeit', in der man einfach anatomische Begriffe lediglich in einem politischen Sinn zu verstehen geneigt ist - und sogar in einem streng parteipolitischen - ... erwartet der Leser von einem Buch dieses Titels, daß es die für ihn so wichtigen Fragen der primitiven Politik behandelt - Fragen, die ich höchstens streife. (III/378)

Daß die an das Werk herangetragenen Erwartungen nicht erfüllt werden konnten, ist inhaltlich bedingt. Zwar ist Theodor ein Rechtsradikaler, doch bleibt er, wie auch der linke Doktor König, eine Nebenfigur. Weder Paul noch Brandeis lassen sich politisch rechts oder links festlegen. Paul gehört zur rechten bürgerlichen Mittelklasse, die sich unpolitisch stellt, während Brandeis aus der Erkenntnis der relativen politischen Werte als neutraler Außenseiter auftritt. Die erste Wirkungsgeschichte des Titels läßt somit eher Rückschlüsse auf die gesellschaftliche Situation des Publikationsjahres schließen als auf den Roman selbst. Roth hatte die Thematik der Polarisierung in Rechts und Links bereits in 'Das Spinnennetz' in Form eines Situationsberichtes erfaßt. Seine Intentionen waren jetzt ganz anderer Art: Er wollte die Relativität der verhärteten politischen Auffassungen und Überzeugungen verdeutlichen und so die zementierte gesellschaftliche Situation in Frage stellen. Doch "... soll man niemals den Leser so hoch einschätzen wie sich selbst ..." (III/378). Hier spricht die Ironie, die überhaupt im ganzen 'Selbstverriß' unübersehbar ist. Die Relativität aller menschlichen Überzeugungen wird durch die Romanfigur Brandeis und seine Erfahrungen in der Russischen Revolution dargestellt[101]. Wie nahe Roth seiner Lieblingsfigur Brandeis steht - wie ja auch Lenz -, zeigt folgendes Zitat:

> Es war unbedacht, wenn nicht leichtsinnig von mir, auch nur einen Augenblick an die Möglichkeit zu denken, der Leser von heute würde dem Namen R e c h t s   u n d   L i n k s   eine breitere symbolische Bedeutung gestatten und ohne weiteres begreifen, daß dieser Titel weniger ein bestimmtes Buch kennzeichnen sollte, als meine eigene Haltung den anatomischen, topographischen, politischen Richtungen gegenüber. (III/378)

Roths und Brandeis' Haltung stimmen in dieser Hinsicht überein, und sie hat auch die gleiche Ursache: den Krieg und die sozialen

Veränderungen, die dieser verursachte. Karlheinz Dederke
schreibt über diese Kriegsteilnehmergeneration:

> Nichts war gültig und selbstverständlich geblieben, alles
> konnte in Frage gestellt werden. Mit der Vergangenheit, die
> den Eltern kostbar war, verband sie [die Kriegsteilnehmer-
> generation] nicht viel. Sie hatte zuviel an Tradition und
> Konvention zu Bruch gehen sehen, und das meiste schien
> ihr morsch zu sein. 102)

Roths Rußlandreise 1926/27 und seine Enttäuschung über die
Verbürgerlichung der Revolution förderten ein Gefühl der Ori-
entierungslosigkeit. Aber schon ein Jahr zuvor schrieb er über
das Kriegserlebnis:

> Wir sind die Söhne. Wir haben die Relativität der Nomenkla-
> tur und selbst die der Dinge erlebt. In einer einzigen
> Minute, die uns vom Tode trennte, brachen wir mit der ganzen
> Tradition .... (III/515)

Das aber vollzog Roth nicht, denn er konnte nicht wie Brandeis
mit jeder Tradition brechen und die Flucht nach vorne antreten.
Schon 'Im mittäglichen Frankreich' heißt es: "Glückliches Land,
in dem man wieder träumen kann und glauben lernt an die Mächte
der Vergangenheit, von denen wir dachten, sie wären, wie so vieles, ein Irrtum und eine Lüge des Lesebuches" (III/516). Obwohl
I. Sültemeyer aufwies, daß der Erzähler dieses Reiseberichtes
nicht identisch mit Roth ist[103], so kann dieses Zitat doch
auf Roth bezogen werden. Auch Roth fühlte die Unsicherheit,
welche durch die Ent- und Umwertung vieler Werte nach dem
Weltkrieg entstanden war. Um sich zu fangen und Halt in einer
Gesellschaft zu suchen, in der alles relativ erscheint, in der
der Eklektizismus und die Fassaden-Wirklichkeit vorherrschen,
wählte die Jugend die Wandervogelbewegung oder nationale und
völkische Bünde. Für die Wandervögel war Roth zu alt und wohl
auch nicht naiv genug, während er sich als Jude und Anhänger
der Habsburger Monarchie nicht mit dem neuen Österreich oder
Deutschland identifizieren konnte. "Die Mächte der Vergangenheit", von denen Roth 1925 zu träumen begann, füllten das
Vakuum, das durch die Wertveränderungen entstanden war, in
zunehmendem Maße. Da er ohnehin bestrebt war, die Ursache der
gegenwärtigen Gesellschaftssituation aufzuweisen, indem er
sich ihrer Vorgeschichte, der Vergangenheit, zuwendete, um

die Abhängigkeit einer Generation von der vorausgegangenen
Generation aufzuweisen, stoßen hier zwei unterschiedliche
Motivationen mit gleichem Ziel aufeinander. Im 'Radetzky-
marsch' versuchte Roth dann, beide Motivationen zu vereinen.
Doch der Versuch scheiterte, da beide Motivationen, trotz
Zielgleichheit, entgegengesetzt bleiben. Die Macht der Ver-
gangenheit und der gesellschaftliche Aspekt befruchten sich
zwar gegenseitig, zuletzt aber scheint die Vergangenheit
Habsburgs als Wert an sich stärker zu sein.

Wie 'Zipper und sein Vater' ist auch 'Rechts und Links' ein
Familienroman, der das Leben einer Familie über zwei Generationen schildert. Obwohl die Bernheims gesellschaftlich höher
stehen als die Zippers und Roth außerdem die Vater-Sohn-Thematik weniger betont, bleibt der Roman zuerst eine Wiederholung des vorigen Werkes. So lebt auch hier der Großvater noch
in einer feudalistischen Standesgesellschaft. Doch hat dieser
als Pferdehändler bereits kommerzielle Attribute; er steht
zwischen der Feudalgesellschaft und der neuen Mittelschicht
der Geschäftsleute. Aber den Aufstieg in diese neue Mittelschicht vollzieht dann erst sein Sohn Felix. Mit dem kleinen
Vermögen seines Vaters und einem Haupttreffer in der Lotterie,
den er nicht wie Zipper verspielt, wird er Bankier und Parvenü. Er kann jetzt einen Lebensstil realisieren, von dem der
alte Zipper nur träumen konnte. Trotzdem begeht auch Felix
Bernheim den gleichen Fehler wie schon Zipper, denn er führt
ein Leben der Scheinwerte. Seine Villa Sans souci, mit pom-
pöser Rampe und repräsentativem Garten, symbolisiert seinen
überspannten Geltungsanspruch, der eine Diskrepanz zwischen
Sein und Schein darstellt. Die anspruchsvolle Fassade von Haus
und Garten weist jedoch einen Stilbruch auf, nämlich die Gar-
tenzwerge. Im gesellschaftlichen Leben benimmt sich Bernheim
wie ein typischer Emporkömmling, indem er sich von der unteren
Gesellschaft bewußt abgrenzt und gleichzeitig die Integration
in die oberen Gesellschaftsschichten anstrebt. Seine Feste
lassen aber erkennen, daß ihm dies weder bei der alten feudalistischen noch bei der neuen kapitalistischen Oberschicht
gelingt. Erst der Sohn Paul soll die "feudalen Aspirationen"

des Vaters weiterführen können. Immerhin gelingt es Felix
Bernheim, beinahe in den Adelsstand aufzusteigen. Aber genau
zu dem Zeitpunkt, da er das Bürgertum ganz verlassen könnte,
stellt Felix das bisher Erreichte in Frage: Er geht ein Verhältnis mit einer Zirkusakrobatin ein. Der Erzähler sieht in
dieser Tat ein mutiges Ausbrechen Felix Bernheims aus dem
langweiligen Rollenspiel des Parvenüs.

> Es war vielleicht die einzige mutige Tat, die Felix Bernheim in seinem Leben gewagt hatte. Später, als der Sohn
> Paul eine ähnliche hätte wagen können, dachte ich an die
> des Vaters und es wurde mir wieder einmal an einem Beispiel klar, wie die Tapferkeit sich im Ablauf der Geschlechter erschöpfte und wieviel schwächer die Söhne
> sind als die Väter waren. (II/490) 104)

Als der Vater letztlich auf einer Reise in der Gesellschaft
eines jungen Mädchens, höchstwahrscheinlich jener Akrobatin,
stirbt, fühlt der Sohn wenigstens, daß sein Vater "ein 'Kerl'
gewesen war" (II/499). Einen Fehltritt der Mutter hätte der
Sohn mit größter Wahrscheinlichkeit negativer bewertet. Obwohl Felix Bernheims Leben weitgehend auf Schein angelegt
war, würdigt der Erzähler doch den sozialen und geschäftlichen
Aufstieg dieses Mannes.

> Auf der breiten, blaugeäderten [Grab-]Platte stehen alle
> seine Verdienste in einfachen schwarzen Buchstaben verzeichnet, die würdiger sind als die Inschrift 'Sans souci'
> über seiner Villa. (II/499)

Trotzdem wird auch hier an dem trauernden "Engel, der sich über
das Kreuz lehnt" (II/499), die Diskrepanz zwischen Sein und
Schein wieder deutlich. So verewigt sich der bürgerliche Geltungsanspruch noch im Tod.

Abgesehen von dem Verhältnis mit der Zirkusakrobatin, ist für
Felix das größte Hindernis beim sozialen Aufstieg seine ungebildete jüdische Frau. Durch ihre Dummheit macht sie sich selbst
lächerlich und fällt, vor allem bei Gesellschaften, negativ
auf.

> Sie war überzeugt, daß die 'Bildung' - von der sie sehr
> viel hielt - nicht nur ein Vorrecht der besseren Stände
> wäre, sondern auch ihr Erbteil und daß es genügte, einen
> reichen Mann zu haben und einen Sohn, der 'eine Bibliothek' besaß, um über gebildete Themen sprechen zu können. (II/495)

Geltungsdrang und Leistung klaffen bei ihr besonders weit
auseinander. Einerseits ist sie darauf bedacht, "'fürstlich'
zu wohnen und eine 'königliche Erscheinung' abzugeben" (II/496),
andererseits will sie bewußt die "bescheidene Frau", die Kleinbürgerin bleiben, die sie ja auch ist. Ihre Ehe mit einem
Geschäftsmann sieht sie als Mesalliance. Obwohl sie aus kleinbürgerlichem Milieu stammt, hatte sie "... die Geringschätzung
für Geschäfte und Kaufleute, die manche Töchter gutbürgerlicher
Familien in den neunziger Jahren zugleich mit ihrer Bildung
mitbekamen ..." (II/497). Roth beschreibt hier nicht nur
Frau Bernheims bürgerliche Verlogenheit und Standesdünkel,
sondern auch den sozialen Konflikt zwischen dem Bildungsbürgertum und dem neuen kapitalistischen Besitzbürgertum.
Das Bildungsbürgertum verbarg hinter dem äußerlichen Standesdünkel seine antikapitalistischen Gefühle, denn für sie bedeutete der Kapitalismus eine allmähliche Deklassierung.
Heiratete man einen Kapitalisten, der unfähig war, "Kultur
anzunehmen" (II/497), so war das praktisch eine Entwürdigung.

> In ihren jüngeren Jahren hatte sie noch hie und da daran
> gedacht, ihren Mann mit einem Akademiker oder Offizier zu
> betrügen, um durch einen Beischlaf mit einem gesellschaft-
> lich Würdigen eine Genugtuung für die Hingabe an einen
> gewöhnlichen Bankier zu erlangen. (II/497)

Dennoch ist gerade sie eine egoistische Materialistin, die sich
um das Haus, das Personal und sogar um die Geschäfte ihres
Mannes kümmert, anstatt eine "echte Lady" zu sein. Ihr, der
Kleinbürgerin, fehlt es nicht an materiellem Wohlstand, wohl
aber an Bildung, um sich in die obere Gesellschaft zu integrieren.

Von den Bernheim-Kindern zählt eigentlich nur der älteste
Sohn Paul. Die Tochter Berta, zur Salondame erzogen, heiratet
einen Rittmeister und knüpft hiermit einen Bund mit der feudalen Oberschicht. Der jüngere Bruder Theodor - die Hauptper-
son in der ersten Romankonzeption - erhält wegen seiner angeblichen Beschränktheit kaum Aufmerksamkeit und Andacht[105].
Dem ältesten Sohn fällt es als Stammhalter des väterlichen
Bankhauses zu, den sozialen Aufstieg des Vaters fortzusetzen
und zugleich den Makel des Parvenüs zu überwinden. "Er wußte,

daß Reichtum und gesellschaftliche Geltung des Vaters den
Sohn zu einer mächtigen 'Position' führen können. Er ahmte
den Hochmut des Vaters nach" (II/486). Um dieses Ziel zu
erreichen, verfolgt er die klassische Bildung der herrschenden Oberschicht: Literatur, Musik, Kunst. Er möchte Bildung
und Besitz vereinen, um in die Oberschicht aufzusteigen.
Seine Bildung bleibt jedoch trotz allen Aufwandes oberflächlich; sie ist nur die zur Kulturfassade entstellte Bildung der
alten Oberschicht. Der Studienaufenthalt in Oxford zeigt
zuerst praktische Studienziele, verebbt letztlich aber in
Sport- und Kavallerieaktivitäten. Wie ein Chamäleon paßt sich
Paul jeder gesellschaftlichen Umgebung an und übernimmt die
Werte und das Benehmen der oberen Klassen. Kaum ist er bei
der Kavallerie, schreibt er auch schon Briefe, die stilistisch
und sprachlich im preußischen Soldatendeutsch verfaßt sind.
Sein Bestreben, sich anzupassen, geht so weit, daß ihm seine
eigene Mutter nicht mehr standesgemäß erscheint. "Er war mit
seiner Mutter unzufrieden. Er hätte sich eine 'echte Lady'
als Mutter gewünscht" (II/498). Seine berufliche Ausbildung
vernachlässigt Paul hingegen völlig. Nach dem Tod des Vaters
heißt es: "Von den Geschäften verstand er wenig" (II/499).
Mit wenigen Worten enthüllt Roth die Existenzschwäche der
zweiten Generation des 'nouveau riche'. Eigentlich hätten
die Söhne des aufstrebenden Besitzbürgertums die neue Führungsschicht der Gesellschaft werden sollen, hierzu fehlt
ihnen jedoch die entsprechende Ausbildung und der Wille zum
Aufstieg, der die Generation der Väter noch auszeichnete;
die Söhne können die ererbte Position nicht einmal bewahren.
Sie hatten sich nach Bildungsidealen des Adels und Bildungs-
bürgertums orientiert, ohne zu bemerken, daß diese bereits
Dekadenzsymptome der Äußerlichkeit und des Scheins in sich
trugen. So wurde die Bildungsinsuffizienz der alten Oberschicht auf die übertragen, welche die Führung hätten übernehmen sollen. Der Gesellschaft fehlt somit die Führungsschicht.
Mehr auf Schein bedacht, hält der Sohn das Geschäftemachen,
das Sein, für unter seiner Würde. Nicht nur langweilt ihn
die Büroarbeit, sondern er hat auch Angstgefühle, seine In-
kompetenz könnte entdeckt werden. Hinzu kommt, daß Gerüchte

aufkommen, nach denen das Vermögen der Bernheims überhaupt
nicht mehr den prätentiösen Lebensstil rechtfertigte.

Der Ausbruch des Ersten Weltkriegs bringt für Paul keine
Nachteile, denn die Ereignisse ermöglichen es Paul, seine
Lebensschwierigkeiten zu überbrücken und sein Scheinleben
bei der Kavallerie weiterzuführen[106]. "Seinen bürgerlichen
Stand machte er unter soviel Adel durch seine Haltung wett"
(II/500). Zu einer ersten sozialen Niederlage kommt es für
Paul, als er aus der vornehmen, aristokratischen Kavallerie
versetzt wird, um als Verpflegungsoffizier zu dienen. Aus
Rache für diese Erniedrigung rebelliert er gegen die Gesellschaft, indem er zu den Pazifisten überwechselt. Er rebelliert nicht primär aus sozialer oder politischer Überzeugung
gegen die Gesellschaft, sondern aus einem Gefühl persönlicher
Gekränktheit, ein Verhalten, das typisch ist für den Rebellen
aus der oberen Gesellschaftsklasse. Die Diskrepanz zwischen
dem Popanz in Uniform, dem "Gott der Verpflegungsbranche"
(II/501), und dem Pazifisten ist zugleich Weiterführung und
Steigerung der Scheinexistenz, da jetzt auch der äußere Schein
keinerlei logische Einheit mehr aufweist. "Und also gelang
ihm wie wenigen die Vereinigung militärischer Tugenden mit
einer antimilitärischen Gesinnung" (II/502).

Aus seiner verlogenen Sicherheit wirft Paul ein Erlebnis,
das an sich für die Kriegszeit gar nicht so ungewöhnlich
scheint. "Ein Mann hatte ihn bedroht, verwundet, besiegt und
war verschwunden. Nichts weiter" (II/506). Die physische Konfrontation mit dem Kosaken Nikita wird lediglich durch Pauls
Minderwertigkeitsgefühle zu einer psychologischen Niederlage
und somit zu einem gravierenden Erlebnis. Gegenüber dem ungebrochenen Kosaken fühlt Paul erst seine ganze Schwäche und
sein Scheinleben bricht erstmals zusammen. Dieses Ereignis
wirkt auf Paul wie eine soziale Entwürdigung. Er, der in einer
Welt der Klischees und Oberflächlichkeiten aufgewachsen war,
kann seine Gefühle nur mit leeren, banalen Worten wie z.B.
"letzte Stunde" und "schmähliches Ende" erfassen. Da das Ereignis überhaupt nicht so dramatisch war, erlauben die stilistischen Formulierungen, Rückschlüsse auf Pauls Mentali-

tät zu ziehen. Völlig verunsichert tritt Paul die Flucht nach vorn an: Er flieht vor der bürgerlichen Gesellschaft - "seinem Haus, seiner Mutter, der Bank, dem Dienstpersonal und den Beamten" (II/506) - an die Front. Dort sucht er "die stärksten Erlebnisse", will sagen den Tod. Wenn auch spät, vollzieht Paul jetzt das, was viele aus dem Bürgertum drei Jahre zuvor bereits getan hatten: Er begrüßt den Krieg als Gelegenheit, um aus der muffigen, langweiligen Bürgerexistenz der Pseudo-Erlebnisse auszubrechen. Jedoch kam für die meisten ihr Erwachen im "Stahlgewitter" der Front zu spät. Auch in dieser Hinsicht verdeutlicht Roth, daß der Krieg lange vor 1914 in der bürgerlichen Gesellschaft latent anwesend war, und daß dieser Krieg nicht nur die Existenzkrise Pauls, sondern darüber hinaus auch die der bürgerlichen Gesellschaft allgemein darstellt. "'Ich bin reich gewesen' - sagte er sich - 'jung, schön, kräftig gewesen. Ich habe Frauen besessen, die Liebe gekannt, die Welt gesehen. Ich kann ruhig sterben'" (II/507). Mit dem Gefühl, ausgelebt zu sein, wechselt man nicht freiwillig, sondern getrieben zum Nihilismus über. "Ich gehe jetzt nicht freiwillig in den Tod, sondern gejagt. Es geschieht mir recht" (II/508). Den Nullpunkt des Nihilismus überschreitet Paul, der die Oberschicht der bürgerlichen Gesellschaft repräsentiert, erst als Kriegsverletzter. Leider setzt mit dem "Drang zum Leben" (II/509) auch sein alter Hochmut wieder ein. Paul und die bürgerliche Gesellschaft kommen somit, abgesehen von gesteigerten Minderwertigkeitsgefühlen, beinah unverändert aus dem Krieg zurück. "Und nichts verachtete er [Paul], der vieles verachtete, so sehr wie das Besiegte" (II/511). Genau das aber war man, als Nation und Staatsbürger, und da man auch das revolutionierende Volk verabscheute, rettete man sich ins reaktionäre Denken. Man kompensierte die Minderwertigkeitsgefühle mit Überheblichkeit. Wie Lohse, so will auch Paul Abgeordneter oder besser gleich Minister werden.

Als Paul nach dem Krieg in das Elternhaus heimkehrt, fehlt es bereits an Geld, und der soziale Abstieg der Bernheims steht bevor. Obwohl die Mutter mit äußersten Anstrengungen versucht, die Fassade zu wahren, vollzieht sich eine große, unentrinnbare soziale Umstrukturierung: Die Inflation entwertet das Geld und die Kriegsanleihen. Da diese soziale Umschichtung hauptsächlich den Mittelstand verarmte und somit deklassierte, wuchs in dieser Schicht die Republikfeindlichkeit und der Rechtsradikalismus. Der einsetzende Zerfall von Haus und Garten, die verkauften Stallungen und der Einzug einer Untermieterin in die Villa lassen den erreichten sozialen Aufstieg wieder zerbröckeln. "Sie [die Untermieterin] erschien Paul als die Verkörperung der Trauer, die über sein väterliches Haus gefallen war" (II/599). Ein Haus, in dem die Worte und das damit Ausgesagte schon immer eine Diskrepanz aufwiesen (II/511).

Abgesehen von seiner Mutter und der wirtschaftlichen Notlage, ist Paul auch noch durch seinen jüngeren Bruder Theodor beunruhigt. Der Konflikt zwischen der Kriegs- und der Nachkriegsgeneration zeichnete sich schon im Krieg ab. Paul fühlte damals bereits einen

> ... hurtigen Neid gegen den jüngeren Bruder, der sicher dahin wandelte im Schutz seiner Jugend, sicher vor dem Krieg und sicher, das Ende des Krieges zu erleben und bessere Zeiten. (II/507)

Zur gleichen Zeit aber hofften die jüngeren Brüder zu Hause auf den Einzug ihres Jahrganges, um endlich eine Rolle im Krieg mitspielen zu können. Den Frieden und die Republik sahen sie dann als Verrat, denn durch sie wurde die nationale Ehre verletzt und die Nachkriegsgeneration daran gehindert, diese zu retten. "Um jeden Preis wollte er [Theodor] irgendeine Wirkung üben" (II/517). Sein Aktionsfeld findet er in rechtsradikalen Geheimorganisationen, die zuerst, bedingt durch ihren Irrationalismus und Dilettantismus, kaum als eine ernsthafte Gefahr erkannt werden. Zwischen der geschlagenen Kriegsgeneration Pauls und der Nachkriegsgeneration Theodors, die ohne eigenes Verschulden in der für sie demütigenden Situation der gesellschaftlichen, wirtschaftlichen und politischen Unsicherheit leben muß, besteht keine Verständigung. Wie eine Kriegserklärung zum nächsten Weltkrieg lautet Theodors Erklärung: "Wir werden keinen Krieg mehr verlieren" (II/521).

> Eure elementaren Dinge sind Dreck! Wir fangen überhaupt
> von vorne an. Man muß nicht Herder und Lessing gelesen
> haben, um ein Mensch, ein Deutscher zu sein! ... Ihr wollt
> uns nicht aufkommen lassen. Ihr haßt uns! Ihr neidet uns
> unsere Zukunft! Mit eurer klassischen Bildung! (II/522)

Der Generations- und Bruderzwist ist konkret die Auseinandersetzung zwischen einer Gesellschaft, die auf der zur Äußerlichkeit gewordenen Klassik basiert und dem diametral entgegengesetzten modernen Zeitgeist der Antikultur. Roth hatte erkannt, daß diese Auseinandersetzung mit dem geistig bankrotten Bildungsbürgertum in der Antikultur enden könnte. Obwohl es Roth nicht gelang, den Roman der Nachkriegsgeneration, der Generation Theodors, zu schreiben, so gelang es ihm doch, den Generationskonflikt bis in die jüngere Generation auszuweiten. Hierin muß eine Weiterführung und nicht nur eine Wiederholung der Zipper-Thematik gesehen werden, selbst wenn der Versuch scheiterte, die "jüngeren Brüder" als Romangestalt adäquat zu gestalten.

Da das Bildungsbürgertum durch den Krieg und die Auflösung der Monarchie weitgehend an Bedeutung eingebüßt hatte, wechselt Paul vom Salon zum Geschäftsbüro über. Eine große Umstellung erfordert dies nicht, da die Scheinwerte der Kultur mit denen von Valuta und Aktien ersetzt werden. Genau betrachtet, führt Paul seine Scheinexistenz der Jugendzeit konsequent fort, als hätte der Krieg nie stattgefunden. Roth macht aus seiner antikapitalistischen Gesinnung keinen Hehl, wenn er im Stil der Bibel formuliert: "Es erwies sich in jenen Tagen, daß die Sittlichkeit dieser Welt von nichts anderem abhängig ist als von der Stetigkeit der Valuta" (II/530). Die geldliche Inflation bedingt, Roth zufolge, auch einen moralischen Zerfall. "An den Börsen der Welt wird die Moral der Gesellschaft bestimmt" (II/531). Obwohl Paul nur "etwas von Geschäften" versteht, hat er das Gebot der Zeit und somit der modernen Marktwirtschaft begriffen: "Es gilt ... den Markt zu beherrschen. Der Markt ist die öffentliche Meinung" (II/531). In dieser Situation muß Paul sich als Geschäftsmann beweisen oder in die Mittelmäßigkeit absinken. Dies aber wäre für Paul eine soziale Deklassierung, die in die Vermassung führt und seine Persönlichkeitsentfaltung beenden würde. Sowohl das Besitzbürgertum als auch das Bildungsbürgertum waren in eine unsichere Zwangslage geraten: Der Krieg und die Inflation hatten ihr Besitztum entwertet, zugleich gewann das Großkapital immer mehr an Macht und somit an Bedeutung und die moderne Massengesellschaft begann sich zu formieren. Für das alte Bürgertum gab es in dieser gesellschaftlichen Konstellation keinen Platz mehr. Obgleich Paul eine große Anpassungsfähigkeit besaß, wäre er ohne die Hilfe von Brandeis wie so viele aus dem Bürgertum gescheitert. Viele Bürgerliche, die ihr Kapital aufgezehrt oder durch Inflation verloren hatten, weigerten sich, die alte gesellschaftskonforme Scheinwelt zu verlassen und sich der kapitalistischen Herausforderung zu stellen. Gewöhnt an feste Werte, und seien es Scheinwerte, hatten sie weder die Fähigkeit noch die Mittel, um sich in der modernen kapitalistischen Gesellschaft behaupten zu können. Paul, der im Besitz- und Bildungsbürgertum zu Hause ist, repräsentiert beide Klassen in ihrem Versuch, mit gesellschaftskonformer Bürgerhaltung in der Nachkriegsgesellschaft Halt zu finden, wobei sie gleichzeitig aber zusehends sozial abgleiten.

Erst mit der Romangestalt Brandeis befreit Roth den Roman aus der Einengung, die die Parallelthematik von 'Zipper und sein Vater' mit sich brachte. Wenn auch Brandeis schon im ersten Teil des Werkes auftritt, so bleibt die Zäsur zwischen dem ersten und zweiten Teil unübersehbar. Wie ein neuer Roman beginnt der zweite Teil, in dem Brandeis als Hauptfigur völlig dominiert[107]. Diese strukturale und stilistische Absetzung soll die Lebensgeschichte von Brandeis deutlich von der zuvor beschriebenen bürgerlichen Gesellschaft abheben, denn Brandeis ist die Antithese zu dieser: er repräsentiert den Anarchismus. Daß Roth dem Anarchismus nicht ablehnend gegenüberstand, ließ sich schon an Lenz und Zwonimir konstatieren. Wollte Lenz als nihilistischer Anarchist die europäische Gesellschaft zerstören, und Zwonimir hingegen die geschichtliche Entwicklung der Gesellschaft rückgängig machen, versucht Brandeis seinen ganz andersartigen Anarchismus in die bestehende Gesellschaft durchzusetzen. Mit Brandeis erreicht die Beschäftigung mit dem Problem des Anarchismus in Roths Werken einen Höhepunkt und zugleich ihr Ende. Den Plan, einen anderen Brandeis-Roman mit dem Titel: 'Eintritt verboten, Geschichte eines Mannes ohne Maß' zu schreiben[108], realisierte Roth nicht mehr. Der Titel des geplanten Romans und Brandeis' sozial ungebundenes Leben, die ewige Flucht nach vorn in 'Rechts und Links', lassen erkennen, warum Roth die Anarchistenthematik nicht weiterführte: Nicht nur konnte Roth einem Brandeis, der sich auf der Suche nach absoluter Freiheit fortwährend in neue Lebensexistenzen katapultierte, nicht mehr folgen, sondern er hatte außerdem erkannt, daß die absolute Freiheit unerreichbar war. Wenn Roth später über 'Rechts und Links' schreibt: "Ich habe dem Menschen der Gegenwart sein eigenes Bild vorgehalten. Kein Wunder, daß er es nicht ansehen will. Es graut ihm davor - und noch mehr als mir" (III/379), so ist damit auch Brandeis, der Mann ohne Bindungen und Grenzen, gemeint. Überhaupt stellt Brandeis, sieht man einmal von seinen anarchistischen Ambitionen ab, einen Typ des modernen Menschen schlechthin dar.

Wie Zwonimir stammt Brandeis aus dem Osten und auch er wurde von der Russischen Revolution beeinflußt. Der Anarchismus, den beide vertreten, ist jedoch von verschiedener Art. Zwonimir strebt eine durch sein Naturwesen bedingte, nach rückwärts gerichtete rousseauistische Revolution an. Der Ursprung von Brandeis' Anarchismus liegt hingegen in einem Schlüsselerlebnis, das er während der Russischen Revolution hatte[109]. Als Mitglied der Roten Armee führte Brandeis in seiner Heimat die Hinrichtung eines antirevolutionären Pfarrers durch, den er gut kannte. Das Vorbild, das der Pfarrer setzt, indem er versucht, die Umstrukturierung der Gesellschaft zu verhindern, und bereit ist, für seinen Glauben zu sterben, erschüttert Brandeis' Existenz bis ins Tiefste. Er, der nie ein Idealist war, erkennt plötzlich die Relativität aller gesellschaftlichen Werte und Ordnungen, ja selbst seiner eigenen Existenz. Die stereotype Frage des heimatlichen "Dorfidioten": "Wieviel bist du? Bist du e i n e r ?" (II/557), wird nun für Brandeis zur Existentialfrage. Die Antwort darauf lautet: "Nein, man war nicht e i n e r . Man war zehn, zwanzig, hundert" (II/557). Brandeis' Flucht nach vorn, die jetzt einsetzt, soll eine sich immer wiederholende Neugeburt des Ichs

sein; das Ziel dieser ist die Befreiung des Ichs von der
Umwelt. Das ist nichts anderes als Anarchismus, dem aber jegliche sozialen Ambitionen, wie die Veränderung der als relativ erkannten Gesellschaftsordnung, fehlen. Der Anarchismus, den Brandeis anstrebt, will nur die absolute Freiheit des Ichs auf individueller Basis. Brandeis will seine Erkenntnisse nicht auf politische Gruppen übertragen, sondern sie nur egoistisch nutzen. Sein Anarchismus ist von asozialen Zügen geprägt. So sagt Brandeis:

> Die Menschen kommen mir merkwürdig vor, weil ich in jedem
> ein Stück vom alten, verstorbenen Nikolai Brandeis wiederfinde. Sie lebten noch von Idealen, haben Gesinnungen,
> Häuser, Schulen, Behörden, Pässe, sie sind Patrioten und
> Antipatrioten, kriegerisch und pazifistisch, national und
> kosmopolitisch. Ich bin nichts von alledem. (II/560)

Von dieser gesellschaftlichen Situation macht Brandeis Gebrauch, um das Geld zu verdienen, das ihm seine Unabhängigkeit garantieren soll. Vor allem seine Bindungslosigkeit und Distanz zur Gesellschaft lassen ihn eine erfolgreiche Geschäftskarriere in Deutschland machen. "Brandeis ist der große Mann von morgen" (II/579). Er hat die Marktchancen, die durch den neuen Mittelstand, hauptsächlich Angestellte, entstanden sind, erkannt. Das Geschäftsimperium, das er aufbaut, bestehend aus einer Bank, zwei Zeitungen und mehreren Warenhäusern, kann den Markt mit Massenangeboten befriedigen[110]. Auch Paul hat die Situation erkannt, wie ein Gespräch mit dem linken Doktor König zeigt:

> Es gilt ... den Markt zu beherrschen. Der Markt ist die
> öffentliche Meinung. Die Zeitungen sind die Sklaven der
> Banken. Und wer die Banken samt deren Sklaven beherrscht,
> der regiert den Staat. (II/531)

Das trifft weitgehend auf Brandeis zu. Im Gegensatz zu Brandeis kann Paul, der gesellschaftskonform denkt, seine Erkenntnis nicht in Erfolge umsetzen. Brandeis hingegen kann durch seine Mobilität und Bindungslosigkeit die moderne kapitalistische Gesellschaftssituation sowohl erkennen als auch für seine anarchistischen Ziele nutzen.

> Ihm schien, daß es sein Schicksal war, eine Welt, die aus
> Besitz und Beton bestand, als ein Schatten zu durchstreifen,

mit den Händen achtlos Banknoten zu zählen, ... und überhaupt alle Gegenstände, Waren und Menschen in Papier zu verwandeln. (II/613)

So erwirbt er auch seine Frau Lydia wie eine Ware. Für die Industriellen ist Brandeis deshalb ein "Inflationsgewinner" und ein "Raffke", dem man nicht trauen kann.

Was Roth an Brandeis interessiert, ist nicht, wie er die Geschäfte einer von Geld dominierten Gesellschaft tätigt, sondern wie er seinen asozialen Anarchismus zu verwirklichen versucht. Sein Mißfallen über die moderne Geschäftswelt, die der Gesellschaft ihre Werte und Ordnung diktiert, hatte Roth schon im 'Hotel Savoy' geäußert. Die Kritik an der Vermarktung der Gesellschaft, hier durch Brandeis, ist auch in 'Rechts und Links' zu finden, wie folgendes Zitat beweist:

> Nikolai Brandeis, den Organisator, ja den Schöpfer eines neuen Mittelstandes, den Erhalter des alten, Nikolai Brandeis, der den Organisationen der Mittelständler Rabatte verlieh, der an der Billigkeit der Waren reich wurde, der die Menschen kleidete und nährte, der ihnen Kredite gab und niedliche Häuschen an den Rändern der Städte, der ihnen die Blumentöpfe bescherte und die zwitschernden Kanarienvögel und die Freiheit, die Freiheit, die zwölf Stunden maß an Länge und Breite. (II/610)

Der anarchistische Aspekt von Brandeis' Geschäftsmacht und der modernen Geschäftsmacht überhaupt wird hier erkennbar, da diese das Leben anderer Menschen kontrolliert und bestimmt. Die absolute Freiheit, die Brandeis anstrebt, geht auf Kosten der Freiheit seiner Mitmenschen, die als Angestellte oder Kunden seine Geschäftsmacht stützen. Die teilweise freiwillige, aber auch teils notgedrungene Versklavung der Menschen durch den Kapitalismus, in dem wenige Mächtige die große Freiheit genießen, wird von Roth als kapitalistischer Anarchismus entlarvt. Was Roth hingegen viel mehr interessiert, ist die Frage, ob es Brandeis, dem Fremden aus dem Osten, dem "Piraten", der wirklich wie ein Freibeuter am äußersten Rande der Gesellschaft lebt, gelingt, seinen asozialen Anarchismus durchzusetzen. Die absolute Freiheit kann Brandeis aber trotz der Profite nicht erreichen, vielmehr droht er ein Gefangener seines eigenen Geschäftsimperiums und seiner anarchistischen Geschäftsmacht zu werden. "Heute noch bin ich der selbständige Verwalter der

Macht, die sich in meinem Haus angesammelt hat, aber morgen schon bin ich ihr Gefangener" (II/610). Die anonyme Macht der modernen Geschäftswelt erschreckt Brandeis und läßt ihn sich seiner eigenen Ohnmacht bewußt werden. Erste Zweifel an seiner Flucht nach vorn kommen auf:

> Einmal hatte er drei Stückchen Feld besessen, ein kleines, weiß und blau getünchtes Häuschen, ein paar Kühe ... Dies alles war verloren! Als hätte er seit jener Zeit nichts anderes gewonnen, lebte Nikolai Brandeis wie ein Enteigneter .... (II/613)

Das ist die typische Krise des modernen Menschen, der erfährt, daß die quantitative Steigerung des materiellen Besitztums die Beziehungslosigkeit zu diesem nur steigert. Wenn es von Brandeis' Angestellten ironisch heißt, "alle diese Menschen glaubten frei zu sein" (II/610), so muß auch ihr "Organisator" erkennen, daß er in den Sog der modernen kapitalistischen Massengesellschaft gerät. Für die Gesellschaft, die Brandeis selbst fördert, hat er aber nur Verachtung, und sein Interesse an Nitroglyzerin weist in die Richtung eines nihilistischen Anarchismus, wie ihn Lenz und sein Bruder in 'Das Spinnennetz' anstreben. Völlig isoliert und zurückgezogen lebend, meidet er jegliches gesellschaftliche Leben. "Er wollte keine Menschen sehn. Die Menschen waren wie Häuser und Waren" (II/615). Die Verachtung der Menschen überflügelt sogar seinen asozialen Anarchismus. Außerdem sieht er die aufwachsende Gefahr des Nationalsozialismus, der sich in der morschen Gesellschaft frei entfalten kann. Verdeutlicht wird das am defilierenden Theaterpublikum, welches Brandeis während einer Pause beobachtet.

> Brandeis erinnerte sich an jenen Sonntag, an dem er den politischen Umzug [der Nazis] auf dem Kurfürstendamm betrachtet hatte. Auch damals hatten sie die Mitte frei gelassen. Mit denselben Gesichtern umschritten sie die Pause im Theater. Die Windjacken lagen in der Garderobe. Verwandelt waren nur die Arme. (II/616)

Mit ironischer Schärfe sieht Brandeis diese Szene als "gesellschaftlich gehobenen Geschlechtsverkehr" (II/617). Für Brandeis, der versucht hatte, seinen auf das Individuum begrenzten Anarchismus durchzusetzen, ohne die Gesellschaft zu verändern, und dabei gescheitert ist, bleibt nur eine Möglichkeit: Die

Flucht nach vorn fortzusetzen. Aber spätestens hier erkennt
Roth, daß Brandeis' vorwärtsgerichteter Anarchismus, wie schon
der rückwärtsgerichtete Anarchismus Zwonimirs, eine Illusion
bleibt. Als Brandeis wiederum aufbricht, um eine Neugeburt
zu vollziehen, bleibt Roth zurück, denn er hatte nicht nur
das Phantom der anarchistischen Freiheit erkannt, sondern auch
den 'Mann ohne Maß' durchschaut, der dieser absoluten Freiheit
nachjagt. "Er [der Roman] hat dafür keinen Schluß, er hat ganz
demonstrativ keinen Schluß" (III/378). Wenn für Brandeis auch
ein neues Kapitel beginnt (II/639), für Roth war das Anar-
chismusthema beendet, denn er hatte erkannt, daß der Anarchismus keine Antwort auf die gesellschaftliche Situation war[111].

Auch Paul Bernheim bleibt zurück, als Lydia, Brandeis' Frau,
abreist. Sein Geständnis, "mein Vater wäre hingefahren"
(II/637), weist auf die dekadente Schwäche der Söhne, welche
entschlußunfähig sind und in der Gesellschaftskonformität
gefangen bleiben. Brandeis' Verachtung für Paul muß jedoch
auch als Kritik Roths an sich selbst gelesen werden.

> Sie waren ein Schwächling. Sie wären zum Beispiel nicht
> imstande gewesen ... alles zu verlassen, wie ich es jetzt
> mache ... Alles ist morsch und ergibt sich Ihnen. Aber ver-
> lassen, verlassen, darauf kommt es an. (II/637)

Für Roth war das Problem nicht so einfach zu lösen, da es keine Alternativen gab. Der Anarchismus hatte sich als nicht realisierbar erwiesen, Amerika und der Kapitalismus waren bereits
in 'Hotel Savoy' als 'Reich des Schatten' erkannt worden und
der Sozialismus, so wie ihn Roth in Rußland gesehen hatte,
war in einer Verbürgerlichung geendet. Die Möglichkeit einer
Revolution war 1929 längst verpaßt, so daß nur noch einer
Nebenfigur wie Doktor König "beim dritten Glas Wein eine Revolution" vorschwebt (II/545). Es ist daher Roths Schicksal,
in Europa zu bleiben und zu beobachten, wie die Gesellschaft
um ihn herum sich zusehends desintegriert und dem Nationalsozialismus anheimfällt. Zugleich steht er als Heimatloser, in
sozialer Hinsicht, der Entwicklung machtlos gegenüber. Roth
war ein Mensch auf verlorenem Posten.

Was die neue Zeit bringen würde, darüber hatte Roth keine
Zweifel. Nicht nur die primitiven Nationalsozialisten, wie

Theodor Bernheim, sondern auch die Handlanger der Nazis
aus der Industrie, wie die Enders, hatte Roth durchschaut.
Onkel Enders besitzt vor allem die Fähigkeit, sich der Zeit
anzupassen. Sein Opportunismus läßt jegliche Überzeugung
vermissen, die der Gesellschaft eine moralische Richtung weisen könnte. Während die Technokraten und Technologen für sein
Chemieimperium arbeiten, liest der Chef populärwissenschaftliche Zeitschriften und gibt sich "zwecklos fleißig" (II/585);
beides zeugt nicht von Qualifikationen einer Führungsperson
der Industrie. In politischer Hinsicht ändert Enders seine
Ansichten mit den politischen Ereignissen: Monarchist im
Kaiserreich; Annexionist im Krieg; demokratischer Konservativer in der Republik, der aber den Sozialismus nicht völlig
negiert. Mit größter Wahrscheinlichkeit wird er 1933 ein
Nationalsozialist werden, der immer noch seinen Antisemitismus mit dem Alibi entschuldigt, jüdische Freunde zu haben.
Was Enders auszeichnet, ist sein "Instinkt der Besitzversicherung" (II/587), das will sagen, er paßt sich bedingungslos
jeder Situation an, so lange dies seine Position und seinen
persönlichen Einfluß in der Gesellschaft sichert. Besonders
eklatant werden seine Vorurteile und Absichten, als seine
Nichte Irmgard Paul heiraten will. Mit sicherem Spürsinn
fühlt Enders, daß Paul nicht zur Oberschicht zählt, sondern
zu den von der Inflation verarmten Familien des Mittelstandes.
Wenn Paul zuvor noch fragte: "Ahnten sie [die "Giftgaserzeuger", die Industriellen] denn nicht, daß man mit ihnen
verglichen ein Bettler war? Nein! ... Man war nur unterwegs,
noch nicht angekommen" (II/545), so hatte er sich getäuscht.
Für Enders ist es klar, einen Bettler und Opportunisten vor
sich zu haben, denn für ihn teilt sich die Gesellschaft in
zwei Gruppen auf: die Industriellen oder Reichen und die
Armen, zu denen alle anderen zählen, auch der Mittelstand.
"Zum Mittelstand zählte er auch die Direktoren seiner Fabriken" (II/587). Trotz der längst fortgeschrittenen Pluralisierung der Gesellschaft gibt es für Enders nur die Polarisierung
in Oben und Unten oder Oberschicht und Volk. Die industrielle
Oberschicht, die Enders repräsentiert, ist als Führungsschicht
aber völlig ungeeignet, da sie nicht eine qualitative Gesell-

schaftsethik oder -moral, sondern eine quantitative Geldmacht
vertritt. Roths Romane zeigen einerseits, wie der Adel die
Führungsrolle verliert (Radetzkymarsch) und wie andererseits
weder die Bernheims noch die Enders diese Rolle übernehmen
können. Das Fehlen einer wirklichen Führungsschicht in der
Gesellschaft wurde dann von Hitler erkannt und ausgenutzt.

Die Heirat seiner Nichte sieht der Onkel als Geschäftsangelegenheit oder "Besitzversicherung". "Irmgard sollte einen
außerordentlich reichen Mann heiraten. Entweder einen Gutsbesitzer aus alter Familie oder einen jungen Industriellen"
(II/587). Die Aristokratie kam seit dem Ende der Monarchie
nicht mehr in Frage. Der Mittelstand und die Armen, was für
ihn ein und dasselbe darstellt, werden mit folgenden arroganten und hochmütigen Begründungen ausgeschlossen: "Ich habe
nichts gegen die Armen ... aber schließlich kann man sie nicht
in die Familie nehmen" (II/587). "Nur keinen Mittelständler
heiraten ... Man kommt aus dem Elend nicht mehr heraus"
(II/587). Es sei denn, man könnte ein armes Genie in die
philisterhafte Familie einreihen und somit Bildung, Geltung und
Geld vereinen. Dem Parvenü wäre dann sogar ein Lenin gesellschaftsfähig. Denn an Bildung fehlt es Enders vor allem.
Anstatt seinem "Gartenzwerggeschmack" zu folgen, kauft er
Bilder, die "seinen Sinnen widersprachen. Dann war er sicher,
ein modernes und wertvolles Kunstwerk gekauft zu haben"
(II/624). Irmgard, die als emanzipierte Frau zwischen Heirat
und Liebe unterscheidet, wird von ihrem Onkel völlig mißverstanden, weil für ihn Emotionen und Ehe nur aus geldlichen
Gründen getrennt werden müssen. Ihre stille Erwiderung,
"Geldsack" (II/588), ist mehr als zutreffend für ihren Onkel
und den "neuen Industrieadel", der nur in finanziellen Dimensionen denken kann und für den die Gesellschaft in zwei Gruppen geteilt ist: Industrielle und "Proletarier". Andererseits
differenzieren sie nur noch zwischen dem entmachteten Adel,
den durch die Inflation verarmten Familien und den Neureichen.
Die Letzteren waren für sie "Raffkes", denn "nach der Art
aller Menschen, deren Großväter schon 'neue Reiche' gewesen
waren, schätzten sie alle gering, die erst heute reich wurden" (II/589). Der soziale Hochmut der Industriellen gegenüber

dem Volk scheint auch in der Republik unüberbrückbar zu sein.

Um in diese neue Oberschicht aus "D"[üsseldorf] aufzusteigen, benötigt Paul eine "gesellschaftliche Stellung" (II/594). Indem Brandeis einwilligt, ihn als Direktor einzustellen, wird hier die Abhängigkeit des Individuums von der modernen Geschäftsmacht nur zu deutlich. Hierdurch werden bei Paul die alten Minderwertigkeitsgefühle erneut geweckt, denn er fühlt seine Ohnmacht gegenüber der Umwelt. Er leidet unter der gleichen Schwäche und Erniedrigung, die er damals fühlte, als er dem Kosaken Nikita unterlag: "daß er [Nikita] verschiedene Gestalten annahm, daß er identisch mit Tekely war, identisch mit Brandeis selbst und vielleich auch mit Herrn Enders" (II/597). Die Machtkämpfe in der Gesellschaft unterscheiden sich im Grunde nicht von denen einer Kriegssituation, in welcher der Schwächere immer dem Stärkeren unterliegt, nur wird in Friedenszeiten die Waffenmacht durch die Geldmacht ersetzt. Paul sieht sein Leben als eine aus Abhängigkeit resultierende ewige Erniedrigung, aus der er sich nur mit dem Tod befreien kann. Um in den Tod zu gehen, fehlt es ihm jedoch an Mut, an persönlicher Freiheit. Während er noch überlegt, Brandeis' Stellungsangebot abzulehnen, erstarkt in ihm der gesellschaftskonforme Hochmut wieder. "Gleichgültig wie sonst ging Paul an den Bettlern und Verzweifelten vorüber" (II/595). Typisch für das mittelständige Bürgertum ist, daß es Paul nicht gelingt, aus seinen Niederlagen die richtigen Konsequenzen zu ziehen. Folglich bleibt er, so wie das Bürgertum, ein Opfer der eigenen Minderwertigkeitsgefühle. Die Ehe mit Irmgard wird dann nicht der erhoffte Aufstieg zur Macht, sondern eine weitere Niederlage. "Wo fühlte er sich denn wohl? Im Geschäft bedrohte ihn Brandeis und zu Hause Enders" (II/626).

Die Gäste in Pauls Haus sind Repräsentanten der deutschen Gesellschaft der Zeit; während man sich europäisch denkend stellt, hat die reaktionäre deutschnationale Gesinnung bereits überhandgenommen. Der "neue Typus eines 'jungen Deutschen'" (II/630), wie ihn Theodor vertritt, ist längst gesellschaftsfähig. Die Industriellen fabrizieren Giftgas für den nächsten Krieg und konsumieren zu Hause Keyserlings Romane über den sterbenden weltfremden Adel. Pauls Flucht aus diesem repräsentativen Mikrokosmos der Gesellschaft scheitert an seiner eigenen Schwäche. Noch zeitig vor der Katastrophe abzuspringen, wie etwa Brandeis, kann Paul nicht. "Mein Vater wäre hingefahren, mein Vater wäre hingefahren" (II/637). Die stilistische Formulierung der echoartigen Wiederholung deutet ein letztes verinnerlichtes, aber verhallendes Bewußtsein der eigenen Dekadenz an.

Was zurückbleibt, ist die Verzweiflung der Aussichtslosigkeit, die Brandeis und Roth teilen.

> Alle Bürger der ganzen Welt sehen einander ähnlich. Die Söhne sehen ihren Vätern ähnlich. Und wer zu dieser Erkenntnis gelangt ist, könnte verzweifeln an der Aussichtslosigkeit, jemals irgendeine Veränderung zu erleben. Ja, so sehr sich die Moden ändern, die Staatsformen, der Stil und der Geschmack, so deutlich sind die alten, ewigen Gesetze in allen Formen zu erkennen, die Gesetze, nach denen die Reichen Häuser bauen und die Armen Hütten .... (II/623)

Durchgreifende Veränderungen der Gesellschaft erscheinen Roth folglich nicht möglich zu sein, da die Kontinuität der gegebenen Mißstände stärker ist als die Impulse zur sozialen Veränderung. Die bevorstehende Geburt eines kleinen Enders betont diese Ausweglosigkeit.

Obwohl der Roman 'Rechts und Links' auf den ersten Blick unübersehbare Schwächen aufweist und unfraglich nicht zu den besten Werken Roths zählt, so ist gerade dieses Werk eins der interessantesten hinsichtlich Roths schriftstellerischer Entwicklung. Es erstaunt nicht, daß 'Hiob', ein ganz andersartiger Roman, folgte, der bis heute kaum in das Gesamtwerk einzuordnen ist. Was war in 'Rechts und Links' geschehen? Aus der Verlegenheit, die Nachkriegsgeneration schriftstellerisch nicht erfassen zu können, schrieb Roth beinah eine schwache Wiederholung von 'Zipper und sein Vater'. Der Versuch scheiterte, die Generationsthematik in die Gegenwart und Zukunft auszuweiten. Was Roth trotzdem glückte, war die Wiederaufnahme und Klärung der Anarchistenthematik, die er jetzt konsequent weiterführte und dann aufgibt. Hatte sich der rousseauistische Anarchismus eines Zwonimir als Illusion erwiesen, so erkennt Roth jetzt, daß Brandeis' individualistischer

Anarchismus der Flucht nach vorn genauso ein Phantom ist.
Roth nimmt somit Abschied von der Hoffnung, die Gesellschaft
durchgreifend zu verändern. Die Desillusion über 10 Jahre europäischer Nachkriegsentwicklung, die kaum Veränderungen gebracht hatte, wird hier erkenntlich. Sogar die Russische Revolution hatte wieder in der Verbürgerlichung geendet. Die
Ursache hierfür sah Roth in den sozialen Kräften der Kontinuität in der Gesellschaft, die viel stärker waren als die
der Veränderung. Insofern erscheint es auch irrelevant, daß
Roth die Generationsthematik nicht in die damalige Gegenwart
ausdehnen konnte, denn für Brandeis und die Gesellschaft bedeutet der Anfang eines neuen Kapitels nur eine Weiterführung
des vorigen. Für Roth aber ist das die Aussichtslosigkeit
seiner Existenz als Künstler in einer Gesellschaft, die zusehends in die Katastrophe abglitt. Wenn Brandeis noch nicht
weiß, "wohin er gehen würde. Überall schien ihm die Erde
gleich zu sein" (II/638), so gilt das auch für Roth.

5. Europa, Rußland, Amerika. Gegenwart, Vergangenheit und Zukunft als dialektisch verschränkte Negativa.

a. 'Flucht ohne Ende' und 'Der stumme Prophet'.

Für einen sozialkritischen Schriftsteller wie Roth, der außerdem links gesinnt war, blieb es unumgänglich, die Russische Revolution und ihre Auswirkungen mit Interesse zu verfolgen. Schon in seinen drei Frühromanen erscheint der Kommunismus im Hintergrund als Macht, die die bürgerliche Gesellschaft gefährdet. Erst als Roth 1926 eine Rußlandreise für die Frankfurter Zeitung unternimmt und selbst sieht, welche Erfolge und Mißerfolge neun Jahre kommunistische Gesellschaftspolitik gebracht haben, rückt er dieses Thema in den Vordergrund. Seine Beobachtungen und Eindrücke werden unmittelbar in Form von Zeitungsartikeln und einem Vortrag[112) festgehalten und ergeben später den Stoff für zwei Romane: 'Flucht ohne Ende' und 'Der stumme Prophet'. In beiden Romanen stellt Roth das revolutionäre Rußland der westeuropäischen Gesellschaft gegenüber, um so unerbittliche Gesellschaftskritik an beiden zu üben.

Seitens der 'Frankfurter Zeitung' bestanden zuerst Bedenken, Roth nach Rußland zur Berichterstattung zu schicken, da ja seine linke Gesinnung und Kritik an der bürgerlichen Welt bekannt waren. Um diesen Zweifeln entgegenzutreten, schreibt Roth einen Brief, in dem er seine Ausgangsposition gegenüber dem neuen Rußland klar definiert.

> Aus meiner sogenannten: 'negativen Einstellung' bitte ich Sie, n i c h t den Schluß zu ziehen, daß mir daran gelegen wäre, die Mangelhaftigkeit der einen Weltordnung durch die einer anderen zu ersetzen. Ich glaube nicht an die Vollkommenheit der bürgerlichen Demokratie, aber ich zweifle noch weniger an der tendenziösen Enge der proletarischen Diktatur. Ich glaube - im Gegenteil - an die furchtbare Existenz einer Art von 'Spieß-Proleten', ... einer Spezies, die mir die Freiheit, die ich meine, noch weniger gestattet, als ihre bürgerliche Verwandtschaft. 113)

Also schon vor Antritt der Reise äußerte Roth kritische Zurückhaltung und war offensichtlich bemüht, möglichst objektiv über das kommunistische Rußland zu berichten.

> Da ich über Tatsächliches berichte, also mehr tägliches
> Leben darstelle, als eine Meinung ausdrücke, wäre auch die
> Gefahr, daß ich objektive Berichte nicht aus Rußland schikken könnte, nicht groß. 114)

Roth hat diese um Objektivität bemühte Beobachterposition nicht nur in seinen Reiseberichten, sondern auch in den zwei Romanen aufrechterhalten und unter Beweis gestellt.

Bereits während der Reise wurde sich Roth bewußt, welche Bedeutung der Rußlandaufenthalt für ihn als Romanschreiber haben würde.

> In Rußland entsteht ohne Zweifel eine neue Welt - mit aller Kritik betrachtet. Man kann nicht leben, ohne hier gewesen zu sein, es ist, wie wenn Sie im Krieg zu Hause geblieben wären. 115)

Ähnlich wie Kaiser Franz Josephs Begräbnis für Roth zum historischen Tag wurde, an dem die alte Gesellschaftsordnung von Österreich-Ungarn unterging, so sieht er jetzt Rußland als den Geburtsort der neuen Gesellschaft. Doch die Ernüchterung über die neue Gesellschaftsordnung setzt schnell ein. "Es ist ein Glück, daß ich nach Rußland gefahren bin. Ich hätte mich niemals kennengelernt"[116]. Hatte der links gesinnte Roth noch in früheren Jahren Rußland idealisiert, so muß er jetzt die Realität erkennen. Dabei handelt es sich nicht um ideologische oder politische Differenzen - Roth war sowieso nie an kommunistischer oder sozialistischer Parteiideologie interessiert -, vielmehr ist das Problem "ein kulturelles, ein geistiges, ein religiöses, ein metaphysisches"[117]. Anstatt des erwarteten Enthusiasmus bewirkt die neue kommunistische Gesellschaft eine überraschende Reaktion; sie ruft in ihm den Europäer hervor; er fühlt sich als "ein Katholik, ein Humanist und ein Renaissancemensch"[118]. Was hatte dazu geführt, daß ausgerechnet Roth, der Kritiker der bürgerlichen europäischen Gesellschaft, bekennt, kulturell und geistig Europäer zu sein? Der Grund dieser rapide einsetzenden Umorientierung ist in der ausgebliebenen sozialen Revolution zu suchen. Bereits an der russischen Grenze - "sie will eine Grenze sein zwischen Welt und Welt"[119] - trifft Roth den proletarischen Zollbeamten, der wie so viele die "Schreibtisch-Bürgerlichkeit" repräsentiert,

> die im heutigen Rußland das öffentliche Leben bestimmt,
> die innere Politik, die Kulturpolitik, die Zeitungen, die
> Kunst, die Literatur und einen großen Teil der Wissenschaft.
> Alles ist beamtet. 120)

Die Russische Revolution war, so Roth, in der Verbürgerlichung geendet; die neuen Ansätze einer geistigen und sozialen Umorientierung waren in der ewig alten, phrasenhaften Mittelmäßigkeit verebbt. Aus dem Naturvolk der Russen hatte die Revolution nach Roth Kleinbürger gemacht. "Der Marxismus erscheint in Rußland eben auch nur als Teil der bürgerlich-europäischen Zivilisation"121). Mit der Verbürgerlichung sah Roth einen oberflächlichen Rationalismus verbunden, der Gefühle und Gott negierte und eine Antikultur förderte. Hierin lag auch der Grund, daß sich Roth plötzlich so betont als kulturbewußter Europäer fühlte. Er beobachtet, wie sich die geistige Revolution auf den technischen Fortschritt beschränkt, während andere Kulturleistungen ausblieben. Für Roth bedeutete das die Zerstörung einer letzten Hoffnung.

> Wenn bei uns eine alte und, wie man sagt: müde Kultur
> durch Girls, Faschismus, falsche Romantik pathologisch banal
> wird, so wird hier eine eben erst geweckte, brutale kräftige Welt gesund banal. Unserer dekadenten Banalität steht
> gegenüber die neurussische, frische, rotbackige Banalität. 122)

Daß diese "rotbackige Banalität" obendrein bereits Anzeichen der Amerikanisierung, der "geistigen Leere", zeigte, war für Roth um so erschreckender. Konkret betrachtet, bedeutet die Situation eine Steigerung der sozialen Heimatlosigkeit Roths, ein Schicksal, unter dem viele seiner Romanfiguren leiden. Der damit verbundene aussichtslose Pessimismus fand seinen Niederschlag erst in der künstlerischen Aussage der Romane, die den Zeitungsartikeln folgten. Obwohl Roth einige der in der schwierigen Situation erreichten Revolutionserfolge positiv würdigt, bleibt seine allgemeine Enttäuschung und Ernüchterung.

Schon in Rußland weiß Roth, daß seine Reiseerlebnisse zu gravierend sind, um nicht sein schriftstellerisches Schaffen zu beeinflussen.

Endlich habe ich auch das Buch-Thema gefunden, das ich
allein schreiben kann und vielleicht noch in Rußland schreiben werde. Es wird der Roman sein, auf den ich so lange
gewartet habe und auf den, hoffe ich, noch ein paar Menschen im Westen warten. 123)

Damit meinte Roth 'Flucht ohne Ende', die 1927 publiziert wurde. Die Intention, einen Roman über die neue russische Gesellschaft zu schreiben, hatte Roth also schon seit längerer Zeit;
höchstwahrscheinlich fehlte es ihm aber zuvor am konkreten
Wissen. Der zweite Roman 'Der stumme Prophet', den er später
über die Russische Revolution schrieb, blieb unveröffentlich-
tes Fragment. Der dennoch 1966 aus mehreren Manuskripten
edierte Roman - auch als Trotzki-Roman bekannt - muß daher
mit Vorsicht interpretiert werden. Nur in bezug auf den Parallel-Roman 'Flucht ohne Ende' und Roths Gesamtwerk ergeben
sich zureichende Interpretationsmöglichkeiten.

'Flucht ohne Ende'.

Ein Thema, welches die Gesellschaftsordnungen des alten
Europas und des neuen Rußlands kritisch erfassen sollte,
verlangte eine größtmögliche Objektivität. Um diese zu erreichen, hatte sich Roth der Romantheorie der Neuen Sachlichkeit genähert: 'Ein Bericht' lautet der Untertitel. Im
Vorwort schreibt Roth: "Es handelt sich nicht mehr darum, zu
'dichten'. Das wichtigste ist das Beobachtete. -" (II/377).
Freilich verstand Roth, der nie eine Romantheorie strikt an-
wendete oder einer literarischen Schule oder Gruppe angehörte,
etwas anderes unter "das Beobachtete berichten" als die Neue
Sachlichkeit[124]. Ein literarischer Bericht war für Roth kein
Zeitungsbericht, den er als primitive Zeugenaussage klassifiziert hätte, sondern ein künstlerischer Bericht[125]. Über
seine "objektiven Berichte" schrieb Roth kurz vor seiner Rußlandreise: "Meine Kritik lag auch in den Aufsätzen über die
Länder, in denen keine Zensur herrscht, mehr zwischen, als in
den Zeilen meiner Aufsätze"[126]. Wenn auch 'Flucht ohne Ende'
im Vergleich zu Roths anderen Werken, für den Interpreten das
zugänglichste ist, so muß hier immer noch "zwischen den Zeilen

gelesen" werden. Das Streben nach maximaler Objektivität und äußerstem Realismus wird ferner in der Erzählsituation erkenntlich. Die auktoriale Erzählsituation wird durchbrochen, indem ein Brief Tundas und Seiten seines Tagebuches in die Erzählung eingefügt sind. Der Erzähler, der mit dem Dichternamen Joseph Roth zeichnet und auch weitgehend mit diesem identisch ist, nennt seinen Freund Tunda zwar einen "Gesinnungsgenossen" (II/377), doch eine vollkommene Kongruenz besteht nicht. Vor allem im 12. Kapitel kritisiert Roth seinen Protagonisten als "unzuverlässigen Charakter" (II/417). Hiermit distanziert sich der Erzähler deutlich vom Erzählten. Die Objektivität wird jedoch am meisten durch die Person Franz Tundas unterstützt. Tunda, ein österreichischer Oberleutnant, befindet sich auf dem Heimweg von Sibirien in eine Welt, "in der er nicht mehr heimisch war" (II/467). Wie alle Heimkehrer in Roths Werken versucht Tunda, in die Gesellschaft zurückzukehren und scheitert. Aus Zufall gerät er in die Russische Revolution, die er eigentlich meiden wollte, und bleibt aus Liebe zu einer Revolutionärin. Langsam wird aus dem Bürger Tunda ein "Genosse" mit eigener Überzeugung, doch setzt bald darauf die Kritik ein. Tunda distanziert sich von einer in die falsche Bahn geratenen, stagnierenden Revolution. Trotzdem hinterlassen diese Erlebnisse deutliche Spuren. Bei der Rückkehr in das alte und dennoch stark veränderte bürgerliche Europa, welches die ewig verlorene Heimat darstellt, wird Tunda ihr unerbittlicher Gesellschaftskritiker. Ihm, der einst in beiden Welten, der alten und neuen, zu Hause war, fehlt es als kritischem Beobachter beider Gesellschaften weder an objektiver Distanz noch an intimer Kenntnis. Die positiven und negativen Erfahrungen beider Gesellschaften bewirken eine dialektische Sozialkritik, an der Tunda letztlich existentiell zugrunde geht.

Als Tunda im Frühjahr 1919 sein Refugium am Rande der Taiga, wohin er aus der Kriegsgefangenschaft floh, verläßt und sich auf den Heimweg macht, ist er bereits sozial entwurzelt. Die Monarchie Österreich-Ungarn, der er als Oberleutnant gedient hatte, besteht nicht mehr. Abgesehen von seinem Bruder, mit dem er sich nie verstanden hatte, existieren keine familiären Bindungen. Der Grund, warum Tunda überhaupt nach Wien aufbricht und die sibirischen Wälder verläßt, ist seine Kriegsbraut Irene. Mit dieser Braut ist mehr gemeint als die konkrete Person; Irene ist die Metapher für Tundas früheres Leben, für die alte Zivilisation und Gesellschaftsordnung Europas. Die geordnete Welt von 1914, in der ein Oberleutnant Tunda, ohne soziale Grenzen zu verletzen, eine schöne, kluge und reiche Fabrikantentochter ehelichen konnte, bestand nicht mehr. Obwohl Tunda dieses ahnt, fehlt ihm doch das Wissen des Erzählers. Der schreibt: "Jetzt aber war Franz Tunda ein junger Mann ohne Namen, ohne Bedeutung, ohne Rang, ohne Titel, ohne Geld und ohne Beruf, heimatlos und rechtlos" (II/382). Tunda hingegen hegt die Hoffnung, "Wieder ein begehrenswerter Mann" (II/382) zu werden. Die stilistische bewußte Wiederholung des Wortes "ohne" durch den Erzähler läßt das höchst unwahrscheinlich vorkommen. Wie sein altes, aber noch nicht ganz abgelegtes Ich trägt Tunda, im Rock eingenäht, seine alten Papiere und Irenes Bild weiter mit sich. Er hatte die alte Welt zu jung verlassen müssen und mit dem Krieg vertauscht, war aber dennoch alt genug gewesen, um sich mit ihr zu identifizieren[127]. Tunda kann ohne die europäische Gesellschaft nicht mehr leben; darum bleibt er nicht bei Baranowicz in den Wäldern, denn er kann nicht wie sein Gastgeber, praktisch isoliert, in der Natur als Außenseiter existieren. Von Anfang an gilt, was der Erzähler später über Tunda kritisierend sagt: "Im Grund war er ein Europäer, ein 'Individualist', wie gebildete Menschen sagen. Er brauchte, um sich auszuleben, komplizierte Verhältnisse" (II/417). Wie Gabriel Dan kann sich auch Tunda nicht von der bürgerlichen Gesellschaft, in der er aufwuchs, völlig befreien; sogar am Ende geht er lieber in Paris unter als der Einladung Baranowicz' zu folgen.

Obwohl Tunda sein früheres Leben (Irene) als Ziel seines Heimweges wählt, weiß er mit einer gewissen Wehmut, daß dieses eine verlorene Welt ist. Wie sehr sich inzwischen die Gesellschaft in der Heimat verändert hat, kann an Irenes Lebensweg konstatiert werden. Die väterliche Fabrik mußte gleich nach Kriegsende verkauft werden, da des Vaters altmodische Geschäftspolitik nicht mehr wettbewerbsfähig in der brutalen Nachkriegswirtschaft war; die Werte der Qualität sind durch jene der Quantität ersetzt worden. Die veränderte wirtschaftliche Familiensituation und der Tod des Vaters befördern Irenes bereits im Krieg einsetzenden Emanzipationsprozeß, der den der Generation der großbürgerlichen Mädchen repräsentiert. Vor dem Krieg wuchsen sie auf in den geschlossenen bürgerlichen Schulen, "den Brutstätten der Illusionen, der Ideale, der Verliebtheiten" (II/386). Mit dem Krieg setzte eine soziale und moralische Befreiung der Frau im allgemeinen ein. "Die Mädchen aller Stände lernten auf Kosten der Jamben Krankenpflege, aktuelles Heroentum, Kriegsberichte" (II/386). Auch Irene, wie Erna Wilder in 'Zipper und sein Vater', nutzt die Kriegssituation, um sich zu befreien. Die Verlobung und Trauung mit Tunda war für sie hauptsächlich der Beweis, "de facto großjährig" (II/385) zu sein und selbständig zu handeln; dagegen war es für Tunda die Besiegelung seiner bürgerlichen Sozialerwartungen. Tunda und Trotta in der 'Kapuzinergruft' heiraten, um ihre gesellschaftskonforme Bürgerexistenz zu vollziehen, bevor ihnen der eventuelle Fronttod droht. Aus Todesangst treten sie die Flucht nach vorne in die bürgerliche Ehe an. Die unterschiedlichen Heiratsmotive verdeutlichen, wie schon 1914 die Zeit "aus den Fugen" (II/386) geraten war. Die verarmte Fabrikantentochter Irene, die sich später ihr Brot als Büroangestellte verdient, repräsentiert nur die Endstation eines sozialen Wandels. Irenes zweite Ehe mit einem Fabrikanten weist darauf hin, daß die durch den Krieg bedingte Emanzipation teilweise wieder aufgegeben wird; die bürgerliche Restauration setzte bald nach 1918 ein.

Der Versuch Tundas, die internen politischen Auseinandersetzungen in Rußland zu umgehen, glückt nicht. Er wird in eine Revolution hineingezogen, von der er kaum eine Vorstellung hat. Als Bürgerlichem war ihm jegliche Revolution unsympathisch; denn seine stereotypen Vorurteile assoziieren mit diesem Ereignis: Barrikaden, Volk, Anarchie und Guillotine. Daß es dabei um politische und soziale Auseinandersetzungen geht, ist dem apolitischen Bürgerlichen nicht erkennbar. Der Sozialismus stellte die Normen der bürgerlichen Gesellschaft in Frage und war daher unannehmbar und indiskutabel. Tunda erinnert sich noch an den Kadettenschüler Mohr, der pornographische Ansichtskarten zeigte und dazu sozialistische Lieder sang; zu den "Schweinereien" gehörte auch die Internationale (II/383). Noch unkonkretere Vorstellungen hat Tunda vom Volk:

> 'Pöbel' war ungefähr das Volk, das sich am Gründonnerstag bei der Parade hinter dem Kordon der Landwehr staute. Von diesen Menschen sah man nur verschwitzte Gesichter und zerbeulte Hüte. (II/383)

Weiter reichte beim k. u. k. Offizierskorps das Bewußtsein und die Kenntnis von der größten Bevölkerungsgruppe also nicht. Dem bürgerlichen Tunda fehlen eigentlich alle Voraussetzungen, ein sozialistischer Revolutionär zu werden. Des Erzählers Kommentar: "Es ist gleichgültig, ob jemand durch Lektüre, Nachdenken, Erleben Revolutionär wird oder durch Liebe" (II/391), fordert den Leser gerade zu einer konträren Meinung heraus. Erst der Zufall und die Liebe zur Revolutionärin Natascha motivieren Tunda, seinen Heimweg in das Bürgertum abzubrechen und seine Antipathie gegen die Revolution nicht mehr zu beachten.

Doch die Bürgerlichkeit läßt sich nicht einfach mit einer Revolution abschaffen; beide, sowohl Natascha als auch Tunda, verdeutlichen, wie schwer fest eingefahrene soziale Verhaltensweisen abgebaut werden können. Obwohl Natascha alle Anstrengungen macht, äußerlich die emanzipierte Rotgardistin zu sein, indem sie die Weiblichkeit als "Rückfall in die bourgeoise Weltanschauung" (II/388) ablehnt und die "Liebe fast zu einer revolutionären Pflicht" (II/389) in einem genauen Zeitplan reduziert, bleibt ihre Liebe zu Tunda letztlich bürgerlich. Der Grund, warum sie sich überhaupt in Tunda verliebte, war kein anderer als seine Bürgerlichkeit. Die Geschlechtsmoral konnte nicht ausschließlich auf soziale Normen und Ideologien, welche sich nach einer Übergangszeit verändern ließen, reduziert werden. Die sozialistische Revolution in Rußland negierte einfach menschliche Gefühle, indem sie die Menschen zum "sexuell funktionierenden Säugetier" degradierte[128]. Schon in der 'Reise in Rußland' schrieb Roth über den russischen Materialismus: "Auch wenn er [der Mensch] ein absoluter Leugner der 'Seele' ist, - in e i n e m Punkt macht sie [die Seele]

sich eines Tages bemerkbar: in der Liebe. -"[129]). Wie weit die
forcierte Trennung von Körper und Seele fortgeschritten ist,
zeigt Tundas Abschied von Natascha. "Sie sah im Spiegel eine
fremde Frau weinen" (II/400). Ein rationales Verhältnis der
Geschlechter, wie es die Revolution anstrebt, kann keine
Basis für eine Ehegemeinschaft sein. Roth deckt hier eine
der schwerwiegendsten Schwächen der neuen russischen Gesellschaftsordnung auf: die Formierung der Primärgruppe, der Ehegemeinschaft, in der Gesellschaft glückt nicht. Und genau hier
setzt Roths dialektische Gesellschaftskritik ein, denn in der
bürgerlichen Gesellschaft liegt die Problematik ähnlich, wenn
auch die Ausgangslage eine andere ist. Natascha verhöhnt die
Diskrepanz zwischen Anspruch und Inhalt der bürgerlich konven-
tionellen Liebe.

> Ich verachte deine Liebe. Was ist das? Du [Tunda] kannst
> es nicht einmal erklären. Du hast ein Wort gehört, in euren
> verlogenen Büchern und Gedichten gelesen, in euren Familien-
> zeitschriften! Liebe! Ihr habt das wunderbar eingeteilt: Da
> habt ihr das Wohnhaus, dort die Fabrik oder den Delikates-
> senladen, drüben die Kaserne, daneben das Bordell und in der
> Mitte die Gartenlaube. Ihr tut so, als wäre sie das Wich-
> tigste in eurer Welt, in ihr schichtet ihr alles auf, was
> Edles, Erhabenes, Süßes in euch ist, und ringsum ist Platz
> für eure Gemeinheit. (II/390)

Während der sozialistische Materialismus die Liebe und somit
den Menschen entseelt, verdeckt die bürgerliche Liebe menschliche Brutalität. Die Trennung von Körper und Seele ist in beiden Gesellschaftsordnungen letztlich die gleiche. Als Tunda
am Ende Irene doch noch in Paris trifft, gibt es keine Tränen,
nicht einmal ein Wiedersehen: "Eine Wand stand in der Tiefe
ihres Auges, eine Wand zwischen Netzhaut und Seele ..."
(II/478 . Menschliche Beziehungen sind in beiden Gesellschaften
nicht mehr möglich.

Im Gegensatz zu Natascha, die ihre untergründige Bürgerlichkeit
einfach leugnet, gelingt es Tunda langsam, ein wirklicher Revolutionär zu werden, obwohl seine Lehrerin zu ihm sagt:
"Aus dir kann ein Revolutionär werden, aber ein Bürger bleibst
du immer" (II/390). Tunda gewöhnt sich daran, mit dem Proletariat die Internationale zu singen und Genosse genannt zu werden.
Aus Liebe zu Natascha "entschwand ihm seine Braut, mit ihr

sein ganzes früheres Leben" (II/389). Was aus Liebe anfing, wird plötzlich zur Lebensaufgabe. Die Erschießung von sechs Menschen befahl Tunda im Namen der Revolution und nicht aus Liebe zu Natascha. Die Metamorphose des Bürgers und Offiziers Tunda, der einst das "tödlichste Werkzeug der herrschenden Klasse" war (II/390), in einen slawischen Revolutionär Baranowicz erscheint vollendet. Gleichzeitig verfällt Tunda der klischee- und phrasenhaften Sprache der Revolution. Doch kaum ist der Rotarmist völlig in die Revolution integriert, setzt seine Kritik von innen her ein. Der Wechsel des Standortes, vom Bürger zum überzeugten Revolutionär, hat die Perspektive der Gesellschaftkritik vom Außenstehenden zum Eingeweihten verlagert. Die Gedanken, die sich der "naive" Tunda über die historischen Ereignisse macht, sind nämlich keineswegs einfältig. Eine Revolution, die Menschen auffordert, sich für revolutionäre Zwecke und Ziele zu opfern, wird zur unmenschlichen Absurdität.

> Seit den ersten Anfängen der Geschichte opferten die Menschen. Zuerst Kinder und Rinder für den Sieg, dann opferten sie die Tochter, um den Ruin des Vaters zu verhindern, den Sohn, um seiner Mutter ein angenehmes Alter zu bereiten, die Frommen opferten Kerzen für das Seelenheil der Toten, die Soldaten opferten ihr Leben für den Kaiser. Sollen wir nun auch für die Revolution opfern? (II/392)

Roths Antwort auf die Menschen fressende Revolution ist ein Humanismus in seiner einfachsten Form. "Wir sind keine Opfer, und wir bringen keine Opfer für die Revolution. Wie sind selbst die Revolution" (II/395). Mit "bürgerlicher Ideologie" oder Philosophie, für die es Natascha hält, hat das wirklich nichts mehr zu tun. Das ist eine auf den einfachsten Nenner reduzierte Gesellschaftskritik sowohl nach rechts als auch nach links und somit wahrlich naiv. Es ist die Weigerung des Menschen, sich für Ideologien auf den Opferstein der Geschichte zu legen. Eine humane Gesellschaft kann nicht auf Menschenopfern aufbauen; Tunda hatte selbst gegen diese Überzeugung gehandelt. Sowohl Roths als auch Tundas Liebe zur Revolution (Natascha) erlischt an diesem Punkt.

Da die Revolution gerade zu diesem Zeitpunkt in die Phase der Konsolidierung übergeht, in der der "rote Tod" von der aufkom-

menden bürokratischen Ordnung ersetzt wird, verläßt Tunda
Moskau. Sein Beamtenleben in Baku erscheint als Flucht vor
der Revolution, die zuerst ein grenzenloses alles konsumierendes Feuer ist, dann aber, mit nachlassender Dynamik, in das
Stadium der Bürokratisierung mit restaurativen Tendenzen führt.
Seine Ehe mit Alja, dem Naturwesen und der "Vertreterin einer
unbekannten Macht" (II/400), signalisiert den Aufbruch zur
Flucht ohne Ende, - zuerst vor der trostlosen Realität des
neuen Rußlands. Mit der Flucht geht jetzt bereits eine Lebensresignation einher, welche am Romanende, zur existentiellen
Katastrophe gesteigert, den Höhepunkt erreicht. Die Existenz
des zufriedenen Beamten Franz Baranowicz, alias Tunda, im
"Abseits" der russischen Gesellschaft wird jedoch durch die
Ankunft der europäisch bürgerlichen Gesellschaft gesprengt.
"Als mich die Dame ansah, fiel mir Irene ein, an die ich lange
nicht gedacht hatte" (II/405). Intensiviert wird die Darstellung
durch den vorübergehenden stilistischen Wechsel vom Er-Roman
zum Ich-Roman in Tagebuchform, der die Erzählperspektive völlig auf Tunda einengt. Tundas zum Traum abgeklungene bürgerliche Vergangenheit steht als unumgängliche Realität erneut
vor ihm. Er kann den dialektischen Einflüssen der neuen und
alten Gesellschaft nicht entfliehen, sie sind sein Schicksal.

Was sich in Tundas Schicksal dialektisch verbindet, sind eigentlich zwei Welten, die sich in ressentimentgeladener Unkenntnis gegenüberstehen. "Bei uns [im Westen] stellt man
sich ein russisches Chaos vor. Wir sind überrascht von der
Ordnung, allerdings auch von der Teuerung" (II/405). Während Tunda später bei seiner Ankunft in Wien schreibt:

> Als wir in Rußland für die Revolution kämpften, dachten
> wir gegen die Welt zu kämpfen; und als wir siegten, war der
> Sieg über die ganze Welt nahe. Noch jetzt weiß man drüben
> [in Rußland] gar nichts von der Standhaftigkeit dieser Welt
> [der bürgerlichen]. (II/416)

Die Festigkeit der bürgerlichen Gesellschaft zeichnet sich in
der Borniertheit und dem äußerlichen Luxus ab, welche die
französische Reisegesellschaft verkörpert. Obwohl Tunda der
bürgerlichen Überheblichkeit kritisch gegenübersteht, verfällt
er der Sehnsucht nach bourgeoiser Luxuszivilisation. Roth
schrieb in seinem Bericht 'Reise in Rußland':

> - mitten in der Bewunderung der russischen Welt ergreift
> mich ein Heimweh nach unserer Verwerflichkeit, eine Sehn-
> sucht nach dem Aroma der Zivilisation, ein süßer Schmerz
> um unsere wissenschaftlich schon ausgemachte Dekadenz,
> ein kindischer, dummer, aber inbrünstiger Wunsch, noch
> einmal eine Modeschau bei Moulineux zu sehen, ... eine
> Nummer vom 'Sourire' und den ganzen Untergang des Abend-
> landes: wahrscheinlich ist das ein bourgeoiser Atavis-
> mus. 130)

Hier liegt die Tragik in Tundas und Roths sozialem Schicksal: einerseits kritisches Außenseitertum, andererseits aber
ein bewußtes Verfallensein an die bürgerliche Gesellschaft.
Als Kinder des Bürgertums können sie sich trotz aller Kritik
nicht von der Sehnsucht nach diesem befreien. Im Zug nach
Wien vermutet Tunda, "daß er nicht freiwillig fahre" (II/412).

Aber warum hat Tunda, der jetzt als Bürgerschreck in Gestalt
eines Bolschewiken in Wien herumläuft, überhaupt Rußland verlassen? Seine eigene Darstellung in einem Brief an den Erzähler nennt einen einzigen Grund: die von ihm verlangte und
zurückgewiesene Aufopferung des Individuums für das Kollektiv,
eine sozialistische Variante der westlichen Vermassung. Da
in der ersten Übergangszeit eine fortwährende Bespitzelung
praktiziert wurde, brachte das Kollektiv nicht den erhofften
Durchbruch zu einem neuen Gemeinschaftsleben. Das Problem ist
jedoch tiefgründiger, als es Tunda darstellt. Denn hier geht
es um das Verhältnis des abendländischen Individualismus, der
Spannung zwischen Individuum und Gesellschaft. Während der
Individualismus die persönliche Freiheit oder Ungebundenheit
anstrebt, fordert die Gesellschaft die Aufgabe bzw. Beschrän-
kung im Dienst der Gemeinschaft. Aufgrund seiner Erlebnisse
in der sozialistischen Gesellschaft und der gleichzeitigen
Entfremdung von der bürgerlichen Welt kann Tunda seinen jetzt
extrem ausgeprägten Individualismus in keine von der Gesellschaft akzeptierten oder tolerierten Bahnen lenken. Insofern
ist Tunda wirklich "ein Feind der Gesellschaft" (II/418), als
den ihn der Erzähler hinstellt. Hier nimmt der Erzähler Roth
deutlich Abstand von seinem Freund und Gesinnungsgenossen
Tunda, indem er trotz aller gemeinsamen Gesellschaftskritik
dessen antisozialen anarchistischen Individualismus verurteilt.
Genauso wie Roth später einem Brandeis auf der Flucht nach

vorne nicht mehr folgt, so endet an dieser Textstelle die Kongruenz mit Tunda. Roth wußte, daß Gesellschaftskritik ohne jegliche soziale Gesinnung und Bindung den Anfang einer Flucht ohne Ende bedeutete. Wenn Roth trotzdem Tunda ungehindert in der existentiellen Katastrophe enden läßt, so nur, weil er einerseits sein Träger der Gesellschaftskritik ist, andererseits aber exemplarisch darstellt, wohin ein extremer abendländischer Individualismus - entbunden vom Bürgertum und enttäuscht von der Revolution - führt.

Als Fremder kehrt Tunda 1924 in die bereits wieder konsolidierte bürgerliche Gesellschaft zurück. "Ich treffe alte Freunde, Bekannte meines Vaters und verstehe nur mit Anstrengung, was sie mich fragen" (II/416). Die Ursachen hierfür sind vielschichtig. In der zehnjährigen Abwesenheit Tundas hatte die bürgerliche Gesellschaft sowohl Kontinuität als auch Veränderung erlebt. Das gleiche kann auch über Tunda gesagt werden; er ist nicht mehr der Oberleutnant, der 1914 inmitten des bürgerlichen Publikums auf der Ringstraße promenierte. Deshalb bleibt die Idee, zu seinem früheren Leben (Irene) zurückzukehren, ein Traum. Der Spätheimkehrer trägt andererseits trotz aller Kritik an der neuen sozialistischen Gesellschaft diese mit sich nach Hause. Seine Kritik an der alten Gesellschaftsordnung wird von folgenden Faktoren bestimmt: dem Traum Irene; der Entfremdung Tundas von der Gesellschaft durch seine langjährige Abwesenheit; seinen Erlebnissen im revolutionären Rußland. Akzentuiert wird die Kritik ferner durch Tundas extremen Individualismus, der gegen jegliche Gesellschaftskonventionen verstößt. Von jetzt ab kann er weitgehend in die Rubrik des gesellschaftsabgewandten Typus eingereiht werden; er ist der psychologisch-soziale Außenseiter[131].

Seine Schwierigkeit, die Menschen zu verstehen, kompensiert Tunda anfangs, indem er beobachtend registriert, was er nicht begreift. Während der Bahnreise zu seinem Bruder bemerkt er die kommerzielle Geschäftigkeit der Passagiere: alles scheint von der Reklame erfaßt, jedes Risiko des Lebens versichert zu sein. "Welch ein zuverlässiger Betrieb!" (II/424). Wie in

Rußland herrscht eine bürokratische Autorität, nur daß die
westliche dem persönlichen Respekt und Machtanspruch dient.
Wenn es trotzdem zu menschlichen Kontakten kommt, so werden
diese durch Vorurteile, Borniertheit und Standesdünkel beeinträchtigt.
In der "Freiheit" des Westens denkt Tunda wehmütig
an die harmlosen geschwätzigen Passagiere der russischen Eisenbahnen.
Mit der Ankunft bei seinem Bruder in Düsseldorf
steigert sich die Flut der negativen Eindrücke derart, daß nur
noch ein chaotisches Summieren möglich erscheint. Wie in einem
Dokumentarfilm der Zuschauer muß der Leser die dargestellte
bürgerliche Wirklichkeit selbst verarbeiten und die Leerstellen
zwischen den parallelen Szenen füllen. Hierdurch verlagert
Roth seine Gesellschaftskritik aus dem Text heraus auf den
Leser, was nicht darüber hinwegtäuscht, daß diese Kritik bereits
in der wie abfotografiert wirkenden Aufzeichnung der
Realität stilistisch angelegt ist. Abgesehen von der in jeder
einzelnen Szene impliziten Gesellschaftskritik ergibt das Mosaik
des Ganzen den Eindruck der Pluralität einer sich in alle
Richtungen auflösenden Gesellschaft. Im Gegensatz zu der sozialistischen
Gesellschaft, welche an ihrer einseitigen Zielstrebigkeit
leidet, herrscht im Westen die völlige Desintegration.
Exemplarisch kann der Zustand der Gesellschaft an der Kunst
abgelesen werden. Der Eklektizismus hat die einzelnen Stilrichtungen
ersetzt. Die Kunst wurde zu einer dekorativen Fassade
deklassiert. Nach welchem Gesetz die Menschen in dieser Gesellschaft
leben, erfährt Tunda im geheimen von einem Fabrikanten.
Zwang in Rußland die sozialistische Ideologie die
Menschen zur Selbstverleugnung, so werden sie im Westen vom
Konformismus der gesellschaftlichen Norm beherrscht. Jeder
spielt die ihm vom Stand zugeteilte Rolle und opfert den persönlichen
Willen für die Lüge der Konvention.

Roth beschrieb einmal den Wandel des Kulturgeschmacks der
mittleren und oberen europäischen Gesellschaftsschicht im
frühen 20. Jahrhundert als "den Weg vom Sommernachtstraum
zur Negerrevue"[132]. Und genau diese Entwicklung greift Tunda
an, wenn er die Frage stellt: Was ist eure europäische Kultur?
Gesellschaftskritik wird also zugleich immer als Kulturkritik

begriffen, doch bedeutet das nicht die völlige Zurücknahme
der ersten. Vielmehr sieht Roth die Aushöhlung der geistigen
Inhalte einer Kultur als Symptom eines Gesellschaftszerfalls.
Tunda hatte genügend beobachtet, um zu konstatieren, daß
"eine alte und, wie man sagt: müde Kultur durch Girls, Faschismus, flache Romantik pathologisch banal wird ..."[133]. Denn
der "Mummenschanz", dem Tunda seit seiner Ankunft im Westen
zusah, ist nichts anderes als eine große Banalität. Roth läßt
die erste Auseinandersetzung Tundas mit der europäischen Kultur ausgerechnet im Haus seines Bruders, eines Kapellmeisters,
stattfinden. Dort, wo das kulturelle Leben eigentlich gegenwärtig sein sollte, entlarvt Tunda seine Hohlheit.

> Die alte Kultur hat tausend Löcher bekommen. Ihr stopft
> die Löcher mit Anleihen aus Asien, Afrika, Amerika. Die
> Löcher werden immer größer. Ihr aber behaltet die europäische Uniform, den Smoking und die weiße Hautfarbe ....
> (II/440)

Wie sehr Tunda von sozialistischen Ansichten - in den Augen
des Bruders nicht-europäischen Anschauungen - ausgeht, beweisen
seine fortschrittlichen Auffassungen der Musiksoziologie. Er
kann den "Priestern der Kunst", die ihr Amt bewußt abseits der
politischen und gesellschaftlichen Realitäten ausüben, keinen
Glauben schenken, denn er hat ihren "ivory tower" als bürgerlichen Kulturbetrieb im selbstherrlichen Leerlauf erkannt.
Hier ist ein Bürgertum, das nicht mehr bewegt und nicht mehr
bewegt werden kann.

Wie Gabriel Dan hält Tunda bewußt Abstand zu der Gesellschaft,
die ihn anwidert. "Meine vollkommene Untätigkeit ... bedrückt
mich in dieser Stadt gar nicht. Und wenn ich hier noch weniger arbeiten würde, ich käme mir sehr nützlich vor" (II/443).
Andererseits weiß er sehr wohl, daß in der bürgerlich-kapitalistischen Gesellschaft Geld allein eine Existenzberechtigung verleiht (II/446). Sein illusionärer Versuch, erneut auf
die Suche nach Irene, seinem früheren Leben, zu gehen, bleibt
eine bewußte Selbsttäuschung.

> Ich suche sie aber in Wirklichkeit ja nicht. Ich sehne
> mich auch nicht nach ihr. Vielleicht ist sie etwas ganz
> anderes als die übrige Welt und es ist ein letzter Rest
> von Gläubigkeit in mir, wenn ich an sie denke. (II/446)

Sein Wunschtraum, Irene einer ganz anderen Welt zuzuschreiben, muß Fiktion bleiben; war es nicht ausgerechnet das frühere Leben (Irene), welches zu der gegenwärtigen Gesellschaftskrise führte? Der Erzähler Roth skizziert beim einzigen Wiedersehen im Roman den Freund Tunda wie folgt:

> ... er hatte das Gesicht eines sehr vornehmen Menschen, der mit unmanierlichen Leuten an einem Tisch sitzen muß und ihr Gebaren mit herablassender, geduldiger aber keineswegs nachsichtiger Neugier beobachtet. (II/447)

An dieser Textstelle, wo sich der Erzähler und seine erzählte Welt unmittelbar treffen, wird Roths eigenes Verhältnis der Gesellschaft gegenüber erkennbar.

Was Tunda von der bürgerlichen Welt trennte, war seine verspätete Heimkehr und das damit verbundene Erlebnis der sozialistischen Revolution. Eine rechtzeitige Heimkehr hätte sein Leben bürgerlicher gestaltet. Die eheliche Bindung mit Irene hätte wahrscheinlich eine bürgerliche Familie zur Folge gehabt. Doch eine Ehegemeinschaft scheint sowohl in der sozialistischen als auch in der bürgerlichen Gesellschaft nicht mehr realisierbar. Die Ehe seines Bruders gleicht "einem stillen See mit ständiger kühler Brise" (II/442). Im Gegensatz dazu war es mit Natascha nicht einmal zu einer sozialistischen Ehe gekommen. Die Ursache hierfür liegt teilweise bei den emanzipierten Frauen, die sich in beiden Welten der Selbstverneinung hingeben: "Natascha hat der revolutionären Idee geopfert, Klara opfert teils der Kultur und teils der sozialen Gesinnung" (II/444), und als Tunda Irene wiedersieht, "stand eine Wand zwischen Netzhaut und Seele ..." (II/478). Die Krise an der Basis der Gesellschaft, in der Eheschließung, besteht mit unterschiedlichen Ursachen in beiden Welten. Ein Eheleben kommt nicht mehr zustande.

Die Reisestationen Tundas: Wien, Berlin, Düsseldorf und Paris, verändern seine Gesellschaftskritik kaum, sie wird eher intensiviert. Wenn auch die Akzente andere sind, so bleiben die Zivilisationserscheinungen dieselben. Eigentlich könnte Tunda schon in Düsseldorf als "Überflüssiger" scheitern. Wenn Roth ihn dennoch nach Paris, der "Hauptstadt der Welt" (II/407), führt, so nur, um seine Gesellschaftskritik auf ganz Mitteleuropa auszuweiten. Das Milieu, in dem Tunda hier verkehrt, ist das der Oberschicht, deren Mitglieder die führenden öffentlichen Stellungen innehaben und im Vergleich zu Deutschen noch konzilianter ihre Oberflächlichkeit repräsentieren. Die Banalität und der Wirklichkeitsschwund nehmen, vor allem in der Person des Präsidenten, der Symbolfigur Europas, erschreckende Dimensionen an. Tundas wiederum gestellte Frage: "Glauben Sie, daß Sie imstande wären, mir präzise zu sagen, worin diese Kultur [die europäische] besteht ...?" (II/460), überfordert die verlogenen Gäste, die z.B. antworten: "'In der Religion!' - sagte der Präsident, der niemals die Kirche besuchte"; "'In der Kunst' - der Diplomat, der seit seiner Schulzeit kein Bild betrachtet hatte" (II/460).

Tundas soziales Außenseitertum wird noch vergrößert durch seine schlechte finanzielle Lage; er gerät auch materiell auf die Schattenseite der Gesellschaft. Hierdurch gewinnt die soziale Fragestellung noch mehr an Bedeutung. Mit welcher Genauigkeit Roth die gesellschaftlichen Prozesse seiner Zeit erkannt hatte, wird hier deutlich. Von allen sozialen Klassen macht er hauptsächlich den Mittelstand dafür verantwortlich, daß keine sozialen Verbesserungen möglich sind. Wie "Isolatoren" sitzen sie eingeklemmt zwischen den Reichen und Armen und fangen so die sozialen Konflikte auf. Die im späten 19. Jahrhundert schnell anwachsenden Mittelschichten, der 'neue' Mittelstand der Angestellten, die in den Marxschen Klassengegensatz so schwer hineinpassen, hatten die prophezeite sozialistische Revolution durchkreuzt.

> Er hatte anderthalb Jahre für die Revolution gekämpft. Aber hier erst wurde ihm klar, daß man Revolutionen nicht gegen eine 'Bourgeoisie' macht, sondern gegen Bäcker, gegen Kellner, gegen kleine Gemüsehändler, winzige Fleischhauer und machtlose Hoteldiener. (II/464)

Die Art, wie der Erzähler und somit wohl Roth die soziale Frage lösen will, indem "die Reichen, die ein Brot verschenken können, auch die Bäcker" (II/464) sein sollten, bleibt ein Wunschtraum. Realistischer hingegen ist die Einsicht, daß die europäische Kultur, die sich gegenwärtig hauptsächlich in einem leeren

Luxus niederschlägt - einem Luxus, der Tunda in Rußland noch
anzog -, mit Hilfe der Mittelständler zu Lasten der unteren
Bevölkerungsschichten geht. In den Augen der wenigen Reichen,
denen dieser Luxus zugänglich ist, bedeutet Armut: "Unmänn-
lichkeit, Schwäche, Torheit, Feigheit und ein Laster" (II/465),
während sie ihren Reichtum in unproduktive Banalität umsetzen.
Daß Irene auch dieser Welt angehört, erstaunt nicht. Die Welt,
in der Tunda früher lebte, und die ihm zum Wunschbild wurde,
als er für sie in den Krieg zog, ist in der Zwischenzeit für
ihn zu einem leeren "Sarg" geworden. "Der Sarg lag in der Erde
und die Würmer bohrten Wege durch das Holz, bohrten Löcher,
kamen zusammen, bohrten weiter und einmal wird der Sarg ein
einziges Loch sein -" (II/467). So steht Tunda am Romanende
in dieser Welt als "überflüssiger" Heimkehrer mit dem Wissen,
"es ist gleichgültig, ob wir begraben oder gesund sind. Wir
sind fremd in dieser Welt, wir kommen aus dem Schattenreich"
(II/470).

Es bleibt zu klären, weshalb Tunda trotz aller Talente für diese
Welt "überflüssig" ist. Auf der Flucht ohne Ende wurde wiederholt die Frage nach Tundas Rolle in der Gesellschaft gestellt.
In Rußland sah man ihn als Bürger und Revolutionär, während die
Europäer in ihm den Pessimisten und Zyniker entdeckten. Hier
liegt die Ursache für Tundas Desillusion und existentielle Krise, die ausgerechnet in Paris, der freiesten Stadt, der Hauptstadt der Welt, stattfindet. Tunda verliert seine Existenzberechtigung nicht aus Geldmangel, sondern wegen seines bewußten
Außenseitertums: Er kann sich weder in die veränderte europäische Gesellschaft integrieren, noch sich von dieser lossagen.
Da die Alternative, zu Baranowicz zurückzukehren, eigentlich
nicht besteht, wird die bürgerliche Gesellschaft für Tunda zum
Gefängnis, das er mit Recht kritisiert. Seine gesellschaftskritische Denkweise führt dazu, daß er in keinen der beiden
Gesellschaftssysteme heimisch werden kann; sie designiert ihn
auch in der sozialistischen Welt zum Außenseiter. Wenn die
sozialistische Gesellschaft seine Kritik aus ideologischen
Gründen nicht dulden konnte, ja ihm nicht einmal die Freiheit
gab, sie zu äußern, so wehrt die bürgerliche Gesellschaft
jegliche Kritik aus Selbstgefälligkeit ab. Als Gesellschafts-

kritiker ist Tunda somit in beiden Welten "überflüssig". Hier liegt auch Roths eigene Problematik. Mit Tunda hat Roth sein eigenes gesellschaftskritisches Außenseitertum konsequent in die existentielle Krise geführt. Roth schrieb kurz nach der Publikation über seinen untragischen "Helden" Tunda: "... w i r können eine Gattungstragik in dem Schicksal sehen, das ein Nachkriegsmensch à la Tunda erleidet"[134]. Ohne Zweifel zählte sich Roth mit zu dieser Gattung, auch wenn er Tunda nicht in dessen extremen Egozentrismus folgt. Denn Tunda steht am Ende völlig isoliert im Null- oder Mittelpunkt der Welt, um den alles kreist wie Planeten um eine Sonne[135].

'Der stumme Prophet'.

Kein anderes Werk Roths hat so zu einer politischen Diskussion geführt wie 'Der stumme Prophet'. Das erscheint um so erstaunlicher, wenn man bedenkt, daß Roth bereits 1927 mit 'Flucht ohne Ende' einen in der Thematik ähnlichen Roman über die Russische Revolution geschrieben und publiziert hatte. Die Ursache für die Diskussion über den zweiten Revolutionsroman liegt dann auch eher in der späten posthumen Publikation, die in die Zeit des ausklingenden kalten Krieges fällt. Während Hermann Kesten den Roman als einen der "gescheitesten politischen Romane unseres Jahrhunderts"[136] hinstellt, spricht Marcel Reich-Ranicki die Vermutung aus, daß dieser politische Roman gescheitert sei, weil Roth dem Politischen fremd gegenüberstand[137]. Demgegenüber äußert der kommunistische Journalist Bruno Frei folgende Auffassung: Roth habe die Russische Revolution nicht beschreiben können, da er sie überhaupt nicht begriffen habe[138]. Die Diskussion entzündete sich außerdem daran, daß der Roman ein Schlüsselroman sein sollte, und an der Frage, warum Roth die fragmentarischen Manuskripte nie vollendet und publiziert hatte. Da keine konkreten Hinweise dafür vorliegen, weshalb Roth den Roman nicht publizierte, kann man darüber nur Vermutungen anstellen. Seine eigenen Angaben sind der Anlaß dafür, daß der Roman als Trotzki-Roman verstanden und somit als Schlüsselroman gelesen wird[139]. Wie schon 'Die

Flucht ohne Ende', kann auch dieses Werk nicht von dem historischen Ereignis der Russischen Revolution getrennt werden, doch stellt sich die Frage, ob die Identifikation der Revolutionäre R. oder Kargan, L. und Savelli mit Trotzki, Lenin und Stalin der Interpretation dienlich ist bzw. ob man bei einem literarischen Kunstwerk überhaupt von derartiger Übereinstimmung ausgehen kann. Denn Roth verfährt viel zu frei mit seinen Personen, als daß die Identifikation mit den revolutionären Hauptakteuren gerechtfertigt wäre. Der Erzähler will gerade nicht "dem natürlichen Trieb des Lesers, in der geschilderten Person eine bestimmte, existierende historische Persönlichkeit wiederzuerkennen, zu Hilfe kommen"[140].

Ein weiteres Problem bleibt die Edition des Romans, so wie sie Werner Lengning erarbeitete. Obgleich dem Leser versichert wird, "daß in dieser Ausgabe auch nicht ein Wort steht, das nicht von Roth stammt"[141], bedeutet das immer noch keine von Roth autorisierte Fassung. Der Roman wurde aus drei fragmentarischen Fassungen ediert und so, wie er dem Leser heute vorliegt, hätte ihn Roth jedenfalls nicht freigegeben. Als Ausweg aus diesem Interpretationsproblem bietet sich der Parallel-Roman 'Flucht ohne Ende' an, dessen ähnliche Thematik eine gewisse Absicherung gewährleistet. Trotzdem bleibt der Roman ein Torso, dessen interne Bruchstellen unübersehbar bleiben[142].

In Abweichung von 'Flucht ohne Ende' hat Roth die Erzählsituation jetzt in einen Rahmen gestellt. Hiermit betont der Erzähler, daß das Erzählte aus der zeitlichen Perspektive und politischen Situation Rußlands im Jahr 1926/27 erzählt wird. Die Atmosphäre des repressiven Terrors der Bespitzelung und Furcht - von allen Zuhörern bleiben am Ende nur zwei, die "ohne Amt und ohne Angst" imstande sind, "die Wahrheit zu hören" (S. 6) - schwebt über dem Erzählvorgang. Der Leser ahnt, wohin Kargans Schicksal führen wird, und er kennt die Stimmung, in die das Erzählte mündet. Auch zeitlich setzt Kargans Lebensgeschichte viel früher ein als die Tundas, was wiederum Einsichten in das zaristische Rußland und in die Habsburger Monarchie als Vorgeschichte zur Russischen Revolution und zum

Ersten Weltkrieg ermöglicht. Trotz dieser Verschiebungen, die die Objektivität des Erzählten noch hätten erweitern können, war Roth deutlich von der Berichtsform abgerückt und hatte sich wieder mehr dem Roman - "Versuch einer Biographie" (S. 6) - zugewandt.

War Tunda erst durch den Krieg und die Erlebnisse der Revolution vom bürgerlichen Europa entfremdet worden, so gehörte Kargan von Geburt her nie dieser Welt an. In Odessa als uneheliches Kind eines Österreichers geboren, wächst er bei Pflegeeltern in Triest als ein Ausgestoßener voller Mißtrauen gegenüber der bürgerlichen Herrschaft und Autorität auf. Sein von ihm selbst nicht verschuldetes negatives Verhältnis zur bürgerlichen Gesellschaft ruft seine Angst und Aggressivität hervor; Angst, um nicht Gefahr zu laufen, noch mehr ein Opfer seiner sozialen Situation zu werden, und Aggressivität aus Haß einer Gesellschaft gegenüber, die ihm keine faire Chance gab; "sie behandelte ihn als einen Menschen zweiter Klasse" (S. 8). Sein Plan, in die Führungsschicht der bürgerlichen Gesellschaft aufzusteigen, wird von dem Verlangen nach Macht und Luxus motiviert. Kargan will nicht "Staatsmann, Politiker, Diplomat" (S. 8) werden, um wie Lohse seine geistige Beschränktheit oder sein Kleinbürgertum zu überspielen, sondern aus Rache an einer Gesellschaft, die ihn ausschloß und ihn in die soziale Heimatlosigkeit trieb. Die Vorbedingungen für einen Revolutionär werden somit von der bürgerlichen Gesellschaft selbst geschaffen, deren Scheinmoral dem unehelichen Kind die Gemeinschaft versagt. Die erste Stellung, die Kargan als Angestellter einer Schiffsagentur im russischen Grenzgebiet ausübt, symbolisiert sein soziales Außenseitertum. Hier trifft er auch Savelli, den Mann, der sich als "Werkzeug" (S. 12) der Revolution vorstellt.

An der Grenze lernt Kargan sowohl das zaristische Rußland als auch die bürgerlich-kapitalistische Welt kennen und geringschätzen. Einerseits sieht er, wie die russische Gesellschaft Hunderttausende ihrer Bürger zur Flucht zwang; sie "aus dem Unglück ins Unglück" (S. 11) der Heimatlosigkeit schickt. Andererseits beobachtet er, wie die kapitalistische Welt aus dem

Elend dieser Menschen ein Geschäft macht, wobei er selbst als Schiffsagent mithilft. In der Grenzstadt kann er außerdem die "Gesetze der Wirtschaft und der bürgerlichen Sitte" (S. 14) wie an einem übersichtlichen Modell beobachten. Die Macht konzentriert sich hier in den Händen weniger Geschäftsleute, die zusammen mit den Politikern die Bevölkerung kontrollieren und bevormunden. Trotz erster revolutionärer Tätigkeiten entschließt sich Kargan, seine Integration in die bürgerliche Gesellschaft anzustreben. Ein Entschluß, der scheitern muß, da er keine Grundlage zum sozialen Ein- und Aufstieg hat und von einer völligen Fehlbewertung der sozialen Chancen ausgeht. Erst später an der Universität erkennt er seinen Fehler. Durchschaute Tunda die Dekadenz der bürgerlichen Gesellschaft erst nach dem Weltkrieg, so beginnt Kargan seine Distanzierung von dieser bereits vor dem Krieg im friedlichen Wien. Nicht einmal seine Liebe zu Hilde, die diese Gesellschaft repräsentiert, vermag ihn aus seiner "Grenzexistenz" in die bürgerliche Welt hinüberzuziehen, in der der Weltkrieg längst latent vorbereitet wird.

Als Kargan seine "Grenzexistenz" verläßt und "für die Sache" (S. 25) der Revolution erneut anfängt zu arbeiten, tut er das zuerst aus fragwürdigen persönlichen Motiven. Außerdem ist er vor Savelli und den Idealen einer proletarischen Revolution gewarnt. Um die Gesellschaft zu verändern, geht Kargan nicht von sozialer Solidarität, sondern von seiner Individualität aus: er will die Welt seinen Vorstellungen anpassen, anstatt sich an der Realität zu orientieren. Damit weicht er von seinem Außenseitertum, der sozialen Unsicherheit und Angst, in die Irrealität aus. Sein Engagement für die proletarische Revolution muß ihn dann letztlich auch enttäuschen. Die Gesellschaft, in der er zu Hause wäre, ist nicht von dieser Welt. R. sagt ihm mit aller Deutlichkeit, daß sein "Platz unter den Heiligen der katholischen Kirche ist und nicht unter den anonymen Helden der Partei" (S. 39). Diese Textstelle läßt das Hauptthema des Buches sichtbar werden: das langsame Verstummen eines revolutionären Propheten, eines intellektuellen Individualisten (S. 5), der mit den Realitäten einer Revolution und eines Weltkrieges und der Unzulänglichkeiten der dabei einbezogenen Menschen, sogar der Menschen im allgemeinen, nicht gerechnet hatte. Aus Kargans Perspektive bedeutet das eine zunehmende Entfremdung von seiner Umwelt[143]. Seine Versuche, die Kluft zwischen sich und der für ihn immer unverständlicher werdenden Welt zu überbrücken, scheitern. Das zeigt vor allem sein Verhältnis zu Hilde: immer wieder versucht er in Gesprächen oder Briefen, zu ihr durchzudringen, aber jedesmal werden seine Kommunikationserwartungen enttäuscht. Sie können nicht erfüllt werden, da seine Erwartungen bereits beim ersten Treffen mit Hilde nicht der Wirklichkeit entsprechen. So heiß es später: "Er liebte ihre Augen und haßte, was sie aufnahmen" (S. 71). Wenn es am Ende trotzdem zu einem kurzzeitigen Liebesglück kommt, so nur, weil er vorübergehend, der Liebe wegen, seine "ungewöhnliche Existenz" aufgibt und eine "gewöhnliche Existenz" akzeptiert;

> und er lernte die sterblichen und dennoch ewigen Freuden kennen und zum erstenmal in seinem Leben das Glück, das eben darin besteht, große Ziele kleinen zuliebe aufzugeben und das Erreichte so maßlos zu überschätzen, daß man nicht mehr zu suchen hat. (S. 130)

Dieses Liebesverhältnis ist symptomatisch für Kargans Verhältnis gegenüber der Umwelt und somit jeglicher Gesellschaft; auch seine Erwartungen in der bürgerlichen Gesellschaft unterlagen von Anfang an einer maßlosen Überschätzung der Realität. Mit der bestandenen Abiturprüfung glaubte er, gesellschaftsfähig zu sein: "Er konnte alles werden: ein Verteidiger der Menschen, aber auch ihr Unterdrücker; ein General und ein Minister; ein Kardinal, ein Politiker, ein Volkstribun" (S. 17). Eine derartige Chancenfreiheit entspricht einfach nicht der gesellschaftlichen Wirklichkeit, ganz gleich um welches System es sich handelt.

Daß eine Diskrepanz zwischen seinen Ansprüchen und der Wirklichkeit besteht, weiß Kargan sehr wohl, auch wenn er es nicht beachtet. "Nichts - abgesehen von seinem Anzug - hinderte ihn, noch weit über den Stand hinaus zu gelangen..." (S. 17). Die im eingeschobenen Satzteil aufblitzende Realität neutralisiert Kargans Illusion plötzlich. Während seiner ersten Verbannung in Sibirien werden seine sozialen Illusionen weiter abgebaut: So gesteht er, "daß ich ratlos vor den Menschen stehe wie vor einem legendären Drachen" (S. 44). Berzejew, der Pragmatiker, übersetzt die poetisierte Aussage in die konkrete Erkenntnis, "daß der Mensch rätselhaft ist, und vor allem: daß man ihm nicht helfen kann" (S. 44). Erst in Sibirien begreift Kargan seinen Fehler: "Wir waren Ideologen, keine Menschen. Wir wollten die Welt umgestalten, und wir sind von Ansichtskarten abhängig, und wir müssen Brot essen" (S. 52). Eine Synthese aus: Ideal, vorgestellter und dargestellter Wirklichkeit und existentieller Realität scheint nicht realisierbar zu sein. Einfach helfen zu wollen, "weil nicht alle Brot haben" (S. 52), wäre naiv, denn die existentielle Wirklichkeit ist längst von einer Pseudorealität, einer zweiten Wirklichkeit der Begriffe, überlagert worden.

> Proletariat, Autokratie, Finanz, herrschende Klasse, Militarismus. Simple Formeln, man mußte sich ihrer bedienen, um zu handeln. Aber sie umfaßten nur einen geringen Teil dessen, was sie zu enthalten vorgaben. Das Leben steckte in den Begriffen wie ein ausgewachsenes Kind in zu kurzen Kleidern. (S. 56)

Weder der Weltkrieg noch die Revolution entmachteten die Begriffe, sie wurden eher noch bedeutungsvoller.

Bei seiner Rückkehr nach Wien im ersten Kriegsjahr muß Kargan konstatieren, daß die Gesellschaft dem Patriotismus völlig verfallen war. Die große Hoffnung der Internationale war eine Illusion gewesen. Die Sozialisten und Arbeiter verschiedener Nationen marschierten gegeneinander in den Krieg, der nicht ihre Interessen erkämpfen wollte oder sollte; sie waren auf die Schlagworte und das Machtstreben der herrschenden Klasse hereingefallen. Während die rote Fahne, mit Bindfaden umwickelt, im Winkel lehnt, arbeiten die "Genossen" in der Munitionsfabrik (S. 63). Enttäuscht schreibt Kargan: "Es ist kein Zweifel, die Gesellschaft gibt sich zu erkennen, obwohl sie sich verkleidet" (S. 63). Aus bürgerlichen Privatleuten waren uniformierte Vaterlandsfanatiker geworden. Kargans Platz in dieser Gesellschaft wäre jetzt gesichert, denn sogar ein verlorener Mann wie Grünhut wird wieder resozialisiert. Der Krieg hatte alle sozialen Konflikte mit dem Ideal des Patriotismus überdeckt; es war eine Schande, Zivilist zu sein[144]. Als einzelner unterliegt Kargan sowohl in der bürgerlichen als auch später in der sozialistischen Gesellschaft. Kargans Übersiedlung nach Zürich stellt eine Flucht vor der österreichischen und deutschen Kriegsgesellschaft in die schweizer Neutralität dar. Sein merkwürdiger Liebesbrief an Hilde, den er von Zürich absendet, enthält seine Kündigung an die Bourgeoisie. In diesem Brief zeichnet sich Kargans soziale Neurose deutlich ab: Einerseits seine Ablehnung, die sich zum Haß und bis zur Aggressivität steigert, andererseits seine Liebe, die bis zum Verzicht reicht. Auf der Suche nach Identifikationsmöglichkeiten erklärt der sozial Heimatlose: "Ich werde für eine Welt in den Krieg gehn, in der ich zu Hause sein kann" (S. 79). Das stellt in sich eine Utopie dar; eine Gesellschaft kann nicht auf ein "Ich" aufbauen[145]. Obwohl Kargan vorgibt, kein Egoist zu sein (S. 79), ist er genauso ein antisozialer Egozentriker wie Tunda und seine Sehnsucht nach dem Zeitalter des Absolutismus kommt nicht von ungefähr.

Aus dem "Gefängnis" der schweizer Neutralität und der Haß-Liebe für die ohnmächtige bürgerliche Gesellschaft erlöst Kargan die Russische Revolution. Er glaubt, nun sei seine Zeit, die "neue Welt" aufzubauen, gekommen. Wie unpassend seine Identifikation mit der Revolution von vornherein war, zeigt die Entwicklung bald. Kargan, der mit Haß und Demagogie die alte Gesellschaft bekämpft, erlebt die Geburt des neuen russischen Bürgertums. "Die Revolution bleibt immer links, nur ihre Vertreter rückten immer nach rechts" (S. 112). Die revolutionäre Freiheit endet in der "bürgerlichen Bequemlichkeit" (S. 108) und Macht eines Savellis; somit führen Kargans egozentrische Ziele erneut in die soziale Enttäuschung. "Die internationale Herrschaft des Bürgertums hatte jetzt erst angefangen" (S. 116). Der Zynismus und die Resignation gegenüber beiden Gesellschaftssystemen zeigt, daß Kargan der sozialen Isolation, dem Außenseitertum, nicht entgehen kann; sein Ziel, Macht über Menschen auszuüben, bleibt unerreichbar, da er sich letztlich im Gegensatz zu Savelli, dem Machtmenschen, für soziale Ideale entscheidet. Damit steht Kargan genau an dem existentiellen Nullpunkt, an dem Tunda schon stand. Wenn Hildes Vater dann von der verpaßten Möglichkeit spricht, "aus

der alten Monarchie eine Heimat aller zu machen" (S. 129),
so überdeckt sein Wunschdenken die gegenwärtige Gesellschaftssituation, deren Krise gerade von der Habsburger Monarchie
ausgelöst worden war. Die Gesellschaft der Monarchie hatte Kargan zum sozial Heimatlosen erzogen und das Nationalitätenproblem bedeutete ein ähnliches Schicksal für ganze Gruppen.

Kargan geht am Ende "gezwungen und dennoch gerne" (S. 132)
nach Sibirien. Obwohl er noch kurz zuvor Hilde fragte: "Was
soll ich dort?" (S. 131), erscheint sein Reiseziel einsichtig.
Da er nie in die bürgerliche Gesellschaft integriert war, kann
er nicht wie Tunda in Paris untergehen, genauso wie Tunda, der
Europäer, nicht wie Kargan nach Sibirien zu Berzejew und Alja
fahren kann. Kargan verläßt Paris und damit Europas Gesellschaft (Hilde) freiwillig, mit dem Wissen, daß Savelli ihn
in Moskau verbannen wird. Steht Tunda am Ende im Mittelpunkt
der bürgerlichen Welt, die sich wie ein Karussell um ihn dreht,
so geht Kargan an die Peripherie der Gesellschaften in die
Natur Sibiriens "am Rande der Welt" (S. 132). Der Realpolitiker und Pragmatiker Savelli sagt ironisch: "Achttausendfünfhundert Romantiker befinden sich schon dort" (S. 133). Diese
"Romantiker" sind keine anderen als jene Idealisten (Menschewisten), deren Hoffnungen auf eine gesellschaftliche Umorientierung enttäuscht wurden. Ihre Desillusion bereitete ihnen
sowohl das Bürgertum als auch die sozialistische Gesellschaft,
jedenfalls so wie sie in Rußland entstand. Die Hoffnungen, die
sie hatten, verstummten, als sie die Unveränderbarkeit der
sozialen Szene erkannten. Kargan sagt einmal: "Ich bin eines
der Experimente, die hier und da von der Natur gemacht werden,
ehe sie sich entschließt, eine neue Gattung hervorzubringen"
(S. 123). Roth hatte längst erkannt, daß über kürzere Zeitspannen die soziale Kontinuität Vorrang hatte, während gesellschaftlicher Wandel nur über größere Zeiträume vollzogen werden konnte. Da historische Umbrüche und Veränderungen, wie z.B. das
Ende der Habsburger Monarchie, der Erste Weltkrieg und die Russische Revolution, nicht unbedingt synchron mit tiefgreifendem
sozialem Wandel eintreten, wurden Kargans und somit Roths Erwartungen auf sozialen Fortschritt enttäuscht. Die Hoffnung

auf seine "neue Welt", eine humanistische sozialistisch-internationale Heimat, war gescheitert, und es schien nach den Ereignissen des Ersten Weltkrieges unwahrscheinlich, daß die nähere Zukunft neue Chancen eröffnen würde. Kargan lebt in Sibirien auf verlorenem Posten; er erwartet nicht mehr, seinen Traum noch zu erleben, denn die Symptome weisen in eine "unmenschliche und technisch vollkommene Zukunft, deren Zeichen Flugzeug und Fußball sind und nicht Sichel und Hammer" (S. 132). Sibirien wird so nicht ein Ort, wo der beobachtende Rebell auf seine Zeit wartet, sondern eine Fluchtstätte der sozialen und persönlichen Resignation. Ohne soziale Bindung wird die sibirische "Freiheit selbst ein Gefängnis" (S. 46 f.), in dem der einzelne der "leeren Einsamkeit" unterliegt.

Inwiefern dieser Roman ein politisches Werk darstellt, hängt sehr von der Definition dieses Genres ab. Ein politischer oder sozialpolitischer Aspekt kann keinesfalls übersehen werden. Das Urteil darüber, ob nun Roth die Russische Revolution verstanden hatte oder nicht, scheint hauptsächlich eine Frage der politischen Überzeugung des Lesers zu sein; man könnte eher sagen, daß Roth die verratene Revolution zu gut verstanden hatte, um sie auf dem Niveau der Ideologie oder der Realpolitik darzustellen. Er begriff, wie die Ideale der sozialistischen Revolution unerreichbar blieben, ja bleiben mußten, und daß die soziale Entwicklung in einem anderen Tempo voranschritt als die politischen Ereignisse. Hatte Roth bereits in 'Hotel Savoy' Skepsis an einer proletarischen Revolution gezeigt, so nimmt er in seinen Werken 'Reise in Rußland', 'Flucht ohne Ende' und 'Der stumme Prophet' eindeutig Abschied von der politischen Hoffnung, eine wirklich neue sozialistische Gesellschaft noch in seinem Leben zu erfahren. Auch wenn in 'Der stumme Prophet' das Ideal im Sinn von Ernst Blochs 'Prinzip Hoffnung' weiter bestehen bleibt, dominiert doch die Desillusion derer, die zwischen Bürgertum und verratener Revolution zur lebenslänglichen sozialen Heimatlosigkeit verurteilt sind. Da Roth ein geborener Europäer war, stellt Sibirien für ihn keine Alternative dar. Wie Tunda kann Roth von Europa nicht Abschied nehmen, selbst dann nicht, als er den Untergang kommen fühlt. "Den Rest meines Lebens werde ich ein Zuschauer bleiben" (S. 117).

b. 'Hiob'.

Ende der zwanziger Jahre hatte Roth sein Untersuchungsfeld der Nachkriegsgesellschaft weitgehend vermessen. Was mit einer ersten Bestandsaufnahme im 'Spinnennetz' eingesetzt hatte, war schnell zu einer im Mittelpunkt stehenden Zeit- und Gesellschaftskritik ausgeweitet worden. Um die Gesellschaftssituation nicht völlig in der Gegenwart zu isolieren, wurden die Auswirkungen der Vergangenheit auf das Heute in der Generationsthematik in 'Zipper und sein Vater' und 'Rechts und Links' berücksichtigt, nachdem eine erste Brücke zur Habsburger Vergangenheit in 'Die Rebellion' geschlagen worden war. Hier vollzog Roth seine erste Hinwendung zur Vergangenheit, die in der Gestalt von Hilde auch in 'Flucht ohne Ende' zu finden ist. Gleichzeitig war Roth an die für ihn unüberschreitbare Grenze gestoßen, als er versuchte, seinen Romanzeitraum der Gegenwart auf die Nachkriegsgeneration auszuweiten. Außerdem hatten sich seine anarchistischen und sozialistisch-humanistischen Hoffnungen auf eine soziale Neuorientierung, im Angesicht der sich immer mehr restaurativ ausrichtenden gesellschaftlichen Situation, als Illusion erwiesen. Die Beobachtungen im neuen Rußland zerstörten jegliche Erwartung auf eine Erneuerung der Gesellschaft und lösten eine dialektische Gesellschaftskritik der sozialistischen und bürgerlichen Gesellschaft aus.

In Roths Gesellschaftskritik der Gegenwart fehlte noch immer Amerika als zentrales Thema. Um Amerika als eine dritte Variante der sozialen Gegebenheiten in einem Buch zu erfassen, hätte Roth aber eine Reise dorthin unternehmen müssen, denn es fehlte ihm einfach die Vertrautheit mit der amerikanischen Szene und die konkrete Information über diese. Als die 'Frankfurter Zeitung' beriet, ob eine Reise Roths nach Amerika anstatt der geplanten Rußlandreise vorteilhafter wäre, antwortete er jedoch: "Es wird sich also vieles in Rußland ändern, indessen Amerika auch im nächsten Jahr noch Amerika, schlimmstenfalls noch amerikanischer sein könnte"[146]. Auch in der Exilzeit siedelte Roth nicht nach Amerika über. Der Grund, Amerika fernzubleiben, war seine äußerst negative Meinung

über die Neue Welt, die schon an Feindseligkeit grenzte.
Bereits im 'Hotel Savoy', dem ersten Werk Roths, das Amerika
erwähnt, stellt die Neue Welt den Superlativ des Negativen
dar. Amerika war für Roth von Anfang an Sinnbild und Ort aller
ins Extrem ausartenden, unerwünschten Aspekte der westlichen
Zivilisation, z.B. Technik, unvermessener Fortschrittsglaube,
Kapitalismus, Gottlosigkeit, Kulturlosigkeit, Unfreiheit,
gesellschaftliche Entwurzelung. Amerika stellt für Roth die
"geistige Leere"[147], die "Wüste" (II/76) schlechthin dar. An
diesem klischeeartigen Amerikabild Roths, welches die amerikanische Wirklichkeit transzendiert und als Zivilisationskritik
verstanden wissen will, ändert sich im Gesamtwerk nichts mehr.

Zu einem Hauptthema wurde Amerika in keinem Werk Roths, da
die direkte Konfrontation des Autors mit dem amerikanischen
Milieu ausblieb. Trotzdem hat Roth der Neuen Welt in 'Hiob'
einen großen Raum eingeräumt. Bei erster Betrachtung scheint
Roth mit diesem Buch eine deutliche Trennung von seinem Frühwerk zu vollziehen, was auch fast alle Rezeptionen und Interpretationen konstatieren. Roth wendete sich plötzlich von der
gesellschaftlichen Gegenwart und der Zeitkritik ab und wählte
einen klassisch-religiösen Stoff. Vollzog der Autor eine radikale Flucht in die biblische Vergangenheit und in die Legende,
die Fiktion? Der Titel und die im Stil des Märchens einsetzende Handlung ließen das vermuten. Wenn auch der Inhalt primär ein religiöser ist, so kann jedoch nicht übersehen werden,
daß dieser Roman im 20. Jahrhundert spielt und gesellschaftskritische Aspekte enthält. Indem Roth die Amerikathematik in
einen biblischen Stoff einbettet, entzieht er sich weitgehend
der Kritik der Unkenntnis der amerikanischen Szene. Ein Kompromiß, der einerseits seine Zivilisationskritik auf eine
höhere Ebene stellt, andererseits diese aber gegenüber der
metaphysischen Aussage in den Hintergrund rückt. Nicht nur
die Hinwendung zur Vergangenheit und die Amerikathematik,
sondern auch die Thematik vom Verhältnis Gottes zur Gesellschaft lassen eine Kontinuität zu den Frühwerken in 'Hiob'
erkennen. Schon im 'Hotel Savoy' deutete Roth an, daß das
Abhandenkommen des Gottesglaubens zur gesellschaftlichen Mi-

sere führt (I/876) - ein Gedanke, der mit konträrer Perspektive in 'Die Rebellion' wiederholt wird: Gott scheint sich dort nicht mehr um die gesellschaftlichen Mißstände auf Erden zu sorgen (II/373). In beiden Fällen ließ Roth die thematischen Ansätze unentwickelt; erst in 'Hiob' greift er diese erneut auf, indem er zu zeigen versucht, daß Gott sich noch um die Menschen kümmert. Bei aller Kontinuität kann trotzdem nicht übersehen werden, daß Roths Hinwendung zur Gläubigkeit in 'Hiob' nichts anderes ist als eine "Hinwendung zur Resignation und Hoffnungslosigkeit im Hinblick darauf, daß der Mensch die Welt jemals verbessern könne"[148]. Insofern erscheint der Roman trotz der thematischen Verlagerung als ein konsequentes Endglied der Gesellschaftskritik Roths in den zwanziger Jahren. Gegenüber dem mythischen Stoff behielt er eine gewisse skeptische Zurückhaltung dadurch, daß er ihm Ironie entgegensetzte. Roth hatte sich nicht völlig in die Unwirklichkeit, Fiktion und Zeitlosigkeit zurückgezogen[149].

Die Handlung in 'Hiob' ist in zwei entgegengesetzte, beinah gleich lange Teile getrennt: Der erste spielt in Rußland, der zweite in New York. Hierdurch intensiviert Roth die sozialen Kontraste zwischen dem agrarischen Rußland des Zaren und der Neuen Welt in einem Maß, wie es bei einer Gegenüberstellung von Europa mit Amerika nicht möglich gewesen wäre. Amerika war für Roth ja nur eine extreme Weiterentwicklung der negativen europäisch-bürgerlichen Zivilisation. Obwohl Mendel Singer als Jude in dem wolhynischen Dorf ein schweres Leben in einer ghettoähnlichen Situation fristet, gestaltet sich sein Leben doch harmonisch, da er die gegebene conditio humana bejaht. "Sie hatten kein Gold zu wägen und keine Banknoten zu zählen. Dennoch rann sein Leben stetig dahin, wie ein kleiner Bach zwischen kärglichen Ufern." (II/7). Dieses sich den Gegebenheiten anpassend Fügen und im Einklang mit der Natur leben, umfaßt auch sein Verhältnis zu Gott. Bis in die repressiv patriarchalische ostjüdische Familienordnung ist Mendels kümmerliches Leben in jeder Hinsicht unversehrt. Seine heile Existenz wird nur durch die Unzufriedenheit seiner Frau gestört. Erst mit der Geburt eines epileptischen Sohnes beginnt

eine Folge von Schicksalsschlägen, die Mendel ins Unglück
führen werden: Die Ehepartner entfremden sich; früh altert
Mendel; seine Söhne werden zum Militär einberufen. Während
der jüngere Sohn Jonas dem Ruf des Zaren gerne folgt, de-
sertiert der ältere Schemarjah und flieht nach Amerika. Der
Militärdienst war für die Ostjuden einer der Hauptgründe,
um auszuwandern.

> Es war nicht nur dumm, für einen Kaiser, für einen Zar
> zu sterben, es war eine Sünde, fern von der Thora und ent-
> gegen ihren Geboten zu leben. Eine Sünde, Schweinefleisch
> zu essen. Am Sabbat eine Waffe zu tragen. Zu exerzieren.
> (III/678).

Schemarjah flieht somit vor der existentiellen Bedrohung nach
Amerika. "Ich will sein, was ich bin ... ein Jud wie mein Vater Mendel Singer, kein Soldat und nüchtern" (II/24). In seinem Gottesglauben erträgt Mendel diese Ereignisse mit Demut:
"Dem einen gibt Er und dem andern nimmt Er. Ich weiß nicht,
wofür Er uns straft ..." (II/30). Schemarjahs erster Brief
aus New York an die Eltern bringt in Mendels beinah zeitlos
verlaufendes Leben Veränderung. Zugleich läßt der Brief vor-
herahnen, was eine Emigration für die Familie bedeuten würde.
Der Sohn, der aus existentieller Not floh, hat in der Neuen
Welt bereits sein Selbst verloren: Er heißt jetzt Sam. "'Sam!'
rief Mendel Singer, 'wer ist Sam?'" (II/44)

Ausschlaggebend für die Auswanderung der Familie wird die
Liebesaffäre der Tochter Mirjam mit einem Kosaken. Um das,
in den Augen des Vaters, unmoralische Verhältnis zu beenden,
will Mendel nach Amerika emigrieren. Die Tochter ist es
auch, die als erste die Möglichkeit, auszuwandern, offen aus-
spricht. Wenig weiß der Vater davon, daß Mirjam, deren Liebe mit dem Kosaken wie ein harmonisches Naturereignis beschrieben wird, sich jetzt schon Gedanken macht, über "die
Freiheit der Liebe in Amerika, zwischen den hohen Häusern ..."
(II/54). Anders verhält es sich hingegen mit Mendels Schuld,
den epileptischen Menuchim in Rußland zurückzulassen. Um die
moralische Verworfenheit seiner Tochter zu beenden, opfert
der Vater Menuchim, obwohl er die hoffnungsvolle Voraussage
des Rabbis kennt. Roth schreibt über diese Wunderrabbis:

"Wehe dem Spötter der ihn leugnet" (III/644). Mendel ist kein spottender Leugner, doch beachtet er die Worte des Rabbis nicht. Er wird somit bewußt schuldig. Daran ändert auch die Tatsache nichts, daß seine Frau die Warnung des Rabbis verschwieg: "Verlaß deinen Sohn nicht, auch wenn er dir eine große Last ist, gib ihn nicht weg von dir ..." (II/15).

Der Weg nach Amerika führt ins Unglück, da er von einer unmoralischen Entscheidung ausgeht. Die zersplitterte Deichsel ist wie ein warnendes Omen.

> 'So beginnt deine Reise nach Amerika' - sagt Sameschkin. 'Was fahrt ihr auch immer soviel in der Welt herum! Der Teufel schickt euch von einem Ort zum anderen. Unsereins bleibt, wo er geboren ist ...'. (II/60)

Roth, der die soziale Heimatlosigkeit kannte, warnt vor der gesellschaftlichen Entwurzelung durch die Emigration. Dabei muß bemerkt werden, daß die Desintegration der Familie Singer schon in Rußland einsetzt. Sie geht hauptsächlich von Frau Singer, Mirjam und dem jüngsten Sohn Jonas aus. Die alte Gesellschaftsordnung weist somit Zerfallssymptome auf und befindet sich in einer Endphase.

Mit Ironie deutet Roth an, daß die amerikanische Wirklichkeit nicht ganz dem Symbol der Freiheitsstatue entspricht, die den Einwanderer begrüßt. Die Statue ist im Inneren hohl (II/74). Die amerikanische Freiheit war also von Roth längst als eine Weiterführung der bürgerlich-kapitalistischen Gesellschaftsordnung und ihrer Herrschaftsformen durchschaut worden. Im 'Antichrist' heißt es später: "Die Würde des Menschen liegt in der Macht begründet. Die Freiheit steht als eine Statue v o r den Toren des Landes: man hat sie ausgesetzt. Und sie ist versteinert" (III/746). Dieses war keinesfalls die Freiheit, die Roth suchte. Beim Einzug in die "steinerne Stadt" (II/141) New York denkt Mendel an den Zug seines Volkes in die Wüste, während der Moloch Amerika ihn überwältigt, vergewaltigt und anfängt, existentiell zu zerstören. "Es war ihm, als wäre er aus sich selbst herausgestoßen worden, von sich selbst getrennt würde er fortan leben müssen" (II/77). Die Selbstentfremdung und die Vereinsamung des Menschen in der amerikanischen Gesellschaft war unvermeidbar;

"schon war er in Amerika" (II/77). Roth hat die Ankunft in
der Neuen Welt bewußt stilistisch noch dem ersten Teil, also
dem russischen Handlungsteil, als Finale zugefügt, um so eine
Nebeneinanderstellung des modernen teuflischen New York
mit dem alten gottesfürchtigen Gesellschaftsmilieu der Ostjuden zu realisieren.

Äußerlich wird Mendel beinah heimisch in der neuen Heimat,
doch das geistige Vakuum wächst. Die wirtschaftliche und
soziale Situation verändert sich kaum für die alten Singers.
Sie haben ein russisches Ghetto für ein westliches einge-
tauscht. "Wieder lebt der Jude als Fremder in einer fremden
Kultur"[150]. In der Familie geht der Zerfall der menschlichen
Beziehungen voran; die Kinder nehmen im gleichen Maß Abstand
von den jüdischen Sitten, in dem sie sich amerikanisieren.
Die geldliche Existenzfrage läßt jegliche menschlichen Gefühle als zweitrangig erscheinen. Aus Protest gegen das ha-
stige leere Leben hier, hatte Mendel "gelernt, langsam zu
wandern" (II/83). Wie Pum wird Mendel frühzeitig ein Greis,
was andeutet, daß er in dieser Gesellschaftsordnung nie zu
Hause sein wird und es vorzieht zu altern, um diese Welt zu
verlassen. Die Idee der Rückwanderung wächst mit der Sehnsucht nach der Natur der Heimat und dem Zweifel, ob es richtig war, Menuchim zu verlassen. Während er noch im Einklang
mit Gott lebt, bewundert er schon halbherzig Amerika.

> Er glaubte seinen Kindern aufs Wort, daß Amerika das Land
> Gottes war, New York die Stadt der Wunder und Englisch
> die schönste Sprache. Die Amerikaner waren gesund, die
> Amerikanerinnen schön, der Sport wichtig, die Zeit kost-
> bar, die Armut ein Laster, der Reichtum ein Verdienst,
> die Tugend der halbe Erfolg, der Glaube an sich selbst
> ein ganzer, der Tanz hygienisch, Rollschuhlaufen eine
> Pflicht, Wohltätigkeit eine Kapitalsanlage, Anarchismus
> ein Verbrechen, Streikende die Feinde der Menschheit, Auf-
> wiegler Verbündete des Teufels, moderne Maschinen Segen
> des Himmels, Edison das größte Genie. Bald werden die Men-
> schen fliegen wie Vögel, schwimmen wie Fische, die Zukunft
> sehn wie Propheten, im ewigen Frieden leben und in voll-
> kommener Eintracht bis zu den Sternen Wolkenkratzer bau-
> en. Die Welt wird schön sein, dachte Mendel, glücklich
> mein Enkel. (II/88 f.)

Diese positive Klischeeschilderung der amerikanischen Realität, mit all ihren Träumen und Idealen, ironisiert und zerstört Roth kurz darauf mit wenigen Sätzen.

> Da sah er [Mendel] den rötlichen Widerschein der lebendigen amerikanischen Nacht, die sich irgendwo abspielte, und den regelmäßigen silbernen Schatte eines Scheinwerfers, der verzweifelt am nächtlichen Himmel Gott zu suchen schien. Ja, und ein paar Sterne sah Mendel ebenfalls, ein paar kümmerliche Sterne, zerhackte Sternbilder. (II/89)

Die kosmische Harmonie zwischen Mensch und Natur, die im Glauben gestiftete Kommunikation mit Gott kann in New York nicht mehr bestehen. Eine sich immer mehr pluralisierende materialistische Gesellschaft verarmte und vereinsamte den Menschen weitgehend in seiner Ohnmacht. Mendel gehört unfraglich zu den Ostjuden, die dem Westen mehr geben, als er ihnen gibt (III/632); er verliert in Amerika seine Menschlichkeit.

Die Opfer für die Auswanderung vermehren sich: Der Weltkrieg beendet die Pläne, Menuchim nach Amerika zu holen; Schemarjah stirbt als Soldat für das neue Vaterland[151]; der Tod seiner Frau aus Gram für den gefallenen Sohn und Mirjams neue Liebesaffären und ihr später ausbrechender Wahnsinn führen Mendel in die existentielle Krise. Die Anklage an Amerika und die dortige Zivilisation lautet:

> Ich bin nicht Mendel Singer mehr, ich bin der Rest von Mendel Singer. Amerika hat uns getötet. Amerika ist ein Vaterland, aber ein tödliches Vaterland. Was bei uns Tag war, ist hier Nacht. Was bei uns Leben war, ist hier Tod. (II/98)

Amerika setzt somit alles in das negative Gegenteil um. Die amerikanische Gesellschaft bedeutet für den Menschen Selbstentfremdung und die darauf folgende Selbstzerstörung. Die Neue Welt ist ein Hades der modernen westlichen Zivilisation. Ähnlich wie bei Pum in 'Die Rebellion' folgt bei Mendel die Gottesanklage, die nicht von der vorhergehenden sozialen Anklage gegen das Land der unbegrenzten Möglichkeiten getrennt werden kann. Unfraglich ist die Klage bei Mendel viel stärker religiös motiviert, doch kann auch hier der soziale Aspekt nicht ausgeklammert werden. In Rußland, und noch viel mehr in Amerika, gefährdet die Gesellschaft Mendel in seinem Dasein als Jude - der Unterschied liegt allein in der amerikanischen

Extremität der sozialen Situation. Wenn Mendel nur aus Rache für sein persönliches Schicksal Gott verbrennen will, so scheint es, als ob Roth plötzlich den sozialen Aspekt am Romanende vernachlässigt, um ein biblisches Wunder einzuleiten. Das direkt folgende Gespräch über die Möglichkeit eines Gotteswunders, spricht dafür. Ein Wunder mit Dimensionen einer gesellschaftlichen Umorientierung läßt sich jedoch nicht in einem Zeitroman realisieren. "Obwohl Gott alles kann ... so ist anzunehmen, daß er die ganz großen Wunder nicht mehr tut, weil die Welt ihrer nicht mehr wert ist" (II/106). Eine Wiederholung von Sodom und Gomorrah in Amerika ist somit ausgeschlossen. Erst hier entsteht in 'Hiob' eine Abwendung Roths von der sozialen Wirklichkeit; nicht um in die Fiktion zu fliehen, sondern vielmehr um nicht in die Unwirklichkeit abzugleiten. Die Zeiten, in denen Gott sich um die Gesellschaft kümmerte, gehören, so Roth, der biblischen Vergangenheit an. Waren nicht die Hoffnungen der "Pilgerväter", in der Neuen Welt ein Reich Gottes (Gods own country) zu verwirklichen, im Gegenteil geendet? Auch Mendels Gründe, Rußland zu verlassen, enden in New York im Negativen: Sein Sohn stirbt als amerikanischer Soldat, der moralische Verfall der Tochter setzt sich fort und die jüdischen Traditionen werden durch Assimilation an die fremde Gesellschaft weiter abgebaut.

Die Rettung aus dieser sozialen Situation und existentiellen Krise kann dann nur für die Einzelperson Mendel und nicht für die Gesellschaft als Ganzes glücken. Aber selbst diese Erlösung Mendels aus seinem Zerwürfnis mit Gott, vollzieht sich mit einem Wunder, welches Roth unzureichend in der Handlung vorbereitet und integriert. Zwischen den "schwankenden Türmen westlicher Zivilisation" (III/627) bringt erst das Wiedersehen mit dem verlorenen Sohn Menuchim die Versöhnung mit Gott. Doch so göttlich ist das Wunder gar nicht. Menuchim wurde in einem russischen Krankenhaus geheilt, also dort, wohin Mendel sich aus religiös-jüdischen Gründen geweigert hatte, den Sohn zu bringen. Daß der Sohn nur noch mangelhaft den jüdischen "Jargon" spricht, zeigt seine Assimilation an die russische Gesellschaft. Immerhin plant Menuchim, den Vater aus der gott- und naturfernen Reklamewelt New Yorks nach Europa zurückzuführen. Eine Antwort auf die sozialen und zivilisatorische Problematik der westlichen Welt wäre das keinesfalls, da Amerika ja nur die Entwicklung in Europa vorausnimmt und ins Extrem steigert. Mendel würde somit an einen Ort flüchten, an dem die gesellschaftlichen Prozesse Amerikas verspätet nachvollzogen werden; er kaufte sich Zeit, die für sein Leben gerade noch ausreicht. Roth wußte nicht, daß wenige Jahre später Hitler viele Menschen zu einer Emigration in die Zivilisation der Zukunft zwingen würde. Er selber blieb in Europa. Seine negative Haltung gegenüber Amerika machte eine eventuelle Auswanderung dorthin höchst unwahrscheinlich. Obwohl Roth ein der Wirklichkeit nicht entsprechendes, einseitiges Klischeebild von Amerika hatte, war es ihm trotzdem geglückt, die existentielle Gefahr der dort ins Extrem gesteigerten westlichen Zivilisation zu erkennen. Eine soziale Alternative war dies Land für Roth nie; in der Zukunft konnte es schlimmstenfalls nur noch amerikanischer werden[152].

6. Beschwörung der Vergangenheit.

a. 'Radetzkymarsch'.

Mit der Amerikathematik in 'Hiob' hatte Roth in acht Werken seine künstlerischen Möglichkeiten der Gesellschaftskritik in der Form des Zeitromans weitgehend erschöpft. Es erstaunt daher nicht, daß er gegenüber Stefan Zweig den Wunsch äußert, einen "altösterreichischen Roman" zu schreiben[153]. Diese Hinwendung zur Vergangenheit kam nicht unerwartet, berücksichtigt man die vorangegangenen Werke. Roth hatte sein Interesse an der Habsburger Monarchie in 'Die Rebellion' bereits anklingen lassen. Obwohl die Donaumonarchie nicht mehr bestand, hatte sie doch eine Erbschaft hinterlassen; in den Köpfen der einstigen Untertanen blieb sie als nicht bewältigte Vergangenheit eine Macht im Hintergrund, die das Leben in der Republik beeinflußte. Die Generationsthematik in 'Zipper und sein Vater' verdeutlichte, daß die geschichtlichen Quellen für die sozialen Zustände der Nachkriegszeit in der Vergangenheit, vor allem bei der vorigen Generation zu finden waren. Roths Interesse an der Vergangenheit war somit anfangs ein Versuch, die Gegenwart besser zu verstehen. Um 1925 zeichnete sich dann ein anderes Motiv ab: Angesichts der wachsenden politischen und sozialen Instabilität und der eskalierenden Wertveränderungen und Entwertung aller Werte beginnt Roth, von den Mächten der Vergangenheit zu träumen (III/516). Von jetzt an wird sein Interesse an der Vergangenheit von zwei unterschiedlichen Motiven bestimmt: Einerseits vom sozialkritischen Interesse und andererseits von der Suche nach Werten, die man der immer trostloser werdenden Gegenwart entgegensetzen könnte. Trotz Zielgleichheit besteht zwischen den Motiven ein Konflikt, da sie letztlich unvereinbar bleiben. Nach der Rußlandreise festigte sich außerdem bei Roth die Erkenntnis, daß die Hoffnung auf eine gesellschaftliche Umstrukturierung eine Illusion sei; die humanistisch-sozialistische Gesellschaftsordnung war nicht realisierbar, jedenfalls nicht in der damaligen Zeit. Alle diese Motive und Aspekte vereinen sich dann in Roths großem Roman 'Radetzkymarsch'.

Die Roth-Forschung hat einige andere Gründe für Roths Interesse an der Vergangenheit angeführt. Vor allem die seit 1930 sich entwickelnde politische und ökonomische Krise in Deutschland und Österreich sollen seine Flucht aus der Wirklichkeit bewirkt haben[154]. Das ist gewiß zuzugeben; doch bleibt festzuhalten, daß diese Situation schon früher eingesetzt hatte; die Dauerkrise der österreichischen Republik mit ihren ungelösten Strukturproblemen und die politischen Probleme der Weimarer Republik bestanden bereits vor dem Ausbruch der Weltwirtschaftskrise. Die Lage hatte sich seitdem nur verschlechtert. Ob man jedoch diese Rückwendung zur Habsburger Monarchie als Eskapismus bezeichnen kann, bleibt fraglich. Noch fragwürdiger scheint die Argumentation, die Neigung zum Konservatismus als "normale" Alterserscheinung des 36-jährigen Roth anzusehen[155]. Ferner spielten biographische Gründe eine Rolle bei der Wahl des Radetzkymarsch-Stoffes. Roth identifizierte sich mit dem untergegangenen Habsburger Reich, und er gestand 1930: Ich bin "doch zusehr Zeitgenosse Franz Joseph, immer noch ..."[156] - vielleicht hätte er schreiben sollen, "schon wieder". Das heißt hingegen nicht, daß er zur Zeit der Niederschrift des 'Radetzkymarsches' eine uneingeschränkte Restauration der Habsburger Monarchie und ihrer Gesellschaftsordnung anstrebe. Er wollte keinesfalls die geschichtliche Entwicklung einfach zurückdrehen, selbst später um 1938 - 1939 nicht, denn gerade diese Vergangenheit war ja der Schlüssel zur gegenwärtigen Misere. Zuletzt sei noch C. Magris Versuch erwähnt, der die österreichische Literatur des 19. und 20. Jahrhunderts, und somit Roths Werke, mit der These des habsburgischen Mythos zu erfassen versucht. Wie die Diskussion über Magris Erklärungen gezeigt hat, ergaben sie keine befriedigende Lösung, so fruchtbar sie auch als Denkanstoß waren[157].

Die Gründe für die Wahl des Habsburger Themas erklärt trotzdem noch nicht, warum Roth diesen Stoff so spät aufgriff. Da der Autor sich hierzu nicht selbst äußerte, können nur Vermutungen angestellt werden. Als mit dem Sozialismus sympathisierender Literat und Journalist war Roth nach 1918 hauptsächlich an der soziopolitischen Gegenwart interessiert. Erst die Gesellschaftskritik an der Nachkriegszeit führte ihn langsam in die geschichtliche Vergangenheit der Vorkriegszeit zurück, um Aufschlüsse über die Gegenwart zu erlangen. Ein weiterer Faktor mag darin zu finden sein, daß Roth erst zeitlich Abstand zu der Epoche, die ihn selbst stark prägte, finden mußte. Die zwölf Jahre, welche seit dem Untergang der Monarchie vergangen waren, haben den Romaninhalt beeinflußt. Trotz allem liebevollen Einfühlungsvermögen in eine vergangene Welt weist der Roman eine neuzeitliche Sozialkritik auf, die ohne die Erkenntnisse und Erlebnisse der zwanziger Jahre nicht denkbar ist.

Im Publikationsjahr 1932 erwies sich der zeitliche Abstand des Romans zu der untergegangenen Habsburger Welt als zu kurz. Rezensenten und Leser interpretierten und lasen das Buch als den "Schwanengesang" des alten Österreichs; hier konnten sie die ausgeträumte Realität noch einmal in einer Romanwelt erleben. Die unerfreuliche politische und ökonomische Situation der Gegenwart sowie die Tatsache, daß viele Leser einst in der Monarchie zu Hause gewesen waren, motivierten derartige Interpretationen. In dieser Hinsicht bestand eine gewisse Übereinstimmung von Motiven zwischen dem Lesepublikum und dem Autor, was wiederum den Erfolg des Buches teilweise erklärt. Vor allem die konservativen Leser sahen Roth jetzt auf ihrer Seite; Roth, der die alte Zeit verherrlichte und gleichzeitig vor der Gegenwart flüchtete, war in ihren Augen ein Konservativer geworden. Den letzten Beweis lieferte Roth einige Jahre später, indem er als Legitimist der Habsburger Monarchie auftrat: vom Revolutionär zum Monarchisten lautete die Argumentation. Für die Roth-Forschung wurden diese einseitigen Interpretationen des 'Radetzkymarsches' bestimmend und zugleich problematisch. Am repräsentativsten für diese Richtung ist wohl Claudio Magris, der Roth hauptsächlich an Hand des 'Radetzkymarsches' in den "Habsburger Mythos" einreiht; wobei zu bemerken ist, daß Magris dem Mythos noch am wenigsten verfällt, da er ihn abgrenzt. Die sich direkt zur Gegenwartsfeindlichkeit steigernde Tendenz der Roth-Forschung ist in Ward Hughes Powells und Fritz Hackerts Interpretationen des Primitivismus und des Kulturpessimismus am deutlichsten abzulesen. Da die retrospektiv ausgerichteten Interpretationen nicht unbegründet sind, ist zu klären, inwieweit Roth tatsächlich von dem sozialkritischen Zeitroman abgerückt ist und zum vergangenheitsbezogenen, "historischen" Roman hinneigte. Oder anders formuliert, es erhebt sich die Frage, ob nicht Roths sozialkritisches Interesse an der Habsburger Epoche von seiner wachsenden Zuneigung zu den "Mächten der Vergangenheit" als verlorener Heimat langsam überschattet wird. Schuf sich Roth hier, mit seinem Roman-Österreich, seine Traumwelt, sein Orplid?[158]

Schon im Ansatz überschreitet Roth die Grenzen des Zeitromans, indem er vier Generationen zurückgreift und die Handlung mit dem Jahr 1859, der Schlacht von Solferino, einsetzen läßt. Die weitschweifende Hinwendung in die Vergangenheit täuscht jedoch, da die Generation des Urgroßvaters eigentlich außerhalb der Romanzeit bleibt und der Großvater, der Held von Solferino, nach der siebzehnten Seite des Romans nicht mehr auftritt. Die Handlung konzentriert sich somit auf den Vater, den Bezirkshauptmann, und dessen Sohn Carl Joseph, die beide abwechselnd die Handlung dominieren. Der Generationsroman rückt folglich auch dem Genre des Zeitromans näher, denn zwischen der Generation Carl Josephs und Roths liegt wenig zeitlicher Abstand. Trotzdem muß beachtet werden, wie der Ahn der Trottas noch nach seinem Tod einen bestimmten Einfluß auf Sohn und Enkel ausübt und daß Kaiser Franz Joseph wie ein "Übervater" die ganze Handlungszeit gegenwärtig bleibt. So weist die Romanform bereits eine Mehrschichtigkeit auf, die nicht eindeutig mit der einen oder anderen Romanformbezeichnung erfaßt werden kann. Einigkeit besteht in der Forschung nur insofern, als der 'Radetzkymarsch' kein historischer Roman sei; im übrigen werden folgende Bezeichnungen gebraucht: Zeitroman, Generationsroman, Familienroman, Epochenroman, Dekadenzroman. Da diese Romanformen miteinander verwandt sind, kann der 'Radetzkymarsch' jedem dieser Romantypen zugeordnet werden. Eine Festlegung auf eine bestimmte Romanform wäre nicht nur einseitig, sondern würde gerade die künstlerische Mehrschichtigkeit des Romans negieren. Zugleich erklärt die nicht klar definierbare Roman-

form teilweise, wie es möglich war und bleibt, das Werk als
Apologie und Apotheose der Habsburger Monarchie zu interpretieren.

Ohne die zahlreichen schlüssigen Interpretationen, die den
Habsburg-Mythos in der bisherigen Roth-Forschung vertreten[159],
zu wiederholen, kann Roths Rückwendung zur Vergangenheit
an der Länge des Romans konstatiert werden. Im Vergleich
zu seinen vorangegangenen Werken, die durchschnittlich ungefähr hundert Seiten in der Werkausgabe umfassen, nimmt der
'Radetzkymarsch' das dreifache Volumen ein. Roth fühlte selbst,
wie sehr er sich im Damals verfangen hatte. Er klagte: "Der
Stoff ist zu groß, ich bin zu schwach und kann ihn nicht bändigen"[160]. Mit welcher epischen Breite Roth sich der Apotheose der Habsburger Monarchie (Belle Epoque des fin de
siècle) widmete, zeigt ein Vergleich des 'Radetzkymarsch'
mit 'Zipper und sein Vater'. Dort hatte Roth zwei Generationen in etwas mehr als hundert Seiten erfaßt. Je mehr der
Autor sich dem Damals zuwendet, um so unfaßbarer wurde die Vergangenheit für ihn, der mehr und mehr von ihr erfaßt wurde.
Roth verliert sich in der Vergangenheit und muß gleichzeitig
erkennen, daß der Rückzug in die erzählte Welt des Damals nicht
gelingen kann; die heile Welt der Vergangenheit bleibt außerhalb der Romanhandlung in der nebulosen agrarischen Vorzeit
der Ahnen. Die zweijährige Entstehungszeit des Romans ist ein
Zeichen für Roths Schwierigkeiten, das Werk zu vollenden. Nach
Beendung der Niederschrift heißt es in einem Brief: Ich habe
"so lange daran herumgebastelt, 2 Jahre, das ist kein Beweis
für Gesundheit, Kraft und Produktivität"[161]. Kurz darauf läßt
eine andere Briefstelle erkennen, wie erleichtert Roth war,
den "Mächten der Vergangenheit" entkommen zu sein:

> Es ist glaube ich nun an der Zeit, daß ich mich wieder mit
> den Menschen 'von heute' befasse - und ich glaube, ich werde ... im Januar an einen großen Roman aus der Gegenwart
> gehen. [162]

Der gesellschaftskritische Aspekt, der bisher Roths Werke
beherrscht hatte, wurde in den ersten 'Radetzkymarsch'-Rezensionen nicht angesprochen. Erst Georg Lukács griff 1939
die Frage nach Roths Sozialkritik auf. Er konstatierte: Der

Roman schildert die "wichtigsten sozialen Faktoren des Untergangs" an den Einzelschicksalen der Oberschicht[163]. Gleichzeitig kritisiert Lukács Roths Abgleiten in die Vergangenheit, räumt dann aber ein:

> Hätte Roth nicht seine Illusion [von der Vergangenheit], so hätte es ihm kaum gelingen können, so tief in die Welt seiner Beamten und Offiziere hineinzublicken und so voll und ganz und wahrhaftig den Prozeß ihres sittlichen und sozialen Verfalls darzustellen. 164)

Obwohl Lukács die Gesellschaftskritik erkennt, hat sie jedoch für ihn nur eine zweitrangige Bedeutung; sie ist der Nostalgie als dem beherrschenden Motiv des Romans nachgeordnet. Die Leistung dieser Rezension liegt darin, daß Lukács als erster die Mehrschichtigkeit des Romans aufdeckte. Sie beschreibt die im Werk verschränkten Gegensätze, ohne sie zu retuschieren oder wegzuinterpretieren. Indem Lukács die zwei Bedeutungsebenen des Werkes aufdeckt, stößt er auf das künstlerische Wesensmerkmal, das den 'Radetzkymarsch' zu einem hervorragenden literarischen Text macht. Wie wichtig die Aufdeckung von Roths doppelten, aber letztlich entgegengesetzten Motiven ist, zeigt die Aufzählung der damit assoziierten Worte: Konservativ, Nostalgie, Unwirklichkeit, Kulturpessimismus, Legitimist, Monarchist, oder Demokrat, Realismus, Gesellschaftskritik, Sozialist. Hier zeigen sich trotz Zielgleichheit die Gegensätze der unterschiedlichen Motive; Roths Versuch, beide Aspekte zu vereinen, mußte scheitern. Deshalb ging die Niederschrift des Romans auch so langsam voran. Es ist außerdem verständlich, warum Interpretationen immer wieder anstrebten, den einen der beiden Aspekte, wenn man ihn nicht leugnen konnte, zumindest unterzubewerten oder umzuinterpretieren. Um ein Beispiel für die Einseitigkeit der sozialkritischen Abhandlungen anzuführen, sei die Arbeit von Werner G. Hoffmeister zitiert, der sich die Frage stellt,

> inwieweit die episodisch anmutenden, genau betrachtet recht vordergründigen Handlungselemente des Romans im Grunde nur erzählerischer Vorwand sind für eine gesellschaftliche Zustandsschilderung, in der es auf die kritische Darstellung der brüchigen Konventionen, Sitten, Denk- und Verhaltensweisen in der zerfallenden Monarchie mehr ankommt als auf das Geschick der einzelnen Charaktere. ... Vielleicht müssen Carl Joseph und sein Vater

vornehmlich als Kontaktfiguren betrachtet werden, die
den Leser in die sozialen Milieus ... einführen, die für
den Geist der Zeit entscheidend sind. 165)

Die weiter ausgreifende Untersuchung der sozialkritischen
Komponente, welche Hoffmeister fordert, bestand schon längere
Zeit. Werner Zimmermann hat in seiner detaillierten und sehr
informativ angelegten Interpretation eine didaktische Analyse
des sozialpolitischen Aspekts im 'Radetzkymarsch' klar herausgearbeitet[166]. Um Zimmermanns Arbeit nicht zu wiederholen,
wird hier davon abgesehen, eine detaillierte Analyse der sozialen Aspekte im 'Radetzkymarsch' zu erarbeiten[167]. Es ist jedoch nützlich, eine kurze Zusammenfassung von Zimmermanns Interpretation zu geben. Seine Arbeit gliedert sich in drei Teile:
Im ersten Teil wird die im Roman dargestellte soziale Wirklichkeit vom Aspekt der alten patriarchalisch-feudalistischen Gesellschaftsordnung erfaßt. Dabei zeigt sich, daß diese Gesellschaftsordnung und ihre Repräsentanten im Wesen überaltert sind.
Das Leben im Habsburger Reich wird hauptsächlich von der Vergangenheit bestimmt; eine Vergangenheit, die zugleich Ehrfurcht fordert und Würde ausstrahlt, aber auch eine negative Hypothek darstellt. Die Traditionen und Normen der Gesellschaft sind zu
rituellen inhaltslosen Formen degeneriert und behindern menschliche Beziehungen. Das Individuum muß sich diesen Normen unterordnen und sie erfüllen; als Belohnung für sein systemimmanentes
eingeengtes Verhalten erhält der Bürger soziale Sicherheit und
Halt. Anstatt seine Selbstverwirklichung anzustreben, bleibt
dem jungen Menschen nur die Möglichkeit, sich der patriarchalisch-autoritären Hierarchie zu beugen, ein Verhalten, das wiederum das System stabilisiert. Die Rolle des Menschen ist somit
festgelegt und die soziale Mobilität äußerst begrenzt. Im 'Radetzkymarsch' spielen die unteren Stände nur eine Nebenrolle, da
das gesellschaftliche Leben von jenen bestimmt wird, die die
Normen durch ihre Macht diktieren, sei es der Kaiser als Reichsvater oder der Bezirkshauptmann Trotta als Vater. Für beide besteht nur eine soziale Norm: die des Habsburger Reiches. Im
zweiten Teil seiner Interpretation weist Zimmermann auf die
sich abzeichnende Auflösung dieser Gesellschaft. Die vielzähligen Zerfallserscheinungen innerhalb dieser geschlossenen Gesellschaftsordnung werden von den meisten Romanfiguren negativ

bewertet, da sie in ihrer Normenwelt gefangen bleiben. Tatsächlich bedeutet dieser Zerfall nicht Dekadenz sondern Erneuerung und sozialen Fortschritt. Das alte Normensystem der Habsburger Gesellschaft sieht sich konfrontiert mit neuen Alternativnormen einer aufkommenden demokratischen, offenen, pluralistischen Gesellschaft. Dies zu erkennen, bleibt nur jenen Romannebenfiguren vorbehalten, die sich von dem Habsburger Universum innerlich oder äußerlich distanziert haben. Das gleiche gilt für den Leser des Romans: Jene, die Habsburg nachtrauern, werden bei Roths Schilderungen der Nostalgie und der Habsburger Norm verfallen, während der kritisch distanzierte Leser mehr Aufmerksamkeit der Gesellschaftskritik Roths widmen wird. Der dritte Teil versucht das letztere, indem hier die zukünftige demokratisch-pluralistische Gesellschaftsordnung als Thema zentral steht. Die späten Jahre des Habsburger Reiches werden als Übergangszeit gesehen, in der vor allem die Arbeiter der Borstenfabrik und Nebenpersonen wie Doktor Demant repräsentativ stehen für Leute, die mit der herrschenden Gesellschaftsordnung in Konflikt geraten. Auch Carl Joseph Trotta versucht sich von den Wertvorstellungen Habsburgs zu lösen, doch seine Erziehung und die Umwelt lassen ihn scheitern. Hier stellt Zimmermann die Frage nach der Einstellung des Erzählers (nicht Roths) zu der von ihm dargestellten soziopolitischen Wirklichkeit. Die Haltung des Erzählers ist sowohl von Respekt und Sympathie als auch von kritischer Distanz und Ironie gekennzeichnet. Mit großem Einfühlvermögen läßt Roth Habsburg erneut aufleben, um dann die sozialen Mißstände zu entlarven. Roth stehe, so Zimmermann, zur Zeit der Niederschrift des 'Radetzkymarsches' zwischen seiner frühen sozialistischen Phase und der des konservativen Engagements (1938/39). Beide Gesinnungen seien im Roman anwesend. Was Zimmermann noch nicht erkannte, war, daß diese "Zweigleisigkeit" von Roth bis zu seinem letzten Roman 'Die Kapuzinergruft' aufrechterhalten worden ist und daß die letzte Abrechnung mit Habsburg, trotz konservativen Engagements, noch viel negativer ausfallen würde.

Das Verhältnis des sozialkritischen Aspektes zur Versenkung Roths in ein Stück Vergangenheit ist nicht mit einem Entweder - Oder zu erfassen, weil es zu komplex ist. Roth hatte sich als Schriftsteller der Nachkriegszeit intensiv mit den sozialen Pro-

blemen der Zeit auseinandergesetzt. Diese Erfahrung kann er nicht
einfach abstreifen. Er sieht die Spätzeit der Habsburger Monarchie aus der Perspektive des Heute und der neuzeitlicheren Gesellschaftskritik. Einerseits will er das Damals geradezu mit
dieser Mentalität betrachten, um so den Bezug zum Jetzt herzustellen. Das kann an der Erzählhaltung des Erzählers konstatiert werden:

> Heutzutage sind die Begriffe von Standesehre und Familienehre und persönlicher Ehre, in denen Herr von Trotta lebte,
> Überrest unglaubwürdiger und kindischer Legenden, wie es uns
> manchmal scheint. Damals aber hätte einen österreichischen
> Bezirkshauptmann von der Art Herrn von Trottas die Kunde vom
> plötzlichen Tod seines einzigen Kindes weniger erschüttert,
> als die von einer auch nur scheinbaren Unehrenhaftigkeit
> dieses einzigen Kindes. (I/249)

Andererseits läßt ihn sein Interesse an der Vergangenheit, und
das ist auch seine Kinderzeit, immer mehr den "Mächten der Vergangenheit" als Rettung aus der trostlosen gegenwärtigen Situation verfallen. Die Gegensätze bestimmen den ganzen Roman; für
weite Textabschnitte halten sie sich die Waage, obgleich in einzelnen Szenen der eine oder andere Aspekt überwiegt. Aus dem
Schwebeverhältnis der Gegensätze entsteht dann zugleich kritische
Distanz und einfühlende Nähe, die beide den Roman auszeichnen.
Die Erzählsituation spiegelt das wider, denn der Roman stellt
eine Grenzform zwischen dem personalen und auktorialen Roman dar,
in dem das auktoriale Moment überwiegt[168]. Roths stilistische
Gratwanderung zwischen diesen entgegengesetzten Positionen wurde
als "Zwischenstadium" oder Standpunkt zwischen Heute und Damals
beschrieben[169]. Die Roth-Literatur hat leider dieses "Zwischenstadium" immer wieder einer primär retrospektiven Interpretation
untergeordnet und somit gerade die den Roman auszeichnende Mehrschichtigkeit verdeckt, anstatt sie hervorzuheben; die Vieldeutigkeit des Romans wurde so zur Eindeutigkeit reduziert.

Zu untersuchen bleibt, wieso die Gesellschaftskritik des Romans
so unbemerkt blieb. Das ist umso erstaunlicher, wenn man die
Schicksale des Bezirkshauptmanns und Carl Josephs betrachtet.
Beide Hauptpersonen führen ein Leben, in dem Enttäuschungen und
Unzufriedenheit vorherrschen, wenn das auch beim Vater nur im
hohen Alter zutrifft. Der Leser hat eigentlich bei beiden Protagonisten keine Ansatzmöglichkeiten zur positiven Identifikation.

Die Bereitwilligkeit des Lesers, seinen nostalgischen Gefühlen
zu folgen, muß also von einem anderen Faktor motiviert werden.
Jene vom Autor geschilderten gesellschaftlichen und politischen
Zustände in der Spätzeit der Monarchie stellen ferner keine intakte Welt mehr dar, hierzu sind die Zerfalls- und Auflösungssymptome zu zahlreich. Die heile Welt der Ahnen liegt zeitlich
vor Solferino, der ersten Niederlage der österreichischen Monarchie. Trotzdem erscheint die Ordnungswelt des 19. Jahrhunderts, selbst wenn sie bereits in Frage gestellt wird, dem heutigen Leser als eine Zeit, in der Sicherheit, Regelmäßigkeit und
Geborgenheit überwogen. Daß die täuschende Ruhe des "tiefen
Friedens" direkt in die Katastrophe führte, fühlten die Menschen
damals nicht, jedenfalls nicht die Romanpersonen Roths. Nur der
Erzähler in seiner Nachkriegsperspektive ist sich dessen bewußt, wie es seine zahlreichen Prophezeiungen andeuten[170]. Die
Vorausdeutungen kritisieren so die damalige Gesellschaftssituation, in der die Probleme der Zeit bewußt ignoriert wurden. Mit
einem Federstrich ändert der Bezirkshauptmann "revolutionärer
Agitator" (Sozialdemokrat) in "verdächtiges Individuum" (I/131)
und umgeht auf diese Weise jegliche politische Auseinandersetzung. Der nostalgische Aspekt des Romans liegt vor allem in der
sympathischen Art und Weise, in der Roth mit großem Einfühlungsvermögen die Epoche schildert. Nicht nur gelingt es ihm, sich
in die Personen weitgehend einzuleben und trotzdem Abstand zu
wahren[171], sondern er stellt sie mittels seines impressionistischen Stils auch in eine atmosphärische Umwelt. Im 'Radetzkymarsch' gelang es Roth, Habsburg wieder aufleben zu lassen. Deshalb blieb die Gesellschaftskritik unbeachtet. Hartmut Scheible
unterscheidet in Roths Werken zwischen einer direkten Zeitkritik
im Frühwerk und einer indirekten, ästhetisch integrierten Gesellschaftskritik im 'Radetzkymarsch'[172]. Die letztere hält Scheible für die subtilere und effektvollere, während die erste ihr
Ziel durch ihre Direktheit verfehlte. In der Wirkungsgeschichte
des Romans wird eher das Gegenteil bewiesen, indem die ästhetisch
integrierte Gesellschaftskritik wenig Beachtung fand. Der Leser
konnte ohne Mühe die Gesellschaftskritik ignorieren und sich an
der ästhetischen Vermittlung erfreuen. Hierbei hilft ihm Roths
unverkennbare Sympathie für die Donaumonarchie, welche die

nostalgische Lesehaltung fördert. Roths "Schwanken zwischen Sympathie und nüchterner, sachlicher Beurteilung dessen, was in der Vergangenheit schlecht war"[173], verursacht beim Leser Unsicherheit, die er beendet, indem er einen der beiden Aspekte bevorzugt. Es scheint nahezuliegen, dem sentimentalen Aspekt gegenüber der Gesellschaftskritik den Vorrang zu geben. Vor allem für den damaligen Leser war die Wahl leicht, denn Distanz zu der untergegangenen Welt bestand noch nicht. Da Nostalgie nicht viel mit der Wirklichkeit zu tun hat, fanden die Leser im Roman-Österreich des 'Radetzkymarsches' ihre vergangene Welt, ihren Fluchtort aus der Gegenwart. "Nostalgie für das alte, dahingegangene Reich, ... diese Nostalgie fühlte man sogar in den Nachfolgestaaten, die längst ein nationales Eigenleben führen"[174].

Aber nicht nur für den Leser scheint die Vergangenheit Habsburgs als Wert an sich stärker als die Gesellschaftskritik zu sein, sondern auch für Roth selbst. Trotz seines Balanceaktes ist er ihr am Romanende weitgehend verfallen. Die Sympathie für den greisen Kaiser, einen überalterten Bezirkshauptmann und ein überlebtes anachronistisches Reich verdeckt die Sozialkritik. Die Schuld am Ersten Weltkrieg wird relativiert, indem Roth die Akteure als Menschen einer geschlossenen Welt darstellt, die einfach nicht anders handeln konnte. Während der Erzähler mit Ironie für den Bezirkshauptmann fragt: "Und was ging ihn der Untergang der Welt an ...? ... Seine Welt war untergegangen" (I/303), gesteht der Kaiser auf seinem Todesbett, zu lange Kaiser gewesen zu sein (I/309). "'Der Krieg ist auch eine Sünde!' sagte er laut. Aber der Priester hörte ihn nicht" (I/309). So verhallt das Sündengeständnis in der Leere. Und wie eine nachsichtige Entschuldigung muten die Worte von Doktor Skowronnek an: "Ich weiß nicht ... ich glaube, sie konnten beide Österreich nicht überleben" (I/311). Wie sehr Roth sich der Vergangenheit zugewandt hatte, wurde dann erst nach Vollendung des 'Radetzkymarsches' deutlich, als der "große Roman aus der Gegenwart"[175] ausblieb und er die Erzählung 'Die Büste des Kaisers' schrieb. Mit dem 'Radetzkymarsch' hinterließ Roth, sieht man einmal vom Romanende ab, ein Werk, welches Vergegenwärtigung und Kommentierung der Vergangenheit zugleich darstellt.

b. 'Die Büste des Kaisers'.

Im 'Radetzkymarsch' hatte Roth, wenn auch etwas mühsam, den Ausgleich zwischen seiner sozialen und seiner monarchistischen Interessenneigung beinah bis zum Romanende durchgehalten. Nur am Schluß überwog deutlich die Sympathie für die Donaumonarchie, eine Tendenz, die erst im nachhinein in ihren vollen Ausmaßen erkenntlich wurde. Hitlers Machtübernahme wirkte sich natürlich als verstärkendes Moment auf Roths Einstellung aus. Emphatisch äußert Roth seine monarchistischen Gefühle in einem Brief an S. Zweig:

> Was mich persönlich betrifft: sehe ich mich genötigt, zu folge meinen Instinkten und meiner Überzeugung absoluter Monarchist zu werden. ... Ich halte es für feige, jetzt nicht zu sagen, daß es Zeit ist, sich nach den Habsburgern zu sehnen. Ich will die Monarchie wieder haben und ich will es sagen. 176)

Da Roths emotionale Aussagen die realpolitischen Gegebenheiten völlig falsch beurteilen, müssen sie als Wunschdenken eines Menschen, der sich gegenüber den politischen Ereignissen ohnmächtig fühlt, verstanden werden. "Ich sehe, daß wir den Wahnsinn in Deutschland nicht übertönen werden" 177).

Kein anderes Werk Roths zeigt seine Zuneigung zur Habsburger Monarchie, aber zugleich auch seine Zurückhaltung gegenüber einer vorbehaltlosen Restauration, so deutlich wie die Erzählung 'Die Büste des Kaisers' (1934) 178). Auffallend an der Erzählung ist die Ausklammerung jeder tiefergreifenden Gesellschaftskritik, wie sie die bisherigen Romane gezeigt hatten. Hier wird dem Leser ein Idealbild der Donaumonarchie und ihrer Gesellschaftsordnung vermittelt. Ein klares Bekenntnis Roths zum Habsburg-Mythos, wie er sich seit 1918 bei den Anhängern der Monarchie verfestigt hatte, liegt endlich vor.

Mit Absicht siedelt Roth sein anachronistisch anmutendes Paradies weit entfernt von Wien in Ostgalizien an. Wie in einer Enklave besteht dort noch eine feudalistisch-patriarchalische Gesellschaft, völlig unberührt von Klassenstreit und Kapitalismus. Als Stellvertreter des Kaisers führt der Graf Morstin seine autoritäre Herrschaft über die Gemeinschaft wie ein Lehns-

herr; "ein übernationaler Mensch und ein Adliger echter Art"[179].
Die Dorfwelt soll als repräsentativer Mikrokosmos des ganzen
Reiches gelten, in welchem Heterogenes und Gegensätzliches
unter der Krone Habsburgs in einer Atmosphäre der Toleranz
vereint lebt. Soziale Konflikte können in einer derartigen
Gemeinschaft überhaupt nicht ausbrechen, da jeder seine Stellung im Leben akzeptiert und die des Mitmenschen respektiert,
vor allem die der k. und k. Apostolischen Majestät. Gefährdet
wird die heile Welt der Erzählung nur von der Nationalitätenfrage und dem Unwillen einiger Bürger, die anstatt den Staat
aktiv zu stützen, ihn mit leichtfertigen Witzen kritisieren.
Gemeint sind nicht etwa politische Revolutionäre, sondern Leute
wie Graf Chojnicki im 'Radetzkymarsch', der alle Vorteile der
Monarchie nutzt und genießt, aber nicht bereit ist, zur Erhaltung oder Erneuerung des Reiches einen Beitrag zu entrichten. Er bevorzugt es, den Untergang der Monarchie mit Ironie
zu kommentieren. Die vorhandenen Möglichkeiten, das alte Österreich zu regenerieren, wurden, so will es Roth dem Leser suggerieren, gerade von denen vertan, verschlampt und nicht genutzt, die die Führung hätten übernehmen können und müssen.
Ihre Witze und Ironie beweisen, daß sie die Situation kritisch
beurteilten und erkannt hatten, leider setzen sie die Kritik
jedoch nicht in konstruktive Mitarbeit um. Morstin hingegen
zählt zu jenen, die nicht einmal Kritik an der Monarchie dulden und alles daran setzen, um den stagnierten status quo zu
erhalten. Wie Morstin vermeidet es auch der Erzähler, die Situation gesellschaftskritisch zu analysieren. So wird der wachsende Nationalismus zwar als Gefahr dargestellt, aber die wirklichen Gründe der Bewegung bleiben unerwähnt. Für den Erzähler
entsteht die nationale Gesinnung aus der "vulgären Gemütsart"
jener Bürger, die mit ihrem niedrigen Stand unzufrieden sind
und dabei übersehen, daß ihre Beschränktheit eine höhere gesellschaftliche Position nicht zuläßt.

Die soziale Wirklichkeit der Donaumonarchie sah hingegen ganz
anders aus, als der Erzähler sie hier schildert. Ostgalizien
war kein Paradies, sondern bedeutete für die meisten Untertanen: "Schmutz und Elend, Rückständigkeit und Nationalitätenhaß, Analphabetismus und Antisemitismus, Ausbeutung und Bru-

talität"[180]. Die Witze, die kursierten, zielten ab auf konkrete Mißstände und das so berüchtigte "Weiterwursteln" in der k. und k. Monarchie. Das Nationalitätenproblem war durch soziale Ungleichheiten entstanden und nicht eine Einbildung in den "beschränkten Köpfen" einiger unzufriedener Bürger. Innerhalb des Vielvölkerreiches herrschte eine deutschsprachige Elite, die sich aus Klerus, Adel, Armee, Beamtentum und jüdischer Bourgeoisie zusammensetzte. Wer außerhalb dieser Gruppen stand, hatte kaum soziale Entwicklungsmöglichkeiten. Leider muß man Roth Recht geben, daß der ins Extrem gesteigerte Nationalismus im 20. Jahrhundert in "Bestialität" ausartete. "Von der Humanität durch Nationalität zur Bestialität"[181]. Diese Worte Grillparzers, die Roth zitiert, stimmen in der Schlußfolgerung, nicht aber in der Prämisse. Das alte Österreich war vor allem für die höheren Stände eine Gesellschaft der Humanität. Außerdem stellt sich die Frage, ob nicht die Habsburger Monarchie, indem sie die nationale und soziale Problematik aufstaute und nicht bewältigte, mitverantwortlich war für die Radikalisierung des Nationalismus und somit für die Bestialität. Roths Gesellschaftskritik in seinen anderen Werken und vor allem im 'Radetzkymarsch' zeigt, daß er mit den wirklichen Ursachen vertraut war. Wenn er jetzt in 'Die Büste des Kaisers' die Situation einseitig und oberflächlich darstellt, so ist das eine gewollte Idealisierung der Donaumonarchie.

Morstin verliert seine Heimat durch den Weltkrieg; als übernationaler Adliger, der ausschließlich monarchistisch gesinnt ist, kann er sich mit keinem der neuen nationalen Staaten identifizieren. Der Vielvölkerstaat Habsburg hatte jenen, die keine Zugehörigkeit zu einer Nation besaßen, eine Heimat garantiert. Durch die Zersplitterung des Reiches in Nationalstaaten wurden die Juden und Menschen wie Morstin Heimatlose, denn es gab weder einen Staat der Juden noch ein übernationales Europa. Roth nähert sich hier der Auffassung, daß das alte Österreich ein vereintes Europa hätte werden können, zugleich muß er aber einsehen, daß die Chance hierzu vertan wurde. "Es gab einmal ein Vaterland, ein echtes, nämlich eines für die 'Vaterlandlosen', das einzig mögliche Vaterland. Das war die alte Mon-

archie"[182]. Im Gegensatz zu den Vaterlandlosen gab es viele
Untertanen, denen das Vaterland wie ein Kerker vorkam, da es
sie in ihrer Entwicklung und Selbstbestimmung behinderte.
Nachdem sich Morstin überzeugt hat, welche Unordnung in Europa nach dem Weltkrieg herrscht - selbst im biederen Zürich
tanzen die neuen "Geldmonarchen", die Bankiers und Kriegsgewinnler, in der "American Bar" - , tritt er die Flucht aus
der niederträchtigen Gegenwart in die Vergangenheit an. Eigentlich begreift er erst jetzt, daß der Krieg die Welt völlig
verändert hatte. Doch sein Versuch, sein altes Leben wieder
aufzunehmen, als ob der Krieg nur ein Traum gewesen wäre, muß
scheitern. Der "Sonderling", mit seinen Requisiten aus der k.
und k. Ära, gerät bald in Konflikt mit der Obrigkeit der neuen
polnischen Republik. Spätestens hier zeigt Roth seine Vorstellung von einer eventuellen Restauration der Habsburger Monarchie. Er wußte von der Unmöglichkeit, die Geschichte rückgängig zu machen oder etwa die Realitäten der Gegenwart außer acht
zu lassen. Die alte Habsburger Monarchie war tot und mußte ein
für allemal begraben werden, so wie es Morstin dann notgedrungen symbolisch mit der Büste des Kaisers vollziehen muß. Für
Roth, wie für Morstin, war die Vergangenheit verloren. "Wenn
die alte Zeit tot sein soll, so wollen wir mit ihr verfahren,
wie man eben mit Toten verfährt: wir wollen sie begraben"[183].
Das sollte ganz unabhängig davon geschehen, ob man die Vergangenheit verklärt oder nicht. Wenn Roth in den dreißiger Jahren als Legitimist auftritt und eine Restauration der Habsburger Monarchie anstrebt, so will er die positiven Werte der
Donaumonarchie in die Gegenwart und Zukunft übertragen, ohne
die geschichtliche Entwicklung zu negieren. Die Restauration
wäre somit keine bloße Wiederholung des Vergangenen, sondern
eher eine Erneuerung. In der politischen Konstellation von
1934 war das nichts anderes als Wunschdenken eines Ohnmächtigen, der den Zweiten Weltkrieg kommen sieht und, ohne ein Steuer in der Hand zu haben, versucht, den Kurs zu ändern. Hierbei
verfällt Roth zugleich einer Idealisierung der Vergangenheit,
ja, er muß ihr anheimfallen, um zu verdecken, wie diese zur
gegenwärtigen Krise führte.

> Meine alte Heimat, die Monarchie allein war ein großes
> Haus mit vielen Türen und vielen Zimmern, für viele Arten

> von Menschen. Man hat das Haus verteilt, gespalten, zertrümmert. Ich habe dort nichts mehr zu suchen. Ich bin gewohnt, in einem Haus zu leben, nicht in Kabinen. 184)

Hier wird nicht erwähnt, auf was für einem unterminierten Fundament das längst baufällige und überalterte Haus stand, dessen Bewohner lieber Walzer tanzten, als sich um die Renovierung zu kümmern. Außerdem bleibt ungesagt, daß dieses Haus für viele keine soziale Offenheit bedeutete und eher als Gefängnis empfunden wurde. Trotzdem wäre dieses Haus immer noch besser gewesen als die Ruinen zweier Weltkriege - nur hatte das Haus Habsburg zumindest bei der Herbeiführung des Ersten Weltkrieges eine erhebliche Rolle gespielt.

7. Das Versagen in der Vergangenheit und Scheitern in der Gegenwart: 'Die Kapuzinergruft'.

Kein anderes Werk Roths hat soviel ablehnende kritische Beachtung oder auch Nichtachtung hervorgerufen wie 'Die Kapuzinergruft'. Roth unterliefen in diesem letzten Roman [185] nicht nur Fehler in der Chronologie der Handlung und eines Ortsnamens, die eine Unsorgfältigkeit des Autors vermuten lassen, jedoch zu verzeihen wären, sondern der ganze Roman wirkt chaotisch und fragmentarisch. Vor allem das angehängte Schlußkapitel weist diese Uneinheitlichkeit auf. Sowohl Blanche Gidons Erklärung, daß dieses Chaos gewollt sei, da Roth die Auflösung der alten Ordnung stilistisch darzustellen versucht[186], wie auch Ward Hughes Powells Argumentation, der Alkoholismus hätte Roth beeinflußt[187], oder Franz Carl Weiskopfs Auslegung, es wären Verfallserscheinungen[188], sind von Curt Sanger widerlegt worden

> Apparently, on the testimony of Stephan Zweig, Roth's drinking did not impair the quality of his writing. During the writing of the works following 'Kapuzinergruft', he drank as much as ever, yet they were on the usual level of literary achievements. [189]

Was bleibt, ist der fragmentarische und ungeordnete Roman, für dessen Eigenart bis jetzt keine schlüssige Erklärung vorliegt und dessen Interpretation, wenn sie überhaupt versucht wurde, in Widersprüchen stecken bleibt. W. H. Powell geht sogar soweit zu schreiben: "... since 'Kapuzinergruft' is not only sometimes beclouded but also, in a sense, fragmentary, it seems to evade carefull analysis and interpretation"[190].

Allgemein wurde 'Die Kapuzinergruft' von einer in die Vergangenheit gerichteten Perspektive interpretiert, wobei Roths melancholische Zuneigung für die Habsburger Monarchie betont wird. In anderen Worten: Roth trägt 1938, als der Anschluß Österreichs an das Dritte Reich die erhoffte Restauration der Habsburger Macht ein für allemal zunichte macht, seine Habsburger Träume in die Kapuzinergruft. Eine derartige Interpretation geht von der Identifikation Roths

mit der Erzählerfigur Trottas aus, ja muß von ihr ausgehen, da
sich sonst völlig andere Auslegungen dem Leser aufdrängen. Die
in dieser Hinsicht weitestgehende und zugleich jedoch als repräsentativ anzusehende Interpretation stammt von Peter Jansen,
der Trotta als eine Flucht Roths in die Ich-Projektion, in ein
apolitisches Privatisieren, hinstellt[191]. Sogar F. C. Weiskopf
hält Trotta (gleich Roth) für einen "billigen Mystiker", der
einen Realitätsverlust erlebt, da Roths Poetik die historische
Wahrheit verdeckt[192]. Damit nimmt er Trotta beim Namen, er sieht
ihn als Trottel, anstatt als Repräsentanten einer bestimmten
Gruppe des Adels und der konservativen Oberschicht des Österreichs der Zwischenkriegszeit. Im Gegensatz zu diesen Auffassungen muß jedoch auch hier davon ausgegangen werden, daß
Roth mit der Figur Trottas bewußt Zeitkritik verbunden hat;
denn gerade das apolitische Privatisieren Trottas, der zum
"Exterritorialen" wird und sich dem politischen Prozeß der Zeit
entzieht, indem er diesen nicht versteht oder verstehen will,
wird als Politikum dargestellt und damit zum Objekt der Zeitkritik. Diese Intention Roths ist erstaunlicherweise bisher nur
von Hartmut Scheible erkannt worden. Voraussetzung für diese
These ist die Abgrenzung Trottas als Ich-Erzähler und somit
als Romanfigur von Roth als dem Autor. Erst dann ergeben sich
Interpretationsmöglichkeiten, die den zeitkritischen Inhalt
des Romans freilegen. Die Vorarbeit zu diesem Ansatz leistete
Hartmut Scheible, indem er als erster konstatierte: "... daß
die Mehrzahl der Sätze, die Roths Anschauungen zusammenfassen
dürften, nicht von dem Erzähler der ersten Person, Trotta,
sondern dem Grafen Chojnicki vorgetragen werden"[193], und in
einer Fußnote: "Noch einmal sei daran erinnert, daß Erzähler
(F. F. Trotta) und Autor (J. Roth) nicht verwechselt werden
dürfen"[194].

Roth hat 1937 - 1938 mit der 'Kapuzinergruft' zugleich an
den zeitkritischen Aspekt seiner Frühwerke angeknüpft und
die gedankliche Weiterführung, im weitesten Sinne, des 'Radetzkymarsches' vollzogen. Zu Recht wurde bemerkt, daß Roth
aus "Ideen, Motiven, Charakteren und Szenen seiner früheren
Romane" einen neuen Roman schrieb, "in dem dem Leser nichts
erzählt wird, was er nicht schon irgendwo bei Roth gelesen

hat"[195]. Doch waren seit den vorigen Werken und vor allem seit dem 'Radetzkymarsch' einige Jahre vergangen, die umwälzende politische Veränderungen gebracht hatten. Die Welt war verwandelt und eine nahtlose Fortsetzung des 'Radetzkymarsches' wäre ohnehin ein unmögliches Unternehmen gewesen. Sicher erzählt Roth viel, das dem mit Roths Werken vertrauten Leser bekannt vorkommt, doch liegt trotzdem eine Veränderung vor, die aus der Situation der Schaffenszeit und der Verlagerung der Erzählhaltung hervorgeht. Im Gegensatz zu der Er-Erzählung der Familiengeschichte der Trottas im 'Radetzkymarsch' tritt jetzt die Ich-Erzählung des Franz Ferdinand Trotta aus dem Jahr 1938 und somit eine ganz andere gesellschaftskritische Perspektive. Gemeinsam hingegen bleibt beiden Romanen die Konsequenz, mit der sie dem Schluß entgegengehen: beim 'Radetzkymarsch', dem Ersten Weltkrieg und dem Untergang Habsburgs und in der 'Kapuzinergruft', dem Anschluß Österreichs an das nationalsozialistische Deutschland im Vorstadium des Zweiten Weltkrieges. Trotz allem Fragmentarischen "wächst" der Schluß bei diesem Spätwerk mit einer Folgerichtigkeit hervor, "die ihresgleichen sucht"[196].

Als Erzähler seiner Lebensgeschichte zeigt sich Franz Ferdinand genauso dilettantisch, wie er es als Lebenskünstler ist. Mit dem schriftstellerischen Dilettantismus Trottas, der von Roth gewollt gestaltet wird, hat der Autor eine bewußte Distanzierung vom Protagonisten angestrebt. Auf Trottas oft laienhafte Erzählung können dann auch die fragmentarischen und chaotischen Züge des Romans weitgehend zurückgeführt werden, selbst wenn das nicht die offenbaren Schwächen des Werkes völlig erklärt und entschuldigt; es bleibt der Eindruck, daß Roth 'Die Kapuzinergruft' mit weniger Sorgfalt schrieb als seine übrigen Bücher. Trottas Unfähigkeit als Autor, läßt sich z.B. am deutlichsten an dem Bruch in der Handlung zwischen dem siebenten und achten Kapitel konstatieren. Das Religionsthema "muß" hier überhaupt nicht unbedingt besprochen werden, es hätte ohne weiteres auf andere Weise in die Erzählung integriert werden können. Außerdem handhabt der Erzähler die Leitmotive ohne jegliches Stilgefühl. Die Wiederholungen u.a. des vorausdeutenden Satzes: "Der Tod kreuzte schon seine knochigen

Hände über den Kelchen, aus denen wir tranken" (I/321, 334, 335, 341; u.a.), ermüdet den Leser, vor allem wenn der Leitmotivsatz so häufig vorkommt. Roth hatte im 'Radetzkymarsch' bewiesen, mit welcher Meisterschaft er Leitmotive einsetzen und variieren konnte, so daß hier wohl eher ein gewollter Dilettantismus vorliegt. Für diese Annahme spricht ferner das meisterhaft eingesetzte Leitmotiv der Gruft in 'Die Kapuzinergruft', welches dem Autor Roth und nicht dem Erzähler Trotta zugeschrieben werden sollte. Überhaupt erweist sich Ferdinands Darstellung seines Lebensweges als höchst unzuverlässig. So Schreibt Trotta, er sei "von Geburt und Erziehung dazu geneigt, Verantwortung zu tragen ..." (I/391), obwohl sein Leben vor dem Kriege und auch in der Nachkriegszeit hierfür keinerlei Beweis liefert und er später von sich sagt: "Ich - eine Verantwortung! Nicht, daß ich feige gewesen wäre! Nein ich war einfach unfähig" (I/410). Der Grund, warum Franz Ferdinand seine Lebensgeschichte erzählt, ist folgender: "Ich schreibe lediglich zu dem Zweck, um mir selbst klar zu werden; und auch pro nomine Dei sozusagen" (I/373). Genau das gelingt Trotta aber nur sehr begrenzt: Seine eigene Vergangenheit bewältigt er kaum und die Gegenwart erst recht nicht. Obwohl die Signale an den Leser, dem Erzähler Trotta kritisch gegenüberzustehen, vielzählig sind, hat die Wirkungsgeschichte des Werkes bewiesen, wie des Autors Kode unbeachtet blieb und nicht dekodiert wurde. Erst so wurde der Roman retrospektiv rezipierbar, was nicht heißen soll, daß Roth nicht auch in 'Die Kapuzinergruft' seine Zuneigung für die untergegangene Habsburger Monarchie antönen läßt. Doch war seine Liebe für Habsburg bei weitem nicht so blind und unkritisch, wie die eines Franz Ferinands nach dem Anschluß.

Vor dem Ersten Weltkrieg gehört Trotta als begüterter Angehöriger des Adels zu jener Oberschicht, die sich um ihren Lebensunterhalt nicht mehr zu sorgen brauchte. Gelangweilt vom tiefsten Frieden, ohne einen eigentlichen Lebenszweck oder Beruf, lebten sie ein leichtfertiges Leben der Langeweile und des Protestes aus "Mode": Sie sind projüdisch und antireligiös, da in Österreich der Antisemitismus und die Kirche das öffentliche Leben stark beeinflussen. Kindisch

wie sie sind, rebellieren sie gegen die Formen der Tradition
und unterminieren so ihren eigenen Staat und folglich ihr
eigenes bequemes Leben. Franz Ferdinand ist Fähnrich der
Reserve und pro forma Jurastudent; weiter reicht sein Engagement für die Gesellschaft, deren Traditionen ihn anöden,
nicht. Sein Freundeskreis unterscheidet sich in dieser Hinsicht keineswegs von Trotta, so daß er als Repräsentant dieser
Jeunesse dorée verstanden sein will. Zurückschauend sagt
Trotta selber:

> Es war damals, kurz vor dem großen Krieg, ein höhnischer
> Hochmut in Schwung, ein eitles Bekenntnis zur sogenannten
> 'Dekadenz', zu einer halb gespielten und outrierten Müdig-
> keit und einer Gelangweiltheit ohne Grund. (I/324)

Wie unbegründet dieses Leben im nutzlosen Leerlauf in Wirklichkeit war, zeigt die Situation, in der sich das Habsburger
Reich befindet. Reformen waren längst überfällig, sollte die
Monarchie überleben. Trottas Vater hatte sich engagiert, Habsburg zu retten, nur um für die Bestrebungen als Rebell gebrand-
markt zu werden, was wiederum die Auswanderung nach Amerika
notwendig machte. Der Vater hatte dem Sohn das Erbe seiner
Reformideen für ein slawisches Königreich übertragen, doch der
Sohn ist viel zu schwach, um den Auftrag zu übernehmen und
weiterzuführen. Hier liegt dann die doppelte Tragik der Situation: Einerseits werden diejenigen, die aktiv für das Reich
eintreten, als Rebellen verurteilt; andererseits wächst eine
junge Generation heran, die eigentlich sozial als Führungsschicht prädestiniert wäre, aber zu schwach ist, die Aufgabe
zu tragen. So hat Graf Chojnicki, der von Trotta und seinen
Freunden wie ein Vater verehrt wird, weder einen Beruf noch
eine Beschäftigung:

> Er, der in der Armee, in der Verwaltung, in der Diplomatie
> eine sogenannte 'brilliante Karriere' hätte einschlagen
> können und der sie geradezu ausgeschlagen hatte, aus Ver-
> achtung gegen die Trottel, die Tölpel, die Pallawatsche,
> alle jene, die den Staat verwalteten und die er 'Knödel-
> hirne' zu nennen liebte ....(I/330)

Die Auffassung, daß 'noblesse oblige', wird also in ihr Gegenteil verkehrt. Zugleich zeigt sich hier Roths Kritik an der
Habsburger Monarchie der Spätzeit. Er wußte sehr wohl, wie
reformbedürftig die Monarchie gewesen war, und seine Bestre-

bungen für eine Restauration schlossen wohl kaum nötige Veränderungen aus. Das Wien, das Roth in diesem Roman schildert, gleicht einem vergoldeten Vogelkäfig, in dem umso sorgloser gesungen wird, je mehr die Situation sich verschlechtert. Das Zentrum Wien hatte sich in dem selbstherrlichen Glanz seiner Walzerwelt in hohem Maße den Problemen des Gesamtstaates entfremdet, während es die Kronländer wie eine parasitäre "Spinne" (I/357) aussaugte. Trottas leichtfertiges Leben als Müßiggänger steht somit repräsentativ für Wiens Stadtleben. Die gesellschaftlichen Verfallserscheinungen in der Hauptstadt offenbaren sich in der Verlogenheit der Menschen. Trotta führt ein Doppelleben, da er seine Liebesgefühle für Elisabeth gegenüber den Freunden verheimlicht, um nicht die Konvention des Freundeskreises zu verletzen. Als er seine Heiratsabsichten seiner Mutter mitteilt, sagt sie: "Ich hätte Dich auch unter anderen Umständen nicht gehindert, sie zu heiraten. Aber ich hätte Dir niemals die Wahrheit gesagt" (I/352). Die Diskrepanz zwischen Sein und Schein, die Karl Kraus am Sprachgebrauch im damaligen Wien kritisierte, war ein viel weiterverbreitetes soziales Übel.

Franz Ferdinand unternimmt nur einen Versuch, sich diesem inhaltslosen Treiben der Wiener Gesellschaft und ihrer Kaffeehäuser zu entziehen. Als er seinen Vetter Joseph Branco trifft, fühlt er bei seinem Verwandten noch eine Natürlichkeit und Urstämmigkeit, die der Bauer und Maronibrater von der Peripherie des Reiches, aus dem "wilden Osten", mit in die Hauptstadt bringt. Den Trottas ist im Laufe weniger Generationen die Bodenständigkeit völlig abhandengekommen, sie haben sich in Wien assimiliert. Trottas Interesse an der slowenischen Vorzeit seiner Ahnen bleibt jedoch oberflächlich und ist daher nicht gleichzusetzen mit dem Entschluß Joseph Trottas, der im 'Radetzkymarsch' das Militär verläßt, um zu einem bäuerlichen Leben zurückzukehren. Im Gegensatz zu ihm ähnelt Ferdinands Neugier an der slowenischen Welt seiner Vorfahren der eines Touristen an einem fremden Volk. Er kauft Souvenirs von Branco und stellt den Vetter wie einen "Exoten" den Freunden vor. Die Besuchsreise zu Reisinger in Zlotograd bleibt eine Touristenexkursion, auf der er zur Abwechslung von der Langenweile in Wien "Abenteuer" sucht. Leider muß er bereits bei der Ankunft bemerken: "Alle Bahnhöfe der alten österreichisch-ungarischen Monarchie gleichen einander ..." (I/337). Nicht nur das, auch hier steht ein Wiener Fiaker und es wartet ein Kaffeehaus auf ihn, selbst wenn ein Chor von Fröschen aus den endlosen Sümpfen emporsteigt. Die Residenzstadt Wien hatte das "Auseinanderstrebende" mit ihrer Zivilisation und Kultur überwuchert und somit vereint. Immerhin muß man es Ferdinand anerkennen, daß er es beim Ausbruch des Weltkrieges vorzieht, mit Branco und Reisinger in der Landwehr an die Front zu ziehen, anstatt mit den "Walzer-Tänzern" aus Wien (I/358). Erst in der Kriegsgefangenschaft erkennt Trotta seinen Fehler, der Wiener Welt zu entfliehen. Die Flucht in die Vorzeit der Trottas mußte scheitern, da er genau das darstellt, vor dem er zu fliehen meint: Er ist ein Kind der Walzersalons und der leichtlebigen künstlichen Operettenwelt Wiens, in der er aufwuchs. Arnold Zipper und Franz Ferdinand Trotta repräsentieren die Gruppe in der Kriegsgeneration, die schon 1914, also bevor sie in den Krieg zogen, eine "verlorene Generation" darstellte.

Ahnungslos und völlig unzureichend vorbereitet gehen diese jungen Parasiten der Gesellschaft in den Ersten Weltkrieg, der ihre Welt ein für allemal zerstört. Der Krieg ist sogar der konsequente Ausgang ihres apolitischen Privatisierens und des sorglos in den Tag Lebens. Sie begrüßen den Aufruf "An meine Völker" als Erlösung aus der Stagnation mit dem Gefühl, "daß sogar noch ein sinnloser Tod besser sei, als ein sinnloses Leben" (I/346). Aus Angst vor dem Tod, der sein unerfülltes Leben jetzt bedroht, vollzieht Trotta wie schon Tunda die bürgerliche Ehe, nicht aus "Eitelkeit" (I/355), sondern vielmehr mit der Idee, die sinnlos verbrachten Jahre des Lebens wettzumachen (I/367). Bei Kriegsanfang taucht das Gefühl auf, das Leben vertan zu haben. "Es war mir klar, daß ich das Wichtigste versäumt hatte" (I/367). Trottas ganze Lebensschwäche offenbart sich dann in der Hochzeitsnacht, als er bewußt zögert, die Ehe zu vollziehen und dann durch den Tod Jacques' den neuen Ehepflichten, die er fürchtet, entgeht. "In uns aber, dem seit Geburt kriegsgeweihten Geschlecht, war der Fortpflanzungstrieb sichtbar erloschen" (I/354). Elisabeths spätere lesbische Freundschaft hat zum Teil ihren Ursprung in dieser verpaßten Hochzeitsnacht.

Das Glück will es, daß Trotta in der ersten Schlacht in Gefangenschaft gerät und den Krieg überlebt, denn er und seine Kameraden hatten wohl die Offiziersprüfung bestanden, sie waren hingegen keineswegs für das "Stahlgewitter" ausgebildet und gerüstet worden. Im Krieg wie in der Gefangenschaft wächst Ferdinand nicht über sich hinaus, er läßt sich von der jeweiligen Situation treiben, anstatt zu handeln. Reisinger übernimmt den Befehl nach der Gefangennahme. Am Kriegsende kehrt Trotta unverändert nach Wien heim in ein völlig verändertes Rumpf-Österreich, dessen Gesellschaft "Taugenichtsen" und "Müßiggängern", wie Trotta es war, keine Basis mehr bietet. Der Adel war in der ersten Republik de jure abgeschafft worden. Ohne Stand, Kapital oder Beruf besitzt Trotta kaum konkrete Chancen in der Nachkriegsgesellschaft, denn es fehlen ihm die Voraussetzungen. Das Elternhaus bietet ein sicheres Refugium vor den neuen Realitäten. Zu Hause war es, "als ob nichts geschehen wäre, als wäre ich nicht aus dem Krieg eben erst heimgekehrt, als wäre die Welt nicht zertrümmert, als wäre die Monarchie nicht zerstört ..." (I/386). Was bei seiner alten Mutter noch bewundernswert scheint, nämlich das mit äußerster Disziplin gewahrte Niveau des gewohnten Lebens, wird beim Sohn, der ebenso sein altes Dasein wieder aufzunehmen und weiterzuführen versucht, problematisch. Das Standesdenken der Vorkriegszeit wird ohne Rücksichtnahme auf die neuen sozialen, ökonomischen und politischen Zustände beibehalten. Der Verlust der Existenzgrundlage und des Sozialprestiges wird durch Standesdünkel verdeckt; symbolisch deutet Roth diesen Zustand mit dem saitenlosen Klavier im Salon der Trottas an. Dem Standesdünkel entspricht die Ablehnung der neuen politischen Ordnung. Für Ferdinand und seine Mutter existiert die Republik im Grunde gar nicht; die politischen Unruhen und revolutionären Erschütterungen der unmittelbaren Nachkriegszeit werden nicht zur Kenntnis genommen. Sie reagieren nicht einmal auf die täglichen Ereignisse, sie ignorieren einfach die Situation, die somit

gar nicht in ihr apolitisches Privatleben eindringt. Trottas
Erzählung der ersten Nachkriegsjahre erwähnt kein einziges
Mal die Republik, auch nicht am Rande. Der gesteigerte Subjektivismus Trottas grenzt bereits an Solipsismus. Einer
Konfrontation mit der neuen Zeit kann er trotzdem nicht entgehen, sie drängt in sein Privatleben. Elisabeth, seine Frau,
steht ihm jetzt als emanzipierte Frau gegenüber. Es ist eine
Wiederholung des alten Emanzipations- und Lesbierthemas aus
Roths früheren Werken, das im Gesamtwerk keine Veränderung
aufweist. Neu in 'Die Kapuzinergruft' erscheint nur das Kunstgewerbe, das nun den Platz der Filmbranche als Symptom des
Zivilisationsverfalls einnimmt. Nach dem ersten Wiedersehen
mit seiner Frau begreift Ferdinand nur eines: "Ich war fremd
hier, fremder noch als fremd" (I/389). Der Schwiegervater,
ein typischer Kriegsgewinnler und Nachkriegsgeschäftsmann,
klärt Trotta auf, daß es jetzt nicht mehr auf Titel ankommt,
sondern auf Beruf und Kapital.

Der Notwendigkeit, seinem Leben eine neue Richtung zu geben
und sich den Realitäten anzupassen, geht Trotta aus dem Weg;
lieber sitzt er wieder mit den alten Freunden im Kaffeehaus.
"Ich fühlte mich wohl, ich war wieder zu Haus. Wir hatten alle
Stand und Namen, Haus und Geld und Wert verloren, Vergangenheit, Gegenwart, Zukunft" (I/401). Allan Janik und Stephen
Toulmin beschreiben, daß es auch noch andere Möglichkeiten in
der Nachkriegszeit gab: "Very few of the aristocracy dismissed
the situation in disgust and retired into the Kaffeehaus."[197]
Auch Johann Christoph Allmayer bestätigt, daß Aristokraten als
Gutsherren und im Berufsleben geschätzt wurden, obwohl Graf
Bobby-Witze zirkulierten und der Adel als Stand vom Volk in
der Republik kaum noch wahrgenommen wurde.[198] Trotta würde
die Existenzfrage völlig umgehen, doch zwingen ihn seine Mutter, der Schwiegervater und der Advokat Kiniower zu überlegen,
wovon er leben könnte. Das Erschreckende an Trotta ist seine
absolute Indifferenz gegenüber der Gegenwart und Zukunft, ja
selbst der Vergangenheit. Sein Freund Chojnicki reagiert wenigstens noch auf die Situation, wenn er Trotta anschreit:
"Ihr habt mit Euren leichtfertigen Kaffeehauswitzen den Staat
zerstört" (I/400), um dann endlich die "Deutschen, das Staats-

volk" (I/400), als Sündenböcke für den Untergang Habsburgs hinzustellen. Unverkennbar sind das Worte Roths, der das Übergewicht der deutschsprachigen Führungsschicht als größtes Problem des Vielvölkerstaates sieht und zugleich seiner Abneigung gegen das Deutschtum - die aus der Exilsituation verständlich erscheint - Ausdruck gibt. Die Aversion gegen das Reichs-Deutsche zeigt Roth in der Darstellung des Herrn von Stettenheim, die klar antipreußisch pointiert ist[199].

Während die Söhne aus anderen Gesellschaftsschichten sich engagieren - der junge Xaver als aktiver Kommunist, Kiniower studiert Medizin und Ephraim Reisiger arbeitet für die Revolution -, wartet Ferdinand, bis er die Zeit verpaßt und die Inflation den Restbestand des Familienbesitzes entwertet. Erst die Inflation löst eine "social revolution" in Wien aus, wie sie es noch nicht gegeben hat[200]. Der Versuch, mit einer Pension der sozialen Revolution zu entgehen, scheitert an Trottas Unfähigkeit. Statt zahlungsfähigen Gästen ziehen seine alten Freunde ein. Die alte "Ordnung" lebt somit in gewohnter Selbstherrlichkeit im Hause Trotta dem Bankrott entgegen, wobei der Hauptakzent auf den standesgemäßen Formen lag. Eigentlich zeigt Trotta nur ein einziges Mal seinen Willen zu handeln, als er Elisabeth befiehlt, zu ihm zu ziehen und endlich dem Ehevertrag nachzukommen. Trottas Aussage, daß er seinen Willen wenigstens ein paarmal in drei Jahren äußert und durchsetzt, entspricht hingegen nicht den Tatsachen. Der Wunsch, eine Familie zu haben, geht von Elisabeth aus, selbst wenn Trotta später erzählt: "Ich hatte das Kind gezeugt, verlangt, gefordert, befohlen" (I/418). Immer wieder beweist sich die Widersprüchlichkeit des Erzählers.

Mit der Zeugung seines Sohnes und dem Tod der alten Frau von Trotta scheint Ferdinands Leben besiegelt zu sein. Die Mutter repräsentierte den letzten lebenden Rest der alten Ordnung im Leben des Sohnes, der nun fühlt, daß die Lebenskraft seit der Zeugung des Nachkommen aus ihm gewichen ist. Die jetzt einsetzende Desintegration vollzieht sich konsequent und unausweichlich: Elisabeth kehrt zurück zu ihrer lesbischen Freundin, die nun in der Filmbranche tätig ist; die

Freunde ziehen aus der Pension aus; Trotta muß das Haus wegen hoher Verschuldung verkaufen. Die völlige Regression in den Subjektivismus, der Rückzug aus der sozialen und politischen Realität, tritt jetzt in das Endstadium. "Ich kümmerte mich nicht mehr um die Welt" (I/425). Was eigentlich schon lange vorlag – denn Trotta hatte sich genaugenommen nie um etwas gekümmert –, wird nun endlich eingestanden. Mit dem Weg in die Kapuzinergruft schließt Ferdinand seinen fatalen Lebenskreis; da die Spätzeit des Habsburger Reiches ihn prägte, lag dort der Ursprung seines Schicksals.

Roths Kritik am Österreich der Vorkriegszeit bedeutet hingegen nicht eine Abwertung des Habsburger Reiches als historisches Ganzes. Seine Liebe für diesen Staat bleibt weiterhin ungebrochen und wächst eher noch als Reaktion auf das Hitler-Reich, trotz aller Zeitkritik, die Roth mit der Erzählerfigur Trotta verbunden hat. Die Wertschätzung Habsburgs auf politischer Ebene äußert der Bruder Chojnicki, den der Leser bereits aus dem 'Radetzkymarsch' kennt.

> Österreich ist kein Staat, keine Heimat, keine Nation. Es ist eine Religion. Die Klerikalen und klerikalen Trottel, die jetzt regieren, machen eine sogenannte Nation aus uns; aus uns, die wir eine Übernation sind, die einzige Über-Nation, die in der Welt existiert hat. (I/422)

Wenn Roth jetzt die Sozialdemokraten als Urheber des Nationalismus hinstellt, so verkürzt er die historische Realität; derartige ressentimentgeladene Äußerungen ergeben sich vermutlich aus der Exilsituation[201].

Eigentlich schloß Roth den Lebenskreis Ferdinands am Ende des vorletzten Kapitels und der Roman könnte hier enden mit den Worten: "Ich ging in die Kapuzinergruft" (I/425). Trottas Einkehr in das Todesreich seiner untergegangenen Welt findet hier bereits statt. Dieser Romanschluß wäre jedoch schwächer als der letztlich realisierte. Es bleibt unübersehbar, daß das Schlußkapitel nicht in die vorausgehende Handlung genügend integriert wurde. Der Sprung von vier Jahren gibt dem Endkapitel etwas textlich Unorganisches; es wirkt angehangen und angeheftet. Trotzdem wäre es unzureichend, nun zu folgern, der Roman hätte "ebensogut" ohne das 34. Kapitel enden können[202].

Mit dem letzten Kapitel verlagert Roth nämlich die Implikationen des Werkes und obwohl dieses Ende nicht völlig harmonisch in die Textstruktur eingefügt ist, bestehen trotzdem Beziehungen zur vorausgegangenen Handlung. Die Konsequenz des Romans wird keineswegs geschwächt, sondern eher intensiviert.

> Der Bruch in der Chronologie markiert die Beschleunigung des Geschehens, das die Bahnen geradlinigen Erzählens zu überspülen beginnt. Es ist, als ob mit dem erstmaligen Aussprechen des Wortes 'Kapuzinergruft' am Ende des vorletzten Kapitels die Ereignisse doppelt schnell ihrem Ziel sich nähern. Sie sprengen die Kontinuität, von der allein die äußere Form überdauert: ein 'auch', das keinen anderen Zweck mehr hat, als darüber zu täuschen, daß der Erzähler nicht mehr Macht hat über das, was er erzählt.
> 203)

War Roth in 'Das Spinnennetz' den Ereignissen des politischen Geschehens in der Romanhandlung voraus, so führen sie ihm jetzt die Feder. Er wird wie sein Erzähler Trotta von der politischen Wirklichkeit überrumpelt. In diesem Sinne kam Roth für die Vollendung von 'Die Kapuzinergruft' der "Anschluß" sehr gelegen, da ihm ein Romanende immer noch fehlte. Das Kapitel ist jedoch keineswegs ein notdürftiger Ausweg oder eine Notlösung. Vielmehr gelang es Roth, den Roman aus der privaten Sphäre des völligen Subjektivismus Trottas in den öffentlichen Bereich zu verlagern und so die Gesellschaftskritik wieder auszuweiten. Indem Roth Ferdinand im Kaffeehaus, also im "öffentlichen Wohnzimmer", die Nachricht des Anschlusses vernehmen läßt, wird die Qualität der Existenz Trottas signifikant. Denn Trotta erweist sich nicht nur als der Angehörige jener apolitischen Gruppe, die sich nicht für die Republik einsetzte und es vorzog, dem Vorkriegsleben nachzutrauern oder es sogar fortzuführen, sondern der "Anschluß" wird auch als das Ergebnis eigener Einstellung und eigenen Verhaltens gewertet. In zweifacher Hinsicht hatten Leute wie Trotta sich schuldig gemacht: in der Monarchie, als sie ihre aktive Mitarbeit dem Staat verweigerten; und, als sie diese Haltung in der Republik wiederum einnahmen und als apolitische Antidemokraten zum Politikum wurden.

> Seitdem ich aus dem Weltkrieg heimgekehrt war, hatte ich niemals den Glauben an eine Regierung aufgebracht; geschweige denn eine Volksregierung. Ich gehöre heute noch ... einer offenbar versunkenen Welt an, in der es selbst-

> verständlich schien, daß ein Volk regiert werde und, daß
> es also, wollte es nicht aufhören, Volk zu sein, sich
> nicht selber regieren könne. (I/428)

Trottas politisches Geständnis spricht für ihn und nicht unbedingt für Roth selbst. Doch ist aus dem 'Spinnennetz' bekannt, daß Roths Sozialismus nicht in der Demokratie verwurzelt war, sondern eher eine "humanitäre Angelegenheit" bildete[204]. Die politischen Anschauungen Trottas und des Schriftstellers Roth nähern sich einander an dieser Textstelle.

Mit der Vertreibung aus dem Kaffeehaus gelang Roth eine einmalige theaterartige Szene. Claudio Magris schreibt zutreffend: "Der Sturm des Nazismus zerstörte das Leben dieser Kaffeehäuser, die das Gestern bewahren ..."[205]. Während die Nazis, wie aus dem Abort, auftauchen und die Gäste, nachdem sie dem jüdischen Cafetier zurufen: "Wir zahlen morgen!" (I/428), die Flucht ergreifen, bleibt Trotta allein zurück, ohne die Vorgänge überhaupt zu begreifen. Was Trotta bleibt, ist die Liebe des Wachhundes; auch Pum in 'Die Rebellion' bleibt in der äußersten Verlassenheit nur die Liebe seines Esels. Ohne eigene Willensentscheidung führt Ferdinands Weg zur Kapuzinergruft, denn Österreich besteht nicht mehr. Das Endspiel der Habsburger Monarchie, das Roth im 'Radetzkymarsch' begonnen hatte zu beschreiben, vollendet sich nun in 'Die Kapuzinergruft'. Das Ende führt Trottas Anspruch, die Zeit zu verstehen (I/315), ad absurdum. In der Illusion, sie zu verstehen, liegt gerade die persönliche und soziale Gefahr, die in der damaligen Mittelschicht weitgehend bestand. Wenn Ferdinand sich nun als "Exterritorialer" bezeichnet, so ist sein Schicksal an dem Nullpunkt angelangt, an dem auch Tunda am Ende 'Der Flucht ohne Ende' stand[206]. Allein mit einem Unterschied, Tunda wird überflüssig auf der Welt, weil er als Gesellschaftskritiker der Gesellschaft unbequem war, Trotta hingegen stellt die Frage: "Wohin soll ich jetzt, ein Trotta? ..." (I/430), da ihm ein soziales Bewußtsein fehlt. Insofern handelt er wie sein Verwandter, der Bezirkshauptmann im 'Radetzkymarsch', der fragt: "Und was ging ihn der Untergang der Welt an ...?" (I/303). Ferdinands Weg zur Gruft führt ihn dorthin, wo er längst hingehörte. Hatte nicht Chojnicki ihn für einen Schwindler gehalten: "Der Trotta ist lange tot" (I/423). Die Frage nach dem Wohin hätte Trotta spätestens 1918, wenn nicht sogar 1914, stellen sollen und müssen. Im Jahre 1938 gab es vom moralischen Standpunkt zwei Antworten: Exil oder Widerstand. Für Trotta, den asozialen Müßiggänger, waren das hingegen keine Alternativen; für Roth war die Antwort längst entschieden, sie hieß Exil, sie bedeutete eine Situation, in der er eigentlich seit dem Verlassen seiner galizischen Heimat, des Shtetl, lebte. Das Dritte Reich bedeutete nur eine Intensivierung von Roths Exilexistenz. Im Gegensatz zu Trotta hatte Roth immerhin die Frage nach dem Wohin sofort nach dem Ersten Weltkrieg gestellt; dafür zeugen seine gesellschaftskritischen Werke. Roth selber wäre eher mit Tunda als mit Trotta zu identifizieren. Die Gesellschaft hörte Roth als den Sänger des alten Österreich und rezipierte den Habsburger Mythos, da die Gesellschaftskritik den Selbstgefälligen unerwünscht war - sogar noch in der Katastrophe, die Roth lange vorausgeahnt hatte.

8. Anmerkungen.

1) Diese Erkenntnis war unumgänglich geworden durch die Arbeit von Ingeborg Sültemeyer, Studien zum Frühwerk Joseph Roths.

2) D. Bronsen schreibt, daß Roth mit 'Hiob' "zum erstenmal einen durchschlagenden Erfolg erlebte". David Bronsen, Joseph Roth. Biographie. S. 381.

3) Ingeborg Sültemeyer, Vorwort zu Joseph Roth, Der neue Tag. Unbekannte politische Arbeiten 1919 bis 1927. S. 10.

4) Hermann Kesten, Der Mensch Joseph Roth. In: Hermann Linden, Joseph Roth. Leben und Werk. Ein Gedächtnisbuch. S. 22.

5) Vor allem H. Kesten ist für diese schematische Einteilung verantwortlich. Kesten, Meine Freunde die Poeten. S. 293.

6) Sämtliche Zitate und Angaben, die sich in dieser Arbeit auf Roths Werke, die in der dreibändigen Werkausgabe, 1956, von Kiepenheuer & Witsch zu finden sind, beziehen, werden auf folgende Weise angegeben: Die römische Zahl bezieht sich auf den Werkband und die arabische auf die Seitenzahl.

7) Roths Gesellschaftskritik ist weder eine sozialistische noch eine soziologische, sie ist vielmehr eine christlich-humanistische und tendiert vor allem im Spätwerk antirationalistisch zu werden.

8) Exemplarisch für diese Auffassung sind die Dissertationen von E. Wegner und F. Trommler. Sogar I. Sültemeyer vertritt diese Meinung in ihrer Dissertation.

9) Sültemeyer, Studien zum Frühwerk Joseph Roths. S. 231.

10) Joseph Strelka, Das Epische Universum Joseph Roths. In: Joseph Roth und die Tradition. Hrsg. David Bronsen. S. 242.

11) Joachim Beug, 'Sprachkrise' und 'Sprachgläubigkeit'. In: Joseph Roth und die Tradition. S. 345 ff.

12) Erika Wegner, Die Gestaltung innerer Vorgänge in den Dichtungen Joseph Roths. S. 210.

13) J. Strelka schreibt über Joseph Roths Romane, daß sie wie "ein offener Garten, in dem die Wahrheit nach Belieben ein- und ausgeht", sind. Strelka, a.a.O., S. 256.

14) Hartmut Scheible, Joseph Roth. S. 44.

15) Ebenda, S. 48.

16) Siegfried Wlasaty, Das Bild der untergehenden österreichisch-ungarischen Monarchie bei Joseph Roth, Karl Kraus und Robert Musil. S. 27.

17) Marcel Reich-Ranicki, Die sieben unbeliebten Emigranten. S. 18.

18) Wlasaty, a.a.O., S. 284.

19) Wegner, a.a.O., S. 204.

20) Allan Janik und Stephen Toulmin. Wittgenstein's Vienna. S. 264.

21) Gerard Wilk, Kakanien und die Nostalgie. Reflexionen über die Liebe zu Österreich. Eine Sendung des W. D. R.

22) Wegner, a.a.O., und Helmut Farima-Parcsetisch, Die Erzählsituation in den Romanen Joseph Roths.

23) Sämtliche Zitate aus Joseph Roth 'Das Spinnennetz' werden mit der Seitenzahl in Klammern angegeben z.B. (S. 1). Sie beziehen sich auf die Fischer Taschenbuchausgabe 1970.

24) Peter W. Jansen, Nachwort zu (S. 127).

25) Wolf R. Marchand, Joseph Roth und völkisch-nationalistische Wertbegriffe. S. 64.

26) Kurt Sontheimer, Antidemokratisches Denken in der Weimarer Republik. S. 394.

27) Roth publizierte 'Das Spinnennetz' vermutlich aus finanziellen Gründen in Wien. Bronsen, a.a.O., S. 226.

Vielleicht sollte der Roman auch vor einem Putsch in Österreich warnen.

28) (S. Hinterer Buchdeckel, außen).

29) Bronsen, a.a.O., S. 513.

30) Ebenda, S. 324.

31) Hermann Glaser, Spießer-Ideologie. Von der Zerstörung des deutschen Geistes im 19. und 20. Jahrhundert. S. 214.

32) Ebenda, S. 458.

33) Bronsen behauptet das Gegenteil. Bronsen, a.a.O., S. 237.

34) Ebenda, S. 458.

35) Marchand, a.a.O., S. 45 ff.

36) Peter W. Jansen, Weltbezug und Erzählhaltung. Eine Untersuchung zum Erzählwerk und zur dichterischen Existenz Joseph Roths. S. 68.

Joseph Roth, Abschied vom Hotel. III/258 ff.

37) Józef Wittlin, Erinnerungen an Joseph Roth. In: Hermann Linden, a.a.O., S. 57.

38) Ward Hughes Powell, The Problem of Primitivism in the Novels of Joseph Roth. S. 60.

39) Claudio Magris, Der habsburgische Mythos in der österreichischen Literatur. S. 256.

40) Magris, Weit von wo. S. 46.

41) Wolfgang Jehmüller, Zum Problem des "zweifachen Zeugnisses" bei Joseph Roth. In: Text & Kritik, Sonderband Joseph Roth. Hrsg. Heinz Ludwig Arnold. S. 69.

42) Hier bestehen weitgehende Übereinstimmungen mit dem Autor. Siehe: Bronsen, a.a.O., S. 187.

43) Magris, Weit von wo. S. 35.

44) Sültemeyer, Studien zum Frühwerk Joseph Roths. S. 204.

45) I. Sültemeyer interpretiert "Amerika" als ein "damaliges Modewort". Ebenda, S. 199.

Leider hat Bodo Rollka das Amerika in 'Hotel Savoy' in seiner Arbeit unbeachtet gelassen. Bodo Rollka, Joseph Roths Amerikabild. In: Literatur und Kritik, Dezember 1972, Nr. 70, S. 590.

46) Geschichte der Republik Österreich. Hrsg. Heinrich Benedikt. S. 440 f.

47) Klaus Zelewitz, Joseph Roth: Zweimal politische Illusion. In: Peripherie und Zentrum. Hrsg. G. Weiss und K. Zelewitz. S. 347.

48) Roth deutet hier an, daß das Abhandenkommen des Gottesglaubens verantwortlich ist für die gesellschaftliche Misere. Dies Thema erscheint jedoch ohne Vorbereitung und Roth läßt es in diesem Werk unentwickelt. Somit bleiben sozialpolitische Prozesse primär verantwortlich für die gesellschaftliche Situation.

49) Sültemeyer, Studien zum Frühwerk Joseph Roths. S. 205 f.

50) Ebenda, S. 210.

51) Joseph Roth, Die Invaliden grüßen den General. In: Roth, Der neue Tag. S. 79 f.

52) Ebenda, S. 79 f.

53) Adam Wandruszka, Österreichs politische Struktur. In: Geschichte der Republik Österreich. S. 299.

54) Deutet Roth im 'Hotel Savoy' an, daß der Gesellschaft die Vertikale, Gott, abhandengekommen ist und daß dadurch gesellschaftliche Mißstände entstanden, wird Gott in 'Die Rebellion' selbst für die Misere verantwortlich gemacht.

55) Joseph Roth, Die Erzählungen. S. 171.

56) Scheible, a.a.O., S. 16 ff.

57) Ebenda, S. 18.

58) W. G. Hoffmeister schreibt das Gleiche über Roths 'Radetzkymarsch': "Vielleicht müssen Carl Joseph und sein Vater vornehmlich als Kontaktfiguren betrachtet werden, die den Leser in die sozialen Milieus ... einführen, die für die Zeit entscheidend sind". Werner G. Hoffmeister, 'Eine ganz bestimmte Art von Sympathie': Erzählhaltung und Gedankenschilderung in Joseph Roths Radetzkymarsch. In: Seminar, Vol. IX, Nr. 1, March 1973, S. 68.

59) Der Vater-Sohn-Konflikt als literarisches Thema gewann seit W. Hasenclevers Schauspiel 'Der Sohn' (1914) an Popularität. Peter Gay, Weimarer Culture. The Outsider as Insider, S. 113 ff. Auch Zuckmayer erwähnt, daß man den Vater-Sohn-Konflikt damals "... eigentlich von jedem besseren jungen Schriftsteller verlangte". Carl Zuckmayer, Als wär's ein Stück von mir. S. 324.

60) Für eine detaillierte Analyse der Erzählsituation siehe Scheible, a.a.O., S. 15 ff., 22, 39.

61) Jansen, Weltbezug und Erzählhaltung. S. 121.

62) Magris, Weit von wo. S. 105.

63) Der Erzähler läßt z.B. den Ersten Weltkrieg als Naturereignis erscheinen. "Eines Sonntags, es war ein heißer Sommertag, wurde der Thronfolger in Sarajewo erschossen" (I/548). Gerade diese stilistischen Formulierungen machen die Textstellen zu Signalen, welche die natürliche Automatik der Ereignisse in Frage stellt.

64) Scheible, a.a.O., S. 23.

65) Kaiser Franz Joseph glich in den letzten Jahren seiner Herrschaft auch zunehmend einer tragisch-komischen Figur. Roth hat das jedoch nie zugegeben.

66) Scheible, a.a.O., S. 23.

67) "Die technische Entwicklung vollzog und vollzieht weiter die Auflösung jahrhundertelanger tradierter Handwerkformen und 'Lebensstile'. Der an sie geknüpfte Konservatismus der Lebensformen kann nicht aufrechterhalten werden. Wo man sich dem erfindungsbeschleunigten Fortschritt der technischen Zivilisation anvertraut, dort zerfällt die Hierarchie der alten Sozialordnung bis in die Aufbauelemente der Familie hinein". Alexander Mitscherlich, Auf dem Weg zur vaterlosen Gesellschaft. S. 230 f.

68) D. Bronsen spricht hier sogar von einer "Flucht durch die Gesellschaftsklassen". Bronsen, a.a.O., S. 316.

69) Uhren sind für Roth, der selbst Uhrenliebhaber war, immer Symbole, z.B. in 'Hotel Savoy' gehen die Uhren auf den Stockwerken, wo die obere Klasse logiert, nach (I/802). In 'Die Rebellion' geht Arnolds Uhr immer richtig (II/316).

70) "'Kleinbürgerliches Bewußtsein' geht in einem simplen Konservatismus, in der Abwehr des sozialen Wandels keineswegs auf, sondern umfaßt durchaus gegensätzliche Elemente; Neben unmittelbar affirmativen Gehalten ... steht die ständige - manifeste oder latente - Bereitschaft zur Rebellion ...". Annette Leppert-Fögen, Die deklassierte Klasse. S. 10.

71) Scheible konstatiert dies in bezug auf Zippers Chronometer, den Zipper mit der Uhr der Sternwarte vergleicht. Scheible, a.a.O., S. 25.

72) Diese Photographiesammlung zeigt eine Verlagerung von der Porträtmalerei zu einem modernen demokratischen Medium, und ist als solches ein Zeichen des sozialen Fortschrittes. Zipper gebraucht die Sammlung aber zu anderen Zwecken: den der Ich-Projektion und als Ersatz-Familiengalerie. Über die Demokratisierung der Kunst durch die Photographie, vor allem die Ablösung der Porträtmalerei durch dies Medium siehe: Walter Benjamin, Kleine Geschichte der Photographie. In: W. Benjamin, Das Kunstwerk im Zeitalter seiner technischen Reproduzierbarkeit. S. 76 ff.

73) "Doch besitzt auch dieser 'kleinbürgerliche Radikalismus' mittelbare Funktionalität! Festgelegt auf die ressentimentgeladene Abneigung gegen Privilege, Korruption, überhöhte Steuern usf. bleibt ein Kampf gegen staatliche, kirchliche und sonstige I n s t i t u t i o n e n bzw. deren Träger". Leppert-Fögen, a.a.O., S. 10.

74) "Je größer die faktische Abhängigkeit des Kleinbürgers vom Kapital und 'je kleiner sein Haus, desto größeren Wert legt er darauf, Herr im Hause zu bleiben'". Leppert-Fögen zitiert Rudolf Hilferding, Das Finanzkapital. S. 471. Leppert-Fögen, ebenda, S. 32.

75) Der gesellschaftliche Aufstieg über den Bildungsweg, vor allem durch das Jurastudium, eröffnete sich für das Kleinbürgertum erst im 20. Jahrhundert.

76) Rolf Eckart, Die Kommunikationslosigkeit des Menschen im Romanwerk von Joseph Roth, S. 55.

77) "Wie der echte patriotische Elan der Massen die sozialen Gegensätze zeitweise überbrückt, so war auch der Hader der Nationalitäten fürs erste ausgeschaltet. Die Mobilmachung vollzog sich reibungslos". Walter Goldinger, Der geschichtliche Ablauf der Ereignisse in Österreich von 1918 bis 1945. In: Geschichte der Republik Österreich. S. 17.

78) Dies ist wohl mit die erschütterndste gesellschaftskritische Szene in Roths Werk.

79) Chojnicki macht Leute wie Zipper mit ihren Kaffehauswitzen für den Verfall der Monarchie verantwortlich. "Ihr habt mit Euren leichtfertigen Kaffeehauswitzen den Staat zerstört" (I/400).

80) "Die Verlogenheit der spätbürgerlichen Gesellschaft anzuprangern, wird Joseph Roth nicht müde. Er schildert die

Brüchigkeit einer Epoche, in der die alten Werte nur noch äußerlich in Kraft sind, während innen die Zerstörung unaufhaltsam fortschreitet". Eckart, a.a.O., S. 96.

81) Alfred Diamant, Austrian Catholics and the First Republic. Democracy, Capitalism and the Social Order 1918 - 1934. S. 89.
C. A. Macartney, The Social Revolution in Austria. S. 87 f.

82) Adam Wandruszka, Österreichs politische Struktur. In: Geschichte der Republik Österreich. S. 298.

83) Ebenda, S. 299.

84) Über die positiven und negativen Auswirkungen des übernommenen Beamtenapparates, siehe das Kapitel 'Die Rebellion', S. 47.

85) Magris, Der habsburgische Mythos in der österreichischen Literatur. S. 188.

86) Janik und Toulmin, a.a.O., S. 34.

87) Macartney, a.a.O., S. 204.

88) Otto Basil, Panorama vom Untergang Kakaniens. In: Basil, Das große Erbe. S. 84.

89) Janik und Toulmin, a.a.O., S. 46.

90) Hans Norbert Fügen, Die Hauptrichtung der Literatursoziologie und ihre Methoden. S. 167.

91) Diese klingt auch in 'Die Kapuzinergruft', 'Der Antichrist' und 'Flucht ohne Ende' an.

92) Scheible, a.a.O., S. 17.

93) Magris, Weit von wo. S. 105.

94) Zuckmayer, a.a.O., S. 275.

95) Joseph Roth, Briefe 1911 - 1939. Brief an Benno Reifenberg vom 8. 1. 1928. S. 118.

96) Ebenda, S. 116.

97) Aus diesem Grund richten Interpretationen des Romans die Aufmerksamkeit hauptsächlich auf Brandeis.

98) Bronsen, a.a.O., S. 324.

99) Magris, Die verschollenen Annalen. In: Lenau Forum, 3, 1971, S. 63.

100) Bronsen, a.a.O., S. 327 f.

101) Der Name Brandeis weist auf die Relativität des Gegensätzlichen. "In ihm sind Feuer und Eis aufgehoben". Werner Sieg, Zwischen Anarchie und Fiktion. S. 160.

102) Karlheinz Dederke, Reich und Republik Deutschland 1917 - 1933. S. 107.

103) Sültemeyer, Studien zum Frühwerk Joseph Roths. S. 107.

104) Dies Zitat und die darauf folgende Diskussion über die Romanhaftigkeit der Affäre lassen erkennen, daß Roth die Thematik aus 'Zipper und sein Vater' wiederholt.

105) Die Parallele zu 'Zipper und sein Vater' ist auch hier unübersehbar.

106) "Der Krieg wird zum Beispiel bezeichnenderweise nicht als Unterbrechung des bürgerlichen Vorkriegsidylls gedeutet, sondern als dessen folgerichtiger Ausgang". Magris, Weit von wo. S. 78.

107) Auch die Widmung an Felix Bertaux betont, daß der zweite Teil praktisch ein anderer Roman ist.

108) Roth, Briefe. Brief an Rene Schickele vom 10. 12. 1929. S. 155.

109) Es ist daher fraglich, ob man wie in C. Magris' Interpretation Brandeis als ein "äußerstes Beispiel der menschlichen Desintegration des Ostjuden im Westen" sehen kann. Die Desintegration hatte für Brandeis bereits im Osten stattgefunden. Magris, Weit von wo. S. 75.

110) Die Parallelen zu Hermann Tietz, dem Gründer der Hertie-Warenhäuser, lassen vermuten, daß er Roth als Vorbild für Brandeis' Geschäftskarriere diente.

111) Nach 'Rechts und Links' erscheinen in Roths Werken keine Hauptfiguren mehr, die als Anarchisten klassifiziert werden können. Sieg, a.a.O., S. 102 f.

112) Reise in Rußland und Vortrag über die Eindrücke der Rußlandreise. In: Roth, Der neue Tag. S. 158 und S. 149.

113) Roth, Briefe. Brief an Frankfurter Zeitung vom 2. 6. 1926. S. 91.

114) Ebenda, S. 92.

115) Ebenda, Brief an Benno Reifenberg vom 30. 8. 1926. S. 94.

116) Ebenda, Brief an Bernard von Brentano vom 26. 9. 1926. S. 95.

117) Ebenda, S. 95.

118) Ebenda, S. 95.

119) Roth, Der neue Tag. S. 164.

120) Ebenda, S. 150.

121) Ebenda, S. 220.

122) Ebenda, S. 220.

123) Roth, Briefe. Brief an Bernard von Brentano vom 26. 9. 1925. S. 95.

124) Roth hat später erklärt, was er meinte mit: das "Beobachtete berichten". Siehe: Schluß mit der "Neuen Sachlichkeit". In: Die Literarische Welt, 6. Jg., 1930, Nr. 3 & 4. S. 3 f., S. 7 f.

125) Roth, Der neue Tag. S. 254 f.

126) Roth, Briefe. Brief an Frankfurter Zeitung vom 2. 6. 1926. S. 92.

127) Hugo Dittberger, Über Joseph Roth. In: Text & Kritik, Sonderband Joseph Roth. S. 29.

128) Roth, Der neue Tag. S. 228.

129) Ebenda, S. 230.

130) Ebenda, S. 206.

131) Fügen, a.a.O., S. 167.

132) Roth, Der neue Tag, S. 166.

133) Ebenda, S. 220.

134) Roth, Briefe. Brief an Stefan Zweig vom 24. 1. bis 30. 1. 1928. S. 121.

135) Scheible, a.a.O., S. 160.

136) Kesten, Bericht über Friedrich. In: Der Spiegel, 20. Jg., 1966, Nr. 9, 21. Februar, S. 114.

137) Reich-Ranicki, a.a.O., S. 19.

138) Bruno Frei, Joseph Roth und die Oktoberrevolution. In: Neue Deutsche Literatur, 15. Jg., Heft 9, September 1967, S. 159.

139) Bronsen, a.a.O., S. 321.

140) Sämtliche Zitate aus Joseph Roth 'Der stumme Prophet' werden mit der Seitenzahl in Klammern angegeben z.B. (S. 1). Sie beziehen sich auf die RoRoRo Taschenbuchausgabe, 1968.

141) Werner Lengning, Nachwort zu (S. 138).

142) Reich-Ranicki, a.a.O., S. 19.

143) Klaus Peter, Die Stummheit des Propheten. Zu Joseph Roths nachgelassenem Roman. In: Basis I, Jahrbuch für Deutsche Gegenwartsliteratur. Hrsg. Reinhold Grimm und Jost Hermand. S. 153 ff.

144) Die Schande, Zivilist zu sein, fühlte Roth selbst in der ersten Kriegszeit. Bronsen, a.a.O., S. 157 f.

145) Diese Ich-Bezogenheit wird in seinem Liebesbrief an Hilde deutlich. Kargan schreibt in wenigen Zeilen zweiundvierzigmal "ich".

146) Roth, Briefe. Brief an Frankfurter Zeitung vom 2. 6. 1926. S. 92.

147) Roth, Der neue Tag. S. 222.

148) Bronsen, a.a.O., S. 388.

149) Wie es viele Interpretationen behaupten z.B.: Marchand, a.a.O., S. 178, S. 181; Jehmüller, a.a.O., S. 72 f.

150) Rollka, a.a.O., S. 591.

151) Roth war Antizionist, da er in der Forderung nach einem jüdischen Vaterland einen historischen Rückfall des Judentums sah (III/634 ff.).

152) Roth, Briefe, S. 420.

153) Roth, Briefe. Brief an Stefan Zweig vom 20. 11. 1930. S. 187.

154) Martha Wörsching, Die rückwärts gewandte Utopie. Sozialpsychologische Anmerkungen zu Joseph Roths Roman 'Radetzkymarsch'. In: Text & Kritik, Sonderband Joseph Roth. S. 91.

155) Ebenda, S. 90.

156) Roth, Briefe. Brief an Stefan Zweig vom 23. 10. 1930. S. 186.

157) Walter Weiss, Österreichische Literatur - eine Gefangene des habsburgischen Mythos? In: Deutsche Vierteljahrsschrift für Literaturwissenschaft und Geisteswissenschaft, 43. Jg., 1969, XLIII, S. 333.

158) Marcel Reich-Ranicki, Kakanien als Wille und Vorstellung. In: Die Zeit, Nr. 50, 7. 12. 1973.

159) Zum Beispiel: Hansjürgen Böning, Joseph Roths 'Radetzkymarsch'. Thematik, Struktur, Sprache. Alfred Kurer, Joseph Roths 'Radetzkymarsch'. Interpretation. Magris, Der habsburgische Mythos in der österreichischen Literatur. Wlasaty, Das Bild der untergehenden österreich-ungarischen Monarchie bei Joseph Roth, Karl Kraus und Robert Musil.

160) Roth, Briefe. Brief an Felix Bertaux vom 20. 3. 1932. S. 215.

161) Ebenda, Brief an Stefan Zweig vom 18. 9. 1932. S. 228.

162) Ebenda, Brief an Felix Bertaux vom 14. 11. 1932. S. 241.

163) Georg Lukács, Radetzkymarsch. In: Fritz Hackert, Kulturpessimismus und Erzählform. Studien zu Joseph Roths Leben und Werk. S. 147.

- 166 -

164) Ebenda.

165) Hoffmeister, a.a.O., S. 64.

166) Werner Zimmermann, Deutsche Prosadichtung unseres Jahrhunderts. Teil 1, 2. veränderte Auflage, S. 296 ff.

167) Es sei ferner auf Rolf Geißler, Dekadenz und Heroismus. Zeitroman und völkisch-nationalsozialistische Literaturkritik (Über den 'Radetzkymarsch', S. 60 - 65) verwiesen. Für Rezensionen, die den retrospektiven Aspekt betonen, sind vor allem die zahlreichen Aufsätze von Hermann Kesten zu erwähnen. Er ist der erste Exponent, der der retrospektiven Roth-Forschung den Weg vorbereitete. Indem er Roth als Sänger Alt-Österreichs hinstellt, kann das konservative Bürgertum Roth als den Ihren reklamieren. Repräsentativ für Interpretationen, die die Gegenwartsfeindlichkeit in Roths Werken betonen, sind die wissenschaftlichen Arbeiten von Ward Hughes Powell, Siegfried Wlasaty und Fritz Hackert.

168) Wegner, a.a.O., S. 183.

169) Wlasaty, a.a.O., S. 284.

170) Böning, a.a.O., S. 18.

171) Ebenda, S. 182.

172) Scheible erkennt zwar die Kritik, doch seine Folgerung ist falsch. Scheible, a.a.O., S. 108.

173) Böning, a.a.O., S. 182.

174) Wilk, a.a.O., Manuskript S. 1.

175) Roth, Briefe. Brief an Felix Bertaux vom 14. 11. 1932. S. 241.

176) Ebenda. Brief an Stefan Zweig vom 28. 4. 1933. S. 262.

177) Ebenda.

178) Aus diesem Grund wird die Erzählung hier eingereiht.

179) Roth, Die Erzählungen. S. 167.

180) Reich-Ranicki, Kakanien als Wille und Vorstellung.

181) Roth, Die Erzählungen. S. 173.

182) Ebenda, S. 177.

183) Ebenda, S. 191.

184) Ebenda, S. 194.

185) 'Die Geschichte von der 1002. Nacht' wurde vor 'Die Kapuzinergruft' verfaßt. Siehe: Fritz Hackert, Roths Nachlaß im Leo-Baeck-Institut. In: Joseph Roth und die Tradition. S. 377.

186) Blanche Gidon, 'Die Kapuzinergruft'. Eine Einführung. In: Linden, a.a.O., S. 204.

187) Powell, a.a.O., S. 191 f.

188) Franz Carl Weiskopf, Totentanz. In: F. C. Weiskopf, Gesammelte Werke. Hrsg. von Deutsche Akademie der Künste zu Berlin, Bd. VIII, Über Sprache und Literatur. S. 180.

189) Curt Sanger, The Decadence of Austrian Society in the Novels of Joseph Roth. S. 206.

190) Powell, a.a.O., S. 199.

191) Jansen, Weltbezug und Erzählhaltung. S. 233 ff.

192) Weiskopf, a.a.O., S. 176.

193) Scheible, a.a.O., S. 163.

194) Leider zieht Scheible aus dieser Erkenntnis nicht die Konsequenzen. Der interpretatorische Ansatz bleibt somit unfruchtbar. Ebenda, S. 168.

195) Famira-Parcsetich, a.a.O., S. 115.

196) Scheible, a.a.O., S. 161.

197) Janik und Toulmin, a.a.O., S. 240.

198) Johann Christoph Allmayer-Beck. Die Träger der staatlichen Macht. In: Spectrum Austria. Hrsg. Otto Schulmeister. S. 206.

199) Roths Kritik richtet sich gegen das Deutschtum und gegen das Übergewicht der Deutschen Sprache in der Habsburger Monarchie, nicht gegen die Deutsche Sprache an sich, zu der er sich bekannte. Siehe: 'Bekenntnis zu Deutschland' (III/583 ff.).

200) Macartney, a.a.O., S. 206.

201) Bronsen, a.a.O., S. 456 f.

202) Hackert, Joseph Roth. Zur Biographie. In: Deutsche Vierteljahresschrift für Literaturwissenschaft und Geistesgeschichte, 43. Jg., Bd. XLIII, Heft 1. S. 176.

203) Scheible, a.a.O., S. 162.

204) Bronsen, a.a.O., S. 513.

205) Magris, Der habsburgische Mythos in der österreichischen Literatur. S. 190.

206) Hierzu gibt ein Brief des Verlagsleiters Nelissen des Verlags De Gemeenschap eine Erklärung; obwohl nicht deutlich wird, welches Kapitel hier gemeint ist. "Es ist uns aufgefallen, daß das letzte Kapitel der 'Kapuzinergruft', das Sie uns zugeschickt haben, fast wörtlich dasselbe lautet wie das letzte Kapitel Ihrer 'Flucht ohne Ende'. - Ist dies ein Irrtum? Man kann doch nicht in zwei verschiedene Bücher ein genau dasselbe Kapitel aufnehmen". Hackert, Roths Nachlaß im Leo-Baeck-Institut. S. 380.

9. Literatur.

Roth-Ausgaben und Schriften.

Werke in drei Bänden. Köln und Berlin 1956.

Briefe 1911 - 1939. Hrsg. von Hermman Kesten. Köln und Berlin 1970.

Die Erzählungen. Köln und Berlin 1973.

Der stumme Prophet. Hamburg 1968. RoRoRo Taschenbuch-Reihe.

Schluß mit der "Neuen Sachlichkeit"! In: Die literarische Welt, 6. Jg., 1930, Nr. 3 und 4.

Das Spinnennetz. Frankfurt am Main und Hamburg 1970. Fischer Taschenbuch-Reihe.

Der neue Tag. Unbekannte politische Arbeiten 1919 bis 1927, Wien, Berlin, Moskau. Hrsg. von Ingeborg Sültemeyer. Köln und Berlin 1970.

Marchand, Wolf R.: Joseph Roth und völkisch-nationalistische Wertbegriffe. Mit einem Anhang: bisher nicht wieder veröffentlichte Beiträge Roths aus "Das Neue Tage-Buch". Bonn 1974. Bonner Arbeiten zur Deutschen Literatur. Hrsg. B. v. Wiese. Bd. 23.

Sültemeyer, Ingeborg: Studien zum Frühwerk Joseph Roths. Mit einem Anhang: bisher unbekannte Arbeiten aus dem Zeitraum 1915 - 1926. Frankfurt am Main, Phil. Diss. 1969.

Sekundärliteratur.

Abendroth, Friedrich: Reichs- und Bundesvolk. Das zweifache Zeugnis Joseph Roths. In: Hochland, 50. Jg., 1957 - 1958, S. 422-429.

Ahl, Herbert: Ein Kranz mit schwarz-gelber Schleife. Joseph Roth. In: Ahl, Literarische Portraits, München und Wien 1962. S. 173-179.

Allemagne d'aujourd'hui. Joseph Roth Sonderheft, 1957, Nr. 2.

Antkowiak, Alfred: Joseph Roth und sein Werk. In: Neue deutsche Literatur, 1957, Nr. 8, S. 147-149.

Arnold, Heinz Ludwig: Text & Kritik. Sonderband Joseph Roth. Hrsg. H. L. Arnold. München 1974.

Ausserhofer, Hansotto: Joseph Roth und das Judentum. Ein Beitrag zum Verständnis der deutsch-jüdischen Symbiose im 20. Jahrhundert. Bonn, Phil. Diss. 1970.

Basil, Otto: Das große Erbe. Graz und Wien 1962.

Benedikt, Heinrich: Geschichte der Republik Österreich. Hrsg. von H. Benedikt. München 1954.

Benjamin, Walter: Das Kunstwerk im Zeitalter seiner technischen Reproduzierbarkeit. Frankfurt am Main 1972.

Blei, Franz: Joseph Roth. In: Blei, Das große Bestiarium. Zeittenössische Bildnisse. Amsterdam 1940. S. 237-248.

Böhm, Anton: Das große schwarze Gesetz. Notizen zu Joseph Roths Gesamtwerk. In: Wort und Wahrheit, 14. Jg., 1959, S. 345-358.

Böning, Hansjürgen: Joseph Roths 'Radetzkymarsch'. Thematik, Struktur, Sprache. München 1968.

Bronsen, David: Das literarische Bild der Auflösung im 'Radetzkymarsch'. In: Jahrbuch der Grillparzer-Gesellschaft, 3. Folge, IV, 1965, S. 130-143.

Bronsen, David: Phantasie und Wirklichkeit. In: Neue Rundschau, 79. Jg., 1968, S. 494-505.

Bronsen, David: Joseph Roth. Eine Biographie. Köln und Berlin 1974.

Bronsen, David: Joseph Roth und die Tradition. Hrsg. von D. Bronsen. Darmstadt 1975.

Bronsen, David: Der Sonderfall als exemplarischer Fall - Joseph Roth und die Emigration als Grenzsituation. In: Peter Uwe Hohendahl und Egon Schwarz, Exil und innere Emigration II, Frankfurt am Main 1973, S. 65-84.

Dederke, Karlheinz: Reich und Republik Deutschland 1917 - 1933. 2. Auflage, Stuttgart 1973.

Diamant, Alfred: Austrian Catholics and the First Republic. Democracy, Capitalism and the Social Order 1918 - 1934. Princeton 1960.

Eckart, Rolf: Die Kommunikationslosigkeit des Menschen im Romanwerk von Joseph Roth. München, Phil. Diss. 1959.

Famira-Parcsetich, Helmut: Die Erzählsituation in den Romanen Joseph Roths. Bern und Frankfurt am Main 1971. Kanadische Studien zur deutschen Sprache und Literatur, Nr. 2.

Frei, Bruno: Joseph Roth und die Oktoberrevolution. In: Neue deutsche Literatur, 15. Jg., Heft 9, 1967, S. 156-160.

Fügen, Hans Norbert: Die Hauptrichtungen der Literatursoziologie und ihre Methoden. Bonn 1966. Abhandlungen zur Kunst-, Musik- und Literaturwissenschaft, Bd. 21.

Gay, Peter: Weimarer Culture. The Outsider as Insider. London 1968.

Geißler, Rolf: Dekadenz und Heroismus. Zeitroman und völkischnationalsozialistische Literaturkritik. Stuttgart 1964. Schriftreihe der Vierteljahreshefte für Zeitgeschichte, Nr. 9.

Glaser, Hermann: Spießer-Ideologie. Von der Zerstörung des deutschen Geistes im 19. und 20. Jahrhundert. Freiburg 1964.

Grasshoff, Wilhelm: Metaphysisch beunruhigter Skeptiker. Joseph Roth. In: Frankfurter Hefte, 21. Jg., 1966, Heft 7, S. 487-494.

Grasshoff, Wilhelm: Joseph Roth. Georg Trakl. Zwei Essays. Zürich 1966.

Grasshoff, Wilhelm: Joseph Roth. Der stumme Prophet. In: Neue Rundschau, 17. Jg., 1966, S. 488-491.

Hackert, Fritz: Kulturpessimismus und Erzählform. Studien zu Joseph Roths Leben und Werk. Bern 1967. Europäische Hochschulschriften, Reihe I, Deutsche Literatur und Germanistik, Nr. 5.

Hackert, Fritz: Joseph Roth. Zur Biographie. In: Deutsche Vierteljahrsschrift für Literaturwissenschaft und Geistesgeschichte, 43. Jg., 1969, XLIII, Heft 1, S. 161-186.

Härtling, Peter: Brief an einen Schriftsteller im Himmel. Joseph Roth über Joseph Roths 'Rechts und Links'. In: Die Zeit, Nr. 23, 3. 6. 1966.

Heer, Friedrich: Land im Strom der Zeit. Österreich gestern, heute, morgen. Wien und München 1958.

Hoffmeister, Werner G.: "Eine ganz bestimmte Art von Sympathie": Erzählhaltung und Gedankenschilderung in Joseph Roths 'Radetzkymarsch'. In: Seminar, Vol. IX, Nr. 1, March 1973, S. 50-65.

Janik, Allan und Toulmin, Stephen: Wittgenstein's Vienna. London 1973.

Jansen, Peter Wilhelm: In die falsche Revolution geraten. Joseph Roth: 'Der stumme Prophet'. In: Frankfurter Hefte, 21. Jg., 1966, S. 579-581.

Jansen, Peter Wilhelm: Weltbezug und Erzählhaltung. Eine Untersuchung zum Erzählwerk und zur dichterischen Existenz Joseph Roths. Freiburg, Phil. Diss. 1958.

Johnston, William M.: The Austrian Mind. An Intellectual and Social History 1848 - 1938. University of California Press 1972.

Kesten, Hermann: Bericht über Friedrich. In: Der Spiegel, 20. Jg., 1966, Nr. 9, 21. Feb.

Kesten, Hermann: Joseph Roth. In: Kesten, Meine Freunde die Poeten. Wien und München 1953. S. 169-298.

Kurer, Alfred: Joseph Roths 'Radetzkymarsch'. Interpretation. Ein Beitrag zum Phänomen des Spätzeitlichen in der österreichischen Literatur. Zürich, Phil. Diss. 1968.

Laqueur, Walter: Weimar, a Cultural History 1918 - 1933. London 1974.

Lebovics, Hermann: Social Conservatism and the Middle Classes in Germany 1914 - 1933. Princeton 1969.

Leppert-Fögen, Anette: Die deklassierte Klasse. Studien zur Geschichte und Ideologie des Kleinbürgertums. Frankfurt am Main 1974.

Linden, Hermann: Joseph Roth. Leben und Werk. Ein Gedächtnisbuch. Hrsg. von H. Linden. Köln und Hagen 1949.

Macartney, C. A.: The Social Revolution in Austria. Cambridge 1926.

Magris, Claudio: Die verschollenen Annalen. Historistische Regression und epische Totalität in der Erzählkunst Joseph Roths. In: Lenau Forum, 3, 1971, S. 58-78.

Magris, Claudio: Der habsburgische Mythos in der österreichischen Literatur. Salzburg 1966.

Magris, Claudio: Weit von wo. Verlorene Welt des Ostjudentums. Wien 1974.

Marchand, Wolf R.: Joseph Roth und völkisch-nationalistische Wertbegriffe. Untersuchung zur politisch-weltanschaulichen Entwicklung Roths und ihrer Auswirkung auf sein Werk. Bonn 1974. Bonner Arbeiten zur deutschen Literatur, Hrsg. B. v. Wiese. Bd. 23.

Marcuse, Ludwig: Er dichtete uns alle um. Zum Wiedererscheinen des Werkes eines großen Schriftstellers: Joseph Roth. In: Die Zeit, Nr. 6, 7. 2. 1957.

Margretts, John: Joseph Roths 'Seine k. und k. Apostolische Majestät': 'Die zwiespältige Trauer' und 'Der traurige Zwiespalt'. In: German Life and Letters, Vol. XXV, 1971 - 1972, S. 236-246.

Mikoletzky, Hans Leo: Österreich im 20. Jahrhundert. Wien 1969.

Mitscherlich, Alexander: Auf dem Weg zur vaterlosen Gesellschaft. München 1965.

Peter, Klaus: Die Stummheit des Propheten. Zu Joseph Roths nachgelassenem Roman. In: Basis. Jahrbuch für deutsche Gegenwartsliteratur, Bd. I. Hrsg. von Reinhold Grimm und Jost Hermand, Frankfurt am Main 1970, S. 153-167.

Plank, Ilse: Joseph Roth als Feuilletonist. Eine Untersuchung von Themen, Stil und Aufbau seiner Feuilletons. Erlangen - Nürnberg, Phil. Diss. 1967.

Powell, Ward Hughes: The Problem of Primitivism in the Novels of Joseph Roth. University of Colorado, Phil. Diss. 1956.

Reich-Ranicki, Marcel: Joseph Roth und 'Der stumme Prophet'. In: Reich-Ranicki, Die sieben unbeliebten Emigranten. Pfullingen 1968. S. 18-22.

Reich-Ranicki, Marcel: Kakanien als Wille und Vorstellung. Die Erzählungen Joseph Roths. In: Die Zeit, Nr. 50, 7. 12. 1973.

Reifenberg, Benno: Erinnerungen an Joseph Roth. In: Reifenberg, Lichte Schatten. Frankfurt am Main 1953. S. 205-214.

Rollka, Bodo: Joseph Roths Amerikabild. In: Literatur und Kritik, Dezember 1972, Nr. 70, S. 590-598.

Sanger, Curt: The Decadence of Austrian Society in the Novels of Joseph Roth. University of Cincinnati, Phil. Diss. 1966.

Scheible, Hartmut: Joseph Roth. Mit einem Essay über Gustave Flaubert. Stuttgart 1971. Studien zur Poetik und Geschichte der Literatur, Bd. 16.

Schnitzler, Henry: "Gay Vienna" - Myth and Reality. In: Journal of the History of Ideas, Vol. XV, January 1954, S. 94-103.

Schonauer, Franz: Über den Dichter Joseph Roth. In: Akzente, 4. Jg., 1957, S. 281-286.

Schulmeister, Otto: Spectrum Austriae. Hrsg. von O. Schulmeister unter Mitwirkung von J. C. Allmayer-Beck und A. Wandruszka. Wien 1957.

Seidler, Herbert: Der Habsburg Mythus in der modernen österreichischen Dichtung. In: Österreich in Geschichte und Literatur, 10. Jg., 1966, Heft 1 und 2, S. 47-50.

Sieg, Werner: Zwischen Anarchismus und Fiktion. Eine Untersuchung zum Werk von Joseph Roth. Bonn 1974. Studien zur Germanistik, Anglistik und Komparatistik, Bd. 27.

Sontheimer, Kurt: Antidemokratisches Denken in der Weimarer Republik. München 1962.

Strelka, Joseph: Joseph Roth - Ein Erzähler Österreichs. In: Österreich in Geschichte und Literatur. Hrsg. vom Institut für Österreichkunde, 1962, S. 184-188.

Sültemeyer, Ingeborg: Studien zum Frühwerk Joseph Roths. Frankfurt am Main, Phil. Diss. 1969.

Trommler, Franz: Roman und Wirklichkeit. Eine Ortsbestimmung am Beispiel von Musil, Broch, Roth, Doderer und Gütersloh. Stuttgart, Berlin, Köln, Mainz 1966.

Wegner, Erika: Die Gestaltung innerer Vorgänge in den Dichtungen Joseph Roths. Bonn, Phil. Diss. 1964.

Weiss, Walter: Österreichische Literatur - eine Gefangene des habsburgischen Mythos? In: Deutsche Vierteljahrsschrift für Literaturwissenschaft und Geistesgeschichte, 43. Jg., 1969, XLIII, S. 333-345.

Weiskopf, Franz Carl: Totentanz. In: Weiskopf, Gesammelte Werke. Hrsg. von Deutsche Akademie der Künste zu Berlin. Bd. 8, Über Sprache und Literatur. Berlin 1960. S. 176-182.

Wilk, Gerard: Kakanien und die Nostalgie. Reflexionen über die Liebe zu Österreich. Eine Sendung des W. D. R. 1. Programm, am 2. 12. 1973. Manuskript.

Wlasaty, Siegfried: Das Bild der untergehenden österreichisch-ungarischen Monarchie bei Joseph Roth, Karl Kraus und Robert Musil. Innsbruck, Phil. Diss. 1964.

Zelewitz, Klaus: Joseph Roth: Zweimal politische Illusion. In: Peripherie und Zentrum. Studien zur österreichischen Literatur. Hrsg. von Gerlinde Weiss und Klaus Zelewitz. Festschrift für Albert Schmidt. Salzburg 1971. S. 347-358.

Zimmermann, Werner: Deutsche Prosadichtung unseres Jahrhunderts. Interpretationen für Lehrende und Lernende. Bd. 1, 2. veränderte Auflage. Düsseldorf 1971. S. 196-373.

Zuckmayer, Carl: Als wär's ein Stück von mir. Frankfurt am Main 1967.

Zweig, Friderike: Spiegelungen des Lebens. Wien, Stuttgart, Zürich 1964.

Zweig, Stefan: Joseph Roth. In: Zweig, Europäisches Erbe. Frankfurt am Main 1960. S. 251-264.